认罪认罚从宽制度改革研究

On the Systems of Lenient Treatment for
Admitting Guilt and Accepting Punishment

刘灿华 著

中国社会科学出版社

图书在版编目（CIP）数据

认罪认罚从宽制度改革研究／刘灿华著 . —北京：中国社会科学出版社，2021.1

（中国社会科学博士后文库）

ISBN 978－7－5203－8551－0

Ⅰ.①认… Ⅱ.①刘… Ⅲ.①刑事诉讼—量刑—研究—中国 Ⅳ.①D925.210.4

中国版本图书馆 CIP 数据核字（2021）第 095158 号

出 版 人	赵剑英
责任编辑	许　琳
责任校对	季　静
责任印制	李寡寡
出　　版	中国社会科学出版社
社　　址	北京鼓楼西大街甲 158 号
邮　　编	100720
网　　址	http://www.csspw.cn
发 行 部	010－84083685
门 市 部	010－84029450
经　　销	新华书店及其他书店
印　　刷	北京君升印刷有限公司
装　　订	廊坊市广阳区广增装订厂
版　　次	2021 年 1 月第 1 版
印　　次	2021 年 1 月第 1 次印刷
开　　本	710×1000　1/16
印　　张	16.5
字　　数	251 千字
定　　价	78.00 元

凡购买中国社会科学出版社图书，如有质量问题请与本社营销中心联系调换
电话：010－84083683
版权所有　侵权必究

第九批《中国社会科学博士后文库》编委会及编辑部成员名单

（一）编委会
主　任：王京清
副主任：崔建民　马　援　俞家栋　夏文峰
秘书长：邱春雷
成　员（按姓氏笔画排序）：
　　　　卜宪群　王立胜　王建朗　方　勇　史　丹
　　　　邢广程　朱恒鹏　刘丹青　刘跃进　孙壮志
　　　　李　平　李向阳　李新烽　杨世伟　杨伯江
　　　　吴白乙　何德旭　汪朝光　张车伟　张宇燕
　　　　张树华　张　翼　陈众议　陈星灿　陈　甦
　　　　武　力　郑筱筠　赵天晓　赵剑英　胡　滨
　　　　袁东振　黄　平　朝戈金　谢寿光　樊建新
　　　　潘家华　冀祥德　穆林霞　魏后凯

（二）编辑部（按姓氏笔画排序）：
主　任：崔建民
副主任：曲建君　李晓琳　陈　颖　薛万里
成　员：王　芳　王　琪　刘　杰　孙大伟　宋　娜
　　　　张　昊　苑淑娅　姚冬梅　梅　玫　黎　元

序 言

博士后制度在我国落地生根已逾30年，已经成为国家人才体系建设中的重要一环。30多年来，博士后制度对推动我国人事人才体制机制改革、促进科技创新和经济社会发展发挥了重要的作用，也培养了一批国家急需的高层次创新型人才。

自1986年1月开始招收第一名博士后研究人员起，截至目前，国家已累计招收14万余名博士后研究人员，已经出站的博士后大多成为各领域的科研骨干和学术带头人。这其中，已有50余位博士后当选两院院士；众多博士后入选各类人才计划，其中，国家百千万人才工程年入选率达34.36%，国家杰出青年科学基金入选率平均达21.04%，教育部"长江学者"入选率平均达10%左右。

2015年底，国务院办公厅出台《关于改革完善博士后制度的意见》，要求各地各部门各设站单位按照党中央、国务院决策部署，牢固树立并切实贯彻创新、协调、绿色、开放、共享的发展理念，深入实施创新驱动发展战略和人才优先发展战略，完善体制机制，健全服务体系，推动博士后事业科学发展。这为我国博士后事业的进一步发展指明了方向，也为哲学社会科学领域博士后工作提出了新的研究方向。

习近平总书记在2016年5月17日全国哲学社会科学工作座谈会上发表重要讲话指出：一个国家的发展水平，既取决于自然科学发展水平，也取决于哲学社会科学发展水平。一个没有发达的自然科学的国家不可能走在世界前列，一个没有繁荣的哲学社会科学的国家也不可能走在世界前列。坚持和发展中国特色社会主义，需要不断在实践和理论上进行探索、用发展着的理论指导发展着的实践。在这个过程中，哲学社会科学具有不可替代的重要地位，哲学社会科学工作者具有不可替代的重要作用。这是党和国家领导人对包括哲学社会科学博士后在内的所有哲学社会科学领域的研究者、工作者提出的殷切希望！

中国社会科学院是中央直属的国家哲学社会科学研究机构，在哲学社会科学博士后工作领域处于领军地位。为充分调动哲学社会科学博士后研究人员科研创新积极性，展示哲学社会科学领域博士后优秀成果，提高我国哲学社会科学发展整体水平，中国社会科学院和全国博士后管理委员会于2012年联合推出了《中国社会科学博士后文库》（以下简称《文库》），每年在全国范围内择优出版博士后成果。经过多年的发展，《文库》已经成为集中、系统、全面反映我国哲学社会科学博士后优秀成果的高端学术平台，学术影响力和社会影响力逐年提高。

下一步，做好哲学社会科学博士后工作，做好《文库》工作，要认真学习领会习近平总书记系列重要讲话精神，自觉肩负起新的时代使命，锐意创新、发奋进取。为此，需做到以下几点：

第一，始终坚持马克思主义的指导地位。哲学社会科学研究离不开正确的世界观、方法论的指导。习近平总书记深刻指出：坚持以马克思主义为指导，是当代中国哲学社会科学区别于其他哲学社会科学的根本标志，必须旗帜鲜明加以坚持。马克思主义揭示了事物的本质、内在联系及发展规律，是"伟大的认识工具"，是人们观察世界、分析问题的有力思想武器。马克思主义尽管诞生在一个半多世纪之前，但在当今时代，马克思主义与新的时代实践结合起来，越来越显示出更加强大的生命力。哲学社会科学博士后研究人员应该更加自觉坚持马克思主义在科研工作中的指导地位，继续推进马克思主义中国化、时代化、大众化,继续发展21世纪马克思主义、当代中国马克思主义。要继续把《文库》建设成为马克思主义中国化最新理论成果的宣传、展示、交流的平台,为中国特色社会主义建设提供强有力的理论支撑。

第二,逐步树立智库意识和品牌意识。哲学社会科学肩负着回答时代命题、规划未来道路的使命。当前中央对哲学社会科学越发重视,尤其是提出要发挥哲学社会科学在治国理政、提高改革决策水平、推进国家治理体系和治理能力现代化中的作用。从2015年开始,中央已启动了国家高端智库的建设,这对哲学社会科学博士后工作提出了更高的针对性要求,也为哲学社会科学博士后研究提供了更为广阔的应用空间。《文库》依托中国社会科学院,面向全国哲学社会科学领域博士后科研流动站、工作站的博士后征集优秀成果,入选出版的著作也代表了哲学社会科学博士后最高的学术研究水平。因此,要善于把中国社会科学院服务党和国家决策的大智库功能与《文库》的小智库功能结合起来,进而以智库意识推动品牌意识建设,最终树立《文库》的智库意识和品牌意识。

第三,积极推动中国特色哲学社会科学学术体系和话语体系建设。改革开放30多年来,我国在经济建设、政治建设、文化建设、社会建设、生态文明建设和党的建设各个领域都取得了举世瞩目的成就,比历史上任何时期都更接近中华民族伟大复兴的目标。但正如习近平总书记所指出的那样:在解读中国实践、构建中国理论上,我们应该最有发言权,但实际上我国哲学社会科学在国际上的声音还比较小,还处于有理说不出、说了传不开的境地。这里问题的实质,就是中国特色、中国特质的哲学社会科学学术体系和话语体系的缺失和建设问题。具有中国特色、中国特质的学术体系和话语体系必然是由具有中国特色、中国特质的概念、范畴和学科等组成。这一切不是凭空想象得来的,而是在中国化的马克思主义指导下,在参考我们民族特质、历史智慧的基础上再创造出来的。在这一过程中，积极吸纳儒、释、道、墨、名、法、农、杂、兵等各家学说的精髓，无疑是保持中国特色、中国特质的重要保证。换言之，不能站在历史、文化虚无主义立场搞研究。要通过《文库》积极引导哲学社会科学博士后研究人员：一方面，要积极吸收古今中外各种学术资源，坚持古为今用、洋为中用。另一方面，要以中国自己的实践为研究定位，围绕中国自己的问题，坚持问题导向，努力探索具备中国特色、中国特质的概念、范畴与理论体系，在体现继承性和民族性，体现原创性和时代性，体现系统性和专业性方面，不断加强和深化中国特色学术体系和话语体系建设。

新形势下，我国哲学社会科学地位更加重要、任务更加繁重。衷心希望广大哲学社会科学博士后工作者和博士后们，以《文库》系列著作的出版为契机，以习近平总书记在全国哲学社会科学座谈会上的讲话为根本遵循，将自身的研究工作与时代的需求结合起来，将自身的研究工作与国家和人民的召唤结合起来，以深厚的学识修养赢得尊重，以高尚的人格魅力引领风气，在为祖国、为人民立德立功立言中，在实现中华民族伟大复兴中国梦征程中，成就自我、实现价值。

是为序。

中国社会科学院副院长
中国社会科学院博士后管理委员会主任
2016 年 12 月 1 日

摘 要

中共十八届四中全会通过的《中共中央关于全面推进依法治国若干重大问题的决定》提出要"完善刑事诉讼中认罪认罚从宽制度"。认罪认罚从宽制度是一项集合性制度,包括若干刑事法律"子制度",具体又由众多刑法规范、刑事诉讼法规范和刑事执行法规范组成,甚至还包含刑事政策的元素。因此,完善认罪认罚从宽制度,是一项牵一发而动全身的系统工程。本书尝试以一种改革的思维对认罪认罚从宽制度进行研究,本书的"改革思维"主要体现在以下几个方面。

第一,以规范的视角对改革进行解读。认罪认罚从宽制度改革比较好地处理了改革与法治的辩证关系——在法治下推进改革,在改革中完善法治,强调要运用法治思维和法治方式深化改革,实现认罪认罚从宽制度改革的法治化。在继承原有政策、制度、司法实践与改革的基础上,本轮认罪认罚从宽制度改革在许多方面实现发展创新,特别是发展了宽严相济刑事政策、拓展了量刑规则与刑罚理论、推进了程序分流机制体系化进程以及形成了全面合作性刑事司法模式。从改革进程来看,本轮认罪认罚从宽制度经历了政治决策、立法授权、地方试点实践、法律修改与全面改革等阶段,形成了比较独特的改革模式。认罪认罚从宽制度试点改革期间,中央与地方均制定了大量规则,形成了控辩协商、特殊不起诉、值班律师、特殊量刑规则等制度,这些制度性成果大部分被2018年修改后的《刑事诉讼法》所吸收。虽然2018年修改后的《刑事诉讼法》正式规定了认罪认罚制度,但这只意味着改革进入了全面实施阶段,并不意味着改革已经完全结束,未来还要在实践探索中继续完善认罪认罚从宽制度。

第二，以实践的视角对改革特别是试点改革进行总结。认罪认罚从宽制度改革较好地坚持了"顶层设计和基层探索相结合"的改革方法论，鼓励试点地方进行制度创新与实践探索。本着"实践是检验真理的唯一标准"这一精神，本书对第一轮刑事速裁程序试点实践和认罪认罚从宽制度改革试点实践进行了考察与总结。改革在提高办案效率、优化司法资源配置、保障被追诉者合法权益、促进刑事案件律师辩护全覆盖等方面发挥了重要作用。然而，改革也存在不少微观、中观和宏观上的问题。尤其是暗度陈仓的认罚机制、前途未卜的从宽机制以及危机四伏的从快机制等使改革仍然存在一定的风险。

第三，以法理的视角对改革进行理论构建，为未来改革建言献策。认罪认罚从宽制度改革意味着规则的构建，而规则构建必须坚持"科学立法"原则。为此，需要以问题为导向，坚持以科学的理论指导认罪认罚从宽规则的构建。

首先，从法理上而言，"认罚"意味着中国特色认罪协商机制，我国法律应当予以正式承认。"认罚"作为一个词语所可能表达的含义，与"认罚"作为一个法律概念所具有的含义，是两个不同范畴的问题。我国刑事诉讼法中的"认罚"是指被追诉人对检察机关提出的处罚方案的认可。认罚的核心要义是协商式量刑建议，"协商"是"认罚"的本质要求。借鉴国外不同版本的认罪协商规则，我国在构建认罪协商机制时，首要的是从义务本位主义走向权利本位主义，然后需要从有效辩护等方面着手构建科学合理的控辩协商规则。

其次，"从宽"概念看似简单，但需要结合刑事法学基本理论与认罪认罚从宽制度才能准确地把握其科学内涵。从宽处理既包括刑法意义上的从宽处罚，也包括刑事诉讼法意义上的从宽处理（包括适用非羁押性强制措施、撤案和不起诉等），甚至还包括刑事执行法意义上的从宽待遇（如留所服刑、从宽监管等），但程序从简/从快不属于"从宽处理"。就规则构建而言，目前需要认真考虑的方向包括：第一，扩大附条件不起诉制度的适用范围，将其作为轻微犯罪的一种重要治理对策；与此同时取消改革中有关"撤案"的做法。第二，从制度和实践两方面着手，扩大取保候审制度的功能与适用率。第三，反思"留所服刑"（由看守所代为执行剩余刑期在三个月以下的有期徒刑）的做法，可以考虑将其作为"从宽处理"的一个举措。第四，"认罪认罚"的概念不一定要写入刑法，但刑法中应当将"犯罪后态度"作为一般性的量刑情节。

最后，改革要坚持正确的效率观，实现更高层次的公正与效率的统一。除"审判从简模式"外，诉讼"从快"的实现方式还包括权力扩张模式、结构变革模式、权利保障模式和科技促进模式，因此不能将效率提高直接等同于审判程序从简。在构建诉讼从快规则时，我们需要处理好效率与公正、权力与权利之间的关系。虽然证明的程序有所简化，但需要坚持法定的证明标准不动摇。值班律师制度虽然发挥了重要作用，但只是律师辩护全覆盖的最低标准。因此，一要提高值班律师的定位与作用，明确其"辩护人"的属性；二要提高法律援助水平，扩大强制辩护的适用范围。认罪认罚案件审判程序也要体现"以审判为中心"，书面审具有合理性与可行性，庭审程序中要对"认罪认罚的自愿性和认罪认罚具结书内容的真实性、合法性"进行实质性审查，同时还要坚持二审终审制。

关键词： 认罪认罚　从宽处理　改革　协商　从快

Abstract

Decision of The CPC Central Committee on Major Issues Pertaining to Comprehensively Promoting the Rule of Law, passed by the Fourth Plenary Session of the 18th CPC Central Committee, has deployed the reform of the system of lenient treatment for admitting guilt and accepting punishment (hereinafter "the system of LTAGAP") in criminal proceedings. The system of LTAGAP consists of a lot of regulations of Criminal Law, Criminal Procedure Law and Criminal Enforcement Law, and even element of criminal policy. Therefore, the reform and improvement of the system of LTAGAP is a systematic project involving thewhole criminal legal systems. This book analyzes the system of LTAGAP mainly from the perspective of reform.

First, thisbook interprets the reform from normative perspective. The reform of the system of LTAGAP successfully handles the dialectical relationship between Reform and Rule of Law, i. e. , to promote reform under the rule of law, and to improve rule of law through reform. During the implementation of the pilot, it is emphasized that the reform should be promoted by legal thinking and in a legal manner. The reform of the system of LTAGAP has produced much innovative improvement, e. g. , developing the criminal policy of combining leniency with rigidity, expanding the sentencing rules and theory, promoting the diversion mechanism in criminal procedure, and establishing the criminal justice mode of comprehensive cooperation.

During the pilot reform of the system of LTAGAP, a large number of rules were formulated, which established several systems such as prosecution and defense consultation, special non-prosecution, duty lawyers, and special sentencing rules. Most of these institutional achievements were confirmed by the 2018-amendment of the Criminal Procedure Law. Although the revised Criminal Procedure Law formally provides for the system of LTAGAP, this only means that the reform has entered the stage of full implementation. It does not mean that the reform is completely over.

Second, this book summarizes the practice of the pilot programs. The reform of the system of LTAGAP insists the method of coordination of top-level design and basic-level exploration, and encourages innovation. As practice is the sole criterion for testing truth, this book investigates and summarizes the practice of the first-round of pilot program of Fast-Track Sentencing Procedure for Criminal Cases (hereinafter "FTSP") and the pilot program of LTAGAP. Both pilot programs are helpful to increase efficiency, optimize the allocation of judicial resources, safeguard the human rights, promote the full coverage of defense lawyers and etc. However, it should be aware of the risks of violating the rule of law and failure of the pilot programs, due to the criminal negotiation under cover of the mechanism of accepting punishment, the mechanism of lenient treatment with uncertain future, and the rapid mechanism which may cause different kinds of problems.

Last, thisbook provides some advice from theoretical perspective. The reform of the system of LTAGAP needs to establish some rules, which should insist the principle of scientific legislation. Therefore, the rules should be established by a problem-oriented approach under the guidance of scientific theory.

Firstly, the law should recognize that the mechanism of accepting punishment is actually a mechanism of criminal negotiation with Chinese characteristic. The possible meaning of "accepting punishment" as a phrase and the meaning of "accepting punishment" as a legal concept are issues of two different categories. The "accepting punishment" in Chinese Criminal Procedure Law refers to the recognition of the prosecutor's punishment plan. The core meaning of "accepting punishment" is a negotiated sentencing recommendation, and "negotiation" is the essential requirement of "accepting punishment". In order to establish scientific rules of criminal negotiation, the duty-based thinking should be replaced by the right-based theory, and rules should be made including the rule of effective defense and etc.

Secondly, lenient treatment includes lenient punishment according to Criminal Law, lenient measures according to Criminal Procedure Law, and lenient treatment during correction. The simplification of procedure cannot be seen as lenient treatment. As to the rule establishment, several issues could be considered: (a) enlarge the application scope of conditional non prosecution, using it as a main measure against the minor offenses; (b) increase the application rate of bail; (c) rethink the rule of execution in jail instead of prison where a convict is sentenced to fixed term imprisonment but the remaining term of the penalty is not more than three months before the convict is delivered for execution; (d) amend the Criminal law to add the rule of posing lenient punishment for those who confess after the beginning of a court session.

Thirdly, the reform should be conducive to realizing the unification of justice and efficiency at a higher level. Besides the simplification of trial procedure, there are several other ways to accelerate the proceeding, including enlargement of power, adjustment of procedural structure, the safeguard of human rights and use of technology. The statutory proof standard for conviction should be adhered. The on-duty lawyers play an important role in protecting the rights of the accused, but it only fulfill the lowest requirement of full coverage of defense lawyers. The role of on-duty lawyers should be improved and the level of legal aid should be increased. The principle of trial-centeredness and the rule of closing a case after the second instance should not be amended in the cases where the accused confess and accept punishment as well. The court must review the voluntariness, lawfulness and truthfulness of the confession and acceptance of punishment before finding the defendant guilty.

Key words: Admitting Guilt and Accepting Punishment, Lenient Treatment, Reform, Negotiation, Rapid Mechanism

目　录

导论　理论研究的改革思维 ……………………………………（1）

第一章　认罪认罚从宽制度改革的规范解读 ……………………（7）

　　第一节　认罪认罚从宽制度改革的规范定位 ……………（7）
　　　　一　坚持和发展宽严相济刑事政策 …………………（8）
　　　　二　继承和拓展量刑规则与刑罚理论 ………………（11）
　　　　三　延续和推进程序分流机制体系化进程 …………（13）
　　　　四　构建全面合作性刑事司法模式 …………………（16）
　　第二节　认罪认罚从宽制度改革的法治化进程 …………（18）
　　　　一　先行试点与政治决策 ……………………………（18）
　　　　二　立法授权与试点办法 ……………………………（21）
　　　　三　地方实践与规则探索 ……………………………（23）
　　　　四　中期报告与修法准备 ……………………………（24）
　　　　五　法律修改与全面改革 ……………………………（26）
　　第三节　认罪认罚从宽制度试点改革的规范内容 ………（26）
　　　　一　界定核心内涵 ……………………………………（27）
　　　　二　重申法治原则 ……………………………………（30）
　　　　三　明确适用范围 ……………………………………（31）
　　　　四　制定诉讼规则 ……………………………………（31）
　　　　五　强化保障机制 ……………………………………（32）
　　第四节　认罪认罚从宽制度全面改革的规则变化 ………（34）
　　　　一　认罪认罚从宽的原则化 …………………………（34）
　　　　二　认罚法律内涵、侦查程序等规则的局部调整 …（35）

三　量刑建议提出方式、速裁案件二审程序等规则的
　　　　非明文化 ……………………………………………… (36)
　　四　小结 ……………………………………………………… (37)

第二章　认罪认罚从宽制度试点改革的实践考察 ………… (38)

第一节　刑事案件速裁程序试点工作的理论评析 ………… (39)
　　一　刑事速裁程序改革的制度创新 ……………………… (40)
　　二　司法效率提升的学理解析 …………………………… (43)
　　三　需要进一步研究的问题 ……………………………… (45)

第二节　认罪认罚从宽改革试点探索的实践图景 ………… (54)
　　一　适用范围全覆盖与试点地方有所保留 ……………… (55)
　　二　律师帮助全覆盖与地方实践参差不齐 ……………… (58)
　　三　协商规则凤毛麟角 …………………………………… (59)
　　四　量刑规则的新探索 …………………………………… (62)
　　五　全流程简化办案模式的深化 ………………………… (70)
　　六　一审程序改革的延续与创新 ………………………… (72)
　　七　证据制度的坚守与松动 ……………………………… (74)
　　八　存在问题与解决思路 ………………………………… (77)

第三章　"认罚"的理论构建与制度创新 …………………… (83)

第一节　认罚的法理分析 …………………………………… (84)
　　一　"认罚"的词源分析 …………………………………… (84)
　　二　"认罚"概念的规范分析 ……………………………… (90)
　　三　"认罚"的核心要义 ………………………………… (100)

第二节　认罪协商的域外经验 …………………………… (109)
　　一　"发源地":美国辩诉交易 …………………………… (109)
　　二　"借鉴地"之一:英国认罪从宽与协商制度 ………… (115)
　　三　"借鉴地"之二:德国认罪协商 ……………………… (119)

第三节　认罪协商的中国争论 …………………………… (136)
　　一　认罪协商的不同意见 ………………………………… (137)
　　二　认罪认罚与协商 ……………………………………… (138)

第四节　认罚的规则构建 ……………………………………（140）
　　一　功能定位 …………………………………………（141）
　　二　理念基础：从义务本位主义走向权利本位主义 ……（143）
　　三　有效辩护：改革的"硬骨头" ……………………（145）

第四章　"从宽"的理论展开与制度变革 ………………（148）

第一节　"从宽"概念的法理分析 …………………………（149）
　　一　"从宽处理"：从政策到法律概念 ………………（150）
　　二　"从宽处理"的解释与适用 ………………………（151）
　　三　"从宽处理"与"程序从简"的关系 ……………（154）
第二节　"从宽处理"的程序法律规范 ……………………（155）
　　一　撤销案件 …………………………………………（155）
　　二　不起诉 ……………………………………………（156）
　　三　强制措施适用从宽的虚与实 ……………………（161）
　　四　留所服刑的从宽 …………………………………（164）
第三节　"从宽处理"的实体法律规范 ……………………（164）
　　一　刑法关于"认罪认罚"的规定 …………………（165）
　　二　刑法关于"从宽处理"的规定 …………………（166）
　　三　《量刑指导意见》的量刑规则 ……………………（168）
　　四　改革试点地区的做法 ……………………………（169）
　　五　刑罚理论的回应 …………………………………（173）
　　六　刑法修改方向 ……………………………………（174）

第五章　"从快"的理论反思与制度保障 ………………（179）

第一节　改革的效率观 ……………………………………（179）
第二节　诉讼"从快"的五种模式 …………………………（182）
　　一　权力扩张模式 ……………………………………（183）
　　二　结构变革模式 ……………………………………（184）
　　三　权利保障模式 ……………………………………（187）
　　四　科技促进模式 ……………………………………（188）

第三节 "从快"的实现机制 ………………………………（190）
  一　证明标准一体化与差异化 ……………………（190）
  二　庭审程序 ………………………………………（198）
  三　审级制度 ………………………………………（206）
  四　有效法律帮助：理想与现实 …………………（213）

参考文献 …………………………………………………（224）
索　引 ……………………………………………………（232）
后　记 ……………………………………………………（234）

Contents

Introduction: Theoretical Research from the Perspective of
  Reform ·· (1)

Chapter I   The Normative Interpretation of the Reform of the
  System of Lenient Treatment for Admitting Guilt and Accepting
  Punishment (LTAGAP) ·· (7)

Section 1   The Normative Position of the Reform of the
  System of LTAGAP ··· (7)
1. Upholding and Developing the Criminal Policy of Combining Leniency
   with Severity ··· (8)
2. Inheriting and Developing the Sentencing Rules and Penalty
   Theory ·· (11)
3. Continuing and Advancing the Process of Systematization of
   Diversion Mechanism ·· (13)
4. Constructing a Comprehensively Cooperative Criminal Justice
   Model ·· (16)
Section 2   The Process of Legal Reform of the
  System of LTAGAP ·· (18)
1. Pilot Projects and Political Decision-making ······················· (18)
2. Legislative Authorization and Pilot Measures ···················· (21)
3. Local Practice and Rule Exploration ································ (23)
4. Interim Report and Preparation for Law Amendment ············ (24)
5. Law Amendment and Comprehensive Reform ························ (26)

Section 3   The Normative Contents of the Pilot Reform of the
System of LTAGAP ……………………………………………… (26)
1. Defining the Core Connotation ………………………………… (27)
2. Reaffirming the Principle of Rule of Law …………………………… (30)
3. Clarifying the Scope of Application ……………………………… (31)
4. Formulating Litigation Rules …………………………………… (31)
5. Strengthening the Guarantee Mechanism ……………………… (32)
Section 4   Changes of the Rules for the Comprehensive
Reform of the System of LTAGAP ………………………………… (34)
1. The Principle of Lenient Treatment for Admitting Guilt and
Accepting Punishment ………………………………………… (34)
2. Partial Adjustment of the Legal Connotation of Admitting
Guilt and Accepting Punishment, Investigation Procedures and
Other Rules …………………………………………………… (35)
3. The Absence of Some Rules such as the Way of Suggesting Sentencing
Recommendations and the Second-instance Procedures for Fast-Track
Sentencing cases ……………………………………………… (36)
4. Summary ……………………………………………………… (37)

Chapter II   Practical Research on the Pilot Reform of the
System of LTAGAP? ……………………………………………… (38)

Section 1   Theoretical Evaluation and Analysis of the
Pilot Reform of the Fast-Track Sentencing Procedure ………… (39)
1. Institutional Innovation in the Reform of Fast-Track Sentencing
Procedure ……………………………………………………… (40)
2. The oretical Analysis of the Improvement of Judicial Efficiency …… (43)
3. Issues that Need Further Research ……………………………… (45)
Section 2   Preliminary Assessment on Pilot Reform of the
System of LTAGAP ………………………………………………… (54)
1. The Scope of Application ……………………………………… (55)
2. The Lawyer Assistance ………………………………………… (58)

Contents

3. Negotiation Rules ·· (59)
4. New Sentencing Rules ··· (62)
5. Deepening of the Whole-process Simplified Case-handling Model ··· (70)
6. The Reform of the First Instance Procedure ······································ (72)
7. The Evidence Rules ··· (74)
8. Problems and Solutions ·· (77)

Chapter III Theoretical Construction and Institutional Innovation of "Accepting Punishment" ·· (83)

Section 1 Legal Analysis of Accepting Punishment ················ (84)
1. Etymological Analysis of "Accepting Punishment" ························· (84)
2. Normative Analysis of the Concept of "Accepting Punishment" ······ (90)
3. The Core Meaning of "Accepting Punishment" ······························ (100)
Section 2 Extraterritorial Experience of Plea Bargaining ·········· (109)
1. Plea Bargaining? in the U. S. A. ·· (109)
2. The Criminal Procedures of Confession and Negotiation in Britain ······ (115)
3. The Criminal Negotiation in Germany ··· (119)
Section 3 The Chinese Controversy over Criminal Negotiation ·· (136)
1. Different Opinions on Criminal Negotiation ··································· (137)
2. Admitting Guilt and Accepting Punishment VS Negotiation ············ (138)
Section 4 Rule Construction of? Accepting Punishment ········· (140)
1. The Function of Accepting Punishment ··· (141)
2. Basic Idea: From Duty-oriented to Right-oriented ·························· (143)
3. Effective Defense?:? the "Hard Bones" of the Reform ················ (145)

Chapter IV Theoretical Clarification and Institutional Reform of "Lenient Treatment" ··· (148)

Section 1 Legal Analysis of the Concept of "Lenient Treatment" ··· (149)

1. "Lenient Treatment": From Policy Concept to Legal Concept ...... (150)
2. Interpretation and Application of "Lenient Treatment" .... (151)
3. The Relationship between "Lenient Treatment" and "Procedural Simplification" .... (154)

Section 2 Procedural Rules of "Lenient Treatment" .... (155)
1. Dismissal of the Case .... (155)
2. Non-prosecution .... (156)
3. The Application of Compulsory Measures .... (161)
4. Serving Sentence in the Detention Centers .... (164)

Section 3 Substantive Rules of "Lenient Treatment" .... (164)
1. Criminal Law Provisions Related to "Admitting Guilt and Accepting Punishment" .... (165)
2. Criminal Law Provisions Related to "Lenient Treatment" .... (166)
3. Sentencing Rules in "Guiding Opinions on Sentencing" .... (168)
4. The Experience from Cities Participating in the Pilot Program ...... (169)
5. Penalty Theory .... (173)
6. The Revision of Criminal Law .... (174)

Chapter V Theoretical Reflection and Institutional Guarantee of "Faster Litigation" .... (179)

Section 1 The Ideology of Efficiency of the Reform .... (179)
Section 2 Five Models of "Faster Litigation" .... (182)
1. Power-expansion Model .... (183)
2. Structure-transformation Model .... (184)
3. Rights-protection Model .... (187)
4. Technology-promotion Model .... (188)

Section 3 Implementation Mechanism of "Faster Litigation" .... (190)
1. Proof Standard .... (190)
2. Trial Procedures .... (198)
3. The Hierarchical Trial System .... (206)

4. Effective Legal Assistance: Ideality and Reality ……………… (213)

References ………………………………………………………… (224)

Index ………………………………………………………………… (232)

Postscript …………………………………………………………… (234)

导论　理论研究的改革思维

党的十八届四中全会通过的《中共中央关于全面推进依法治国若干重大问题的决定》（以下简称《十八届四中全会决定》）提出，要"完善刑事诉讼中认罪认罚从宽制度"，标志着认罪认罚从宽制度改革正式进入"试点改革"阶段。2018年修订的《刑事诉讼法》正式规定了认罪认罚从宽制度，标志着改革正式进入"全面改革"阶段。虽然此项改革仅仅是本轮司法体制改革众多项任务中的一项，但由于出现了"认罪认罚从宽制度"这一新概念，同时该改革很可能对刑事司法实践的大部分案件产生重大影响，因此理论界、实务界对此高度关注，涌现出大量研究成果。本书尝试从改革视角和思维对认罪认罚从宽制度进行研究。

首先，本书致力于从司法体制改革的视野来研究认罪认罚从宽制度。具体来说，本书坚持从司法改革的大局来理解认罪认罚从宽制度改革的初衷与定位，从司法改革的要求来观察认罪认罚从宽制度改革的实践与成果，从司法改革的法理来思考认罪认罚从宽制度的理论与规则。

其次，本书围绕"改革"，重点从理论上探讨四个方面的问题。

第一，改革的规范与实践考察。本轮司法改革的一个重要特点是坚持顶层设计和基层探索相结合，注重从地方改革中探索可复制、可推广的经验。[1] 认罪认罚从宽制度的试点改革也遵循了这一基本思路。具体而言，全面深化改革领导小组和全国人大常委会做出的改革决定、最高人民法院等部门制定的改革办法属于顶层设计的集中体现，而18个城市的试点实践和制定的具体实施办法属于基层探索的表现。无论是顶层设计（中央规范性文件）还是基层探索（地方试点改革实践），都属于"实验"，而实验能否产生预期的结果，在改革之初属于未知之数。但不可否认的是，刑

---

[1] 参见黄文艺《中国司法改革基本理路解析》，《法制与社会发展》2017年第2期，第24页。

事案件速裁程序试点工作开展四年、认罪认罚从宽制度试点工作开展两年以来，这场声势浩大的实验已经产出大量的阶段性结果。这些结果是否符合预期的目标、是否符合司法规律和法治要求，有待我们结合试点实践的情况对顶层设计和基层探索进行全面、客观、理性的法理分析，尤其是需要我们科学归纳改革所取得的初步成效、存在的主要问题和需要警惕的法律风险。

第二，改革的重点任务。认罪认罚从宽制度是一项集合性制度，包括若干刑事法律"子制度"，具体又由众多刑法规范、刑事诉讼法规范和刑事执行法规范组成，甚至还包含刑事政策的因素。因此，完善认罪认罚从宽制度，是一项牵一发而动全身的系统工程。前期规范性文件的出台以及试点地区的改革实践为这场系统性改革奠定了良好的基础。在总结前期改革经验教训的基础上，本书还将围绕改革的关键任务，特别是认罪认罚从宽制度的支柱性机制进行重点研究。

第三，改革的基础理论。一般而言，法治理论指导法治实践，回答法治实践提出的问题，同时也在法治实践中得到丰富、创新和发展。[①] 刑事案件速裁程序试点开展以来及"完善刑事诉讼中认罪认罚从宽制度"提出之后，学术界和实务界对相关议题展开了富有成果的研究。然而与改革实践的发展与客观需求相比，现有的理论仍然存在若干短板，特别是现有的理论并不足以为改革实践提供足够的指导与支撑，对于实践中出现的一些问题并没有给出理论答案，理论创新的步伐显得落后于改革实践。

例一：刑法学界对本轮认罪认罚从宽制度改革的关注不够。虽然本轮改革注重完善刑事诉讼法律制度，似乎与刑法无关，但作为该项措施的核心内容之一的"从宽处理"，无疑与量刑的实体法规则和量刑理论密切相关。不能否认的是，传统刑法理论对"坦白从宽"的规定并没有进行深层次的探讨，并没有充分论证其合理性与正当性，更多地只是对此进行形式化的注释和解读。认罪认罚从宽制度改革为传统的"坦白从宽"注入了新的内容，这对传统刑罚理论而言同时也是一项新的挑战与机遇。特别是"认罚"这一程序性内容从某种意义上成了量刑情节，对传统量刑理论特别是责任原则（罪刑相适应原则）带来了全新挑战，学术界尤其需要解答的问题是：程序性权利的放弃为何能换来实体法权利的增加（刑罚的从

[①] 参见张义显《法治中国的理论建构》，法律出版社2016年版，第57页。

宽)？如何使"认罪认罚从宽"与刑法基本原理保持一致，或者如何在认罪认罚从宽制度改革过程中进一步发展和丰富刑罚理论？

例二：对于"认罪认罚从宽制度"的程序法意义，理论界的研究十分有限。例如，认罪认罚在刑事诉讼法中作为证据的独特意义还需要深入研究①。又如，"从宽"与"从简"的关系还需要进一步研究。目前实务部门和理论界似乎理所当然地认为"从宽"包含程序上的"从简"。然而，程序从简本质是减轻了国家机关的负担，是对国家机关公务活动的"从宽要求"，此种对公权力的"从宽要求"，在法律上能否被视为是对犯罪嫌疑人、被告人的"从宽处罚"？

例三：本轮认罪认罚从宽制度改革，强调要借鉴辩诉交易的合理因素。早在刑事案件速裁程序试点改革时，一些地方已开展"认罪协商"的工作。对此，理论界的研究似乎并不深入。诚然，有关辩诉交易的理论成果已经很多，但是还有许多新的问题需要我们结合改革实践重新进行思考。比如，辩诉交易制度中有哪些合理因素是我国改革可以借鉴的、又有哪些不合理的因素是我国不可以借鉴的？如何理解辩诉交易与本轮认罪认罚从宽制度改革的关系？实践中认罪协商做法与辩诉交易之间有何异同、相关实践是否带来新的法律风险？也许正是因为实践中的诸多问题还没有被完美解答或者理论上还没有形成基本共识，所以《刑事诉讼法》2018年修改时并没有将"认罪协商"明确写入法律。

例四：本轮司法改革强调要实现更高层次的公正与效率的统一，但是目前理论界仍然没有从司法改革的角度去科学地阐释这一目标的重大意义和主要内涵。如何在认罪认罚从宽制度改革中实现这一目标，理论界与实务界的讨论亦不多见；如何避免改革过程中重效率而牺牲公正，是本轮认罪认罚从宽制度改革所要特别重视的。尤其是刑事速裁程序和简易程序的推广，导致法庭调查失去实质作用，这会否损害"以审判为中心"的改革、会否使我国刑事司法实践从实质真实走向形式真实？② 例如，本轮认罪认罚从宽制度改革被认为是解决"案多人少"问题的重要制度性手段，但是，对于辩护律师而言，同样存在"案多人少"的问题。然而，刑事案

---

① 参见王敏远《认罪认罚从宽制度疑难问题研究》，《中国法学》2017年第1期，第21页。
② 参见张建伟《认罪认罚从宽处理：内涵解读与技术分析》，《法律适用》2016年第11期，第7页。

件多、有辩护律师参与辩护的案件少的问题却难以真正进入改革的视野。同时，本轮司法体制改革强调要尊重司法规律，而关于认罪认罚从宽制度改革涉及什么司法规律，改革试点是否完全遵循司法规律等问题，理论研究仍然比较缺乏。

总之，改革实践为理论带来了新鲜素材与新颖问题，我们需要围绕认罪认罚从宽制度改革实践推进理论创新，对改革实践进行经验总结，对改革提出的问题予以科学解答，同时还需要以司法规律和法治基本原则为准绳，指出改革实践中出现的偏差，为下一步的改革提供智力支持。

第四，改革中出现的问题。本书在研究改革本身的问题或者任务之外，还着力指出并研究改革中出现的新问题。

（1）目标定位认识偏差。

从本轮认罪认罚从宽制度改革的具体办法和实践来看，改革过于强调效率的提高，反映了在改革目标定位上存在某种程度的认识偏差。虽然认罪认罚从宽制度的施行有利于提高刑事诉讼的效率，但这并不意味着改革的目标就在于提高效率。本轮司法体制改革的目标是建设公正高效权威的社会主义司法制度，认罪认罚从宽制度的改革同样需要服务于同一个目标，而不能另起炉灶。我们不仅要关注认罪认罚从宽制度改革如何能提高司法效率，而且更要关注法律当中的认罪认罚从宽规则是否能满足公正司法的要求。

（2）刑法问题视若无睹。

学术界普遍认为，认罪认罚从宽制度改革，既涉及实体法的内容，也涉及程序法的内容。但是本轮改革强调其对象是"刑事诉讼法中的认罪认罚从宽制度"，似乎排斥了刑法的"参与"。然而，在现行刑法完全没有规定"认罚"可以作为从宽处罚情节的情况下，刑事诉讼法的改革如何能够有效运行？在目前刑法已经规定被追诉人认罪可以从宽处罚的前提下，"认罪认罚从宽"如何能在刑事诉讼程序中给予被追诉人更大的利益激励？

（3）关键问题把握不准。

改革的焦点在于刑事速裁程序、简易程序等审判程序的改革，但是认罪认罚从宽制度中的审前程序具有更加重要的意义，目前改革对此的重视程度却不高。在认罪认罚案件中，被追诉人"认罪认罚"一般形成于审前程序而非审判程序，因此构建法治化的认罪认罚审前机制，理应成为"完善刑事诉讼中认罪认罚从宽制度"这一改革任务的关键。但目前有关审前程序的规则非常有限,远没有达到制度化的要求。特别是,无论是试点办法还是2018年修改后的《刑事诉讼法》,"认罚"这一创新性内容都没有在诉讼程序特别是审前程序中被充分地以法治化的形式体现出来。与此形成鲜明对比的是,公安机关被授予了撤案的建议权和检察机关被授予了新的不起诉权,这容易让人产生一种感觉:审前程序的改革存在权力扩张的倾向,而忽视了法治化机制的构建。

(4) 核心问题意识不足。

习近平总书记指出:"中国已经进入改革的深水区,需要解决的都是难啃的硬骨头,这个时候需要'明知山有虎,偏向虎山行'的勇气,不断把改革推向前进。"① 纵观试点规范、试点实践和《刑事诉讼法》2018年修正的内容,本轮认罪认罚从宽制度改革在很大程度上回避了目前刑事诉讼法的制度缺陷和司法实践偏差等核心艰难问题。我国刑事司法中一直有"坦白从宽"的传统,有关"坦白从宽"的规则与实践缺陷一直以来为学术界所诟病。这些缺陷包括刑讯逼供制而不止、"口供中心主义"根深蒂固、"抗拒从严"理念阴魂不散、确立沉默权遥遥无期、律师参与率居低不上等问题,概括起来就是被追诉人权利得不到充分有效保障的问题,长期以来没有得到根本性的解决。此外,在本轮认罪认罚从宽制度改革之前,实践中就出现过一些类似于"认罚"或者"认罪协商"的现象,虽然可能有其合理性,但长期在法治的轨道之外运行。诸如此类的问题都与被追诉人认罪认罚自愿、明智、真实性有关,是认罪认罚从宽制度的核心问题,同时也是改革所要啃的硬骨头。

(5) 已决问题归因错误。

目前比较普遍的看法是,刑事速裁程序试点工作和认罪认罚从宽制度试点工作提高了办案效率,一定程度上解决了"案多人少"的问题。在改革之前,我国简易程序和普通程序下的庭审时间都非常短暂,而在改革之中及之后,有关案件的庭审时间虽然可能变得更短,但也没有本质性的差别。既然办案效率得到有效提高的真正原因并不在于庭审程序本身,那么原因又在哪里?不断追求庭审简化改革的意义又何在?对此问题实务界的关注非常不够,只是想当然地以为与庭审程序的简化有关。而这种的"归因",可能会造成决策者对于改革成效的误判。

---

① 习近平:《在布鲁日欧洲学院的演讲》(2014年4月1日),《人民日报》2014年4月2日。

围绕上述四个方面的问题，本书从以下三部分展开论述。

第一部分（第一章）"认罪认罚从宽制度改革的规范解读"，主要是从"法治与改革"的辩证关系出发，回顾了改革的法治化历史进程，简要介绍了认罪认罚从宽制度的规范内容，以及从宏观的角度分析了认罪认罚从宽制度改革给法治体系带来的新变化。

第二部分（第二章）"认罪认罚从宽制度试点改革的实践考察"，主要内容是整理概括试点改革成果，揭示分析改革的实践问题。鉴于实践是检验真理的唯一标准，也是检验改革成效的唯一标准，同时也是理论创新的最终来源，本部分的研究可以为理论创新和制度创新奠定基础。

第三部分（第三、第四、第五章）"认罪认罚从宽制度改革的理论构建"，在对"认罚""从宽""从快"进行理论反思的基础上，结合我国刑事司法实践，特别是认罪认罚从宽制度改革实践，参照境外刑事法治经验，对一些基础问题进行法理反思，并试图提出一些规则构建方面的建议。

第一章 认罪认罚从宽制度改革的规范解读

2016年9月3日，全国人大常委会通过了《关于授权最高人民法院、最高人民检察院在部分地区开展刑事案件认罪认罚从宽制度试点工作的决定》（下文简称"《认罪认罚决定》"），授权最高人民法院、最高人民检察院在北京等18个城市开展为期两年的"认罪认罚从宽制度"的试点工作。同年11月11日，最高人民法院、最高人民检察院、公安部、国家安全部、司法部根据《认罪认罚决定》联合印发了《关于在部分地区开展刑事案件认罪认罚从宽制度试点工作的办法》（下文简称"《认罪认罚办法》"）。至此，两部法律文件成为改革的主要法律根据、理论研究的重点对象，以及下一步改革或者立法的重要基础。2018年10月26日，全国人大常委会通过了《关于修改〈中华人民共和国刑事诉讼法〉的决定》（以下简称"《刑事诉讼法2018年修改决定》"），将"认罪认罚从宽"规定为我国刑事诉讼法的基本原则，增补了关于认罪认罚从宽的诉讼规则，从而完善了刑事诉讼中的认罪认罚从宽制度。以两部法律文件、《刑事诉讼法2018年修改决定》及相关司法实践为基础，本章从相对宏观的视角对认罪认罚从宽制度改革进行规范解读与法理分析，同时为下文的深化研究奠定基础。

第一节 认罪认罚从宽制度改革的规范定位

司法体制改革不可避免地涉及对现有法律规范进行某种程度的修改，其中就涉及改革规范与既有规范的关系，以及改革规范在法治体系中的体系性地位（定位）问题。认罪认罚从宽制度改革的规范定位，是指认罪认罚从宽制度改革在我国刑事法治体系中的位置，主要是考察有关改革性规范与既有规范之间的关系，尤其是改革性规范对目前刑事法治体系带来的变革。本轮认罪认罚从宽制度改革并非从零开始，而是在原有制度的基础之上加以完善。原有的制度，由一系列刑事政策、法律规范、司法解释以及第一轮刑事速裁程序改革成果等组成。在继承原有政策、制度、司法实践与改革的基础上，本轮认罪认罚从宽制度改革在许多方面实现发展创新。微观而言，本轮改革涉及的"制度完善"之处有很多，但宏观概括起来，主要体现在以下四个方面。

一　坚持和发展宽严相济刑事政策

在宽严相济刑事政策之前，我国先后提出并施行"惩办与宽大相结合"与"严打"政策。其中，惩办与宽大相结合是我国基本的刑事政策，从重从快的严打政策则是具体的刑事政策。① 然而事实上严打政策在其内容上与惩办与宽大相结合的刑事政策是存在抵触的，严打政策的推行实际上就意味着惩办与宽大相结合刑事政策的搁置。宽严相济的刑事政策是在建设社会主义和谐社会的大背景下，在继承惩办与宽大相结合的刑事政策、反思严打政策的基础上提出来的，是当前我国的基本刑事政策。

认罪认罚从宽制度改革试点是进一步落实宽严相济刑事政策的举措。一方面，《认罪认罚办法》将贯彻宽严相济刑事政策作为办理认罪认罚案件应当坚持的一项基本原则。改革应当体现宽严相济的基本精神，适用认罪认罚从宽制度亦不能脱离宽严相济刑事政策。② 另一方面，改革进一步丰富了宽严相济刑事政策的内涵。

（一）认罪认罚从宽政策：从隐性走向显性

"认罪认罚从宽"这一概念既可以理解为"认罪认罚从宽政策"，也可以理解为"认罪认罚从宽制度"。学者指出，从渊源上看，认罪认罚从宽

---

① 参见杨春洗主编《刑事政策论》，北京大学出版社1994年版，第245页。
② 《认罪认罚办法》要求在办案时应当"充分考虑犯罪的社会危害性和犯罪嫌疑人、被告人的人身危险性，结合认罪认罚的具体情况，确定是否从宽以及从宽幅度，做到该宽则宽，当严则严，宽严相济，确保办案法律效果和社会效果"。

宜首先认定为政策，然后才深化为制度。① 之所以要在概念上做如此之区分，主要是因为在"认罪认罚从宽"这一概念产生之前，我国司法实践在"坦白从宽"政策的指引下，其实已经有了认罪认罚从宽的观念与做法，但是还没有形成"认罪认罚从宽政策"的概念，我们可以称为隐性的刑事政策。

在这种隐性的（非正式）的刑事政策指引下，我国司法实践出现了许多认罪协商的做法，有学者将这些做法概括为四种模式：事实不清的协商、刑事和解中的协商、不起诉中的协商与速裁程序中的协商，② 此外，还有罚金先予缴纳中的协商（即被告人在一审判决之前主动缴纳罚金，换取法院的从轻处罚）等。但是有关做法是在原政策与法律制度的名义下实施的，并没有在理论上进行总结与创新，也没有上升为正式的刑事政策。"完善刑事诉讼中的认罪认罚从宽制度"的提出，不仅仅意味着一项制度性的改革举措，也使"认罪认罚从宽政策"成为正式的刑事政策。

认罪认罚从宽政策显性化（正式化）在我国会产生独特的意义，因为政策在我国法治过程中具有特殊意义。习近平总书记强调："我们党的政策和国家法律都是人民根本意志的反映，在本质上是一致的。党的政策是国家法律的先导和指引，是立法的依据和执法司法的重要指导。要善于通过法定程序使党的主张成为国家意志、形成法律，通过法律保障党的政策有效实施，确保党发挥总揽全局、协调各方的领导核心作用。"③ 具体到本次认罪认罚从宽制度改革而言，一方面，《十八届四中全会决定》提出的"完善我国刑事诉讼中认罪认罚从宽制度"属于一项政策，该项改革政策指导着全国人大常委会制定《认罪认罚决定》，也指导着最高人民法院等部门制定《认罪认罚办法》等规范性文件，推动了全国人大常委会修改《刑事诉讼法》。可见，"认罪认罚从宽政策"对于"认罪认罚从宽制度"的构建具有重要的作用。另一方面，改革试点工作和具体办案活动虽然是适用法律制度的过程，但同时也是接受政策指导的过程。

强调独立于"认罪认罚从宽制度"的"认罪认罚从宽政策"，具有现实意义。从用语习惯的角度来看，"认罪认罚从宽"更像一个政策用语：

---

① 参见卢建平《刑事政策视野中的认罪认罚从宽》，《中外法学》2017 年第 4 期，第 1003 页。
② 参见胡铭《审判中心与刑事诉讼》，中国法制出版社 2017 年版，第 178—180 页。
③ 习近平：《在中央政法工作会议上的讲话》，载《习近平关于全面依法治国论述摘编》，中央文献出版社 2015 年版，第 20 页。

虽然简明通俗，但是缺少法律用语的精确性、明确性和规范性。在完善认罪认罚从宽制度的改革过程中，在弄清楚法律制度与法律政策的差别的基础上，需要坚持以法治思维与法治方式落实认罪认罚从宽政策。在制度构建过程中，要明晰"认罪""认罚""从宽"等法律概念的内涵与外延，不能视为政策概念而模糊处理；要科学设计"认罪""认罚""从宽"等法律制度的实现机制，处理好其与刑事诉讼法原有程序机制的关系，特别是要处理好法治与改革的关系，既不能以反法治的方式盲目突破现行机制，也不能停留在传统的诉讼制度、毫无创新能力和创新勇气去推动制度改革。

（二）认罪认罚从宽政策的新内容

作为一项具体刑事政策，认罪认罚从宽政策为宽严相济基本刑事政策注入新的内容。宽严相济刑事政策的主要内涵是"根据犯罪的具体情况，实行区别对待，做到该宽则宽，当严则严，宽严相济，罚当其罪，打击和孤立极少数，教育、感化和挽救大多数，最大限度地减少社会对立面，促进社会和谐稳定，维护国家长治久安"。认罪认罚从宽政策为宽严相济刑事政策带来的新发展主要体现在两个方面。

一是创设"认罚"新概念，发展了坦白从宽政策。"坦白从宽"一般被作为"该宽则宽"的重要体现，是长期以来我国刑事司法机关为获取被追诉人口供所采用的政策。相较于传统的坦白从宽政策，认罪认罚从宽政策最主要的不同之处在于将"认罚"新增为从宽的理由。本轮改革正式提出了"认罚"这一新概念，此新概念进一步强化了刑事诉讼中的合作（国家与被追诉人之间的合作）与和解（被追诉人与被害人之间的和解）精神，因此认罪认罚从宽政策的提出，体现了国家在本轮司法改革中对于构建全面合作性司法的政策追求。

二是正式承认"协商"政策以及重新高举"从快"政策，从而为宽严相济刑事政策注入更多的程序法内容。传统的宽严相济刑事政策虽然也包括刑事程序法的内容，但无论是理论界还是实务界更关注其在实体法上的意义。认罪认罚从宽中的"认罚"，一方面体现了国家审慎肯定刑事协商机制的政策倾向，虽然目前仍然没有正式承认刑事司法中的协商；另一方面体现了国家对于"从快"政策的坚守与修正。在宽严相济刑事政策取代"依法从重从快"的严打政策后，基于对侵犯人权的担忧，"从快"政策在刑事政策领域中变得十分低调，但其实它从来没有离开宽严相济刑事政策的体系。认罪认罚从宽政策的提出,使"从快"政策获得新的生命力。但是,严打政策的"快"追求的价值是从快处罚被追诉人,以形成威慑力,而认罪认罚从宽的"快"追求的是司法资源的合理分配,遵循的是繁简分流、简案快办的司法规律。从这个意义上说,认罪认罚从宽政策使"从快"政策实现了转型升级。

二 继承和拓展量刑规则与刑罚理论

认罪认罚从宽,是对"认罪从宽"的拓展。"认罪从宽"是我国刑事法律与司法实践一直坚持的一个量刑规则。在改革之前,认罪从宽的法律规定或者司法解释主要体现在以下三个方面。

首先,《刑法》总则和分则对自首、坦白从宽作出了规定。《刑法》第67条第1、2、3款分别规定了一般自首、特别自首和坦白的规则。[①] 除总则外,刑法分则针对个别罪名也有特别的"坦白从宽"的规定。涉及的主要是贪污贿赂犯罪,包括《刑法》第164条[②]规定了对非国家工作人员行贿罪和对外国公职人员、国际公共组织官员行贿罪的坦白从宽规则;第383条[③]专门针对贪污罪、受贿罪制定了"坦白从宽"规则;第390条第2款[④]规定了行贿罪的坦白从宽规则;第392条第2款[⑤]规定了介绍贿赂罪的坦白从宽规则。

---

① 第1款规定了一般自首:"犯罪以后自动投案,如实供述自己的罪行的,是自首。对于自首的犯罪分子,可以从轻或者减轻处罚。其中,犯罪较轻的,可以免除处罚";第2款规定了特别自首:"被采取强制措施的犯罪嫌疑人、被告人和正在服刑的罪犯,如实供述司法机关还未掌握的本人其他罪行的,以自首论";第3款规定了坦白:"犯罪嫌疑人虽不具有前两款规定的自首情节,但是如实供述自己罪行的,可以从轻处罚;因其如实供述自己罪行,避免特别严重后果发生的,可以减轻处罚"。
② 《刑法》第164条第4款规定,"行贿人在被追诉前主动交待行贿行为的,可以减轻或者免除处罚"。
③ 《刑法》第383条第3款规定,"在提起公诉前如实供述自己罪行、真诚悔罪、积极退赃,避免、减少损害结果的发生",可以根据其犯罪情节从轻、减轻或者免除处罚。
④ 《刑法》第390条第2款规定,"行贿人在被追诉前主动交待行贿行为的,可以从轻或者减轻处罚。其中,犯罪较轻的,对侦破重大案件起关键作用的,或者有重大立功表现的,可以减轻或者免除处罚"。
⑤ 《刑法》第392条第2款规定,"介绍贿赂人在被追诉前主动交待介绍贿赂行为的,可以减轻处罚或者免除处罚"。

其次,《刑事诉讼法》有关"坦白从宽"的规定,既有涉及程序机制的内容,也有量刑规则的规定。第288、290条等规定的刑事和解制度①中有关从宽处罚的规定突破了刑法规定,因此本质上是一种规定在《刑事诉讼法》中的新的量刑规则。这种立法安排同时也打破了我们传统的认识。根据我国学界与实务界对于法律分工的一般认识,量刑规则应当由刑法规定,《刑事诉讼法》作为一部"程序法",不能在刑法没有规定的基础上直接规定新的量刑规则。或者因为传统认识水平所限,《刑事诉讼法》其实是一种比较隐晦的方式在刑事和解制度当中规定了一种新的量刑规则。

最后,最高司法机关的司法文件亦对认罪从宽作出了规定。最高人民法院颁布的《关于常见犯罪的量刑指导意见》(以下简称《量刑指导意见》)针对自首、坦白和当庭自愿认罪等三种情形规定了认罪从宽的具体量刑规则,体现出从宽的递进性和阶层性的特征:其一,对于自首情节,综合考虑自首的动机、时间、方式、罪行轻重、如实供述罪行的程度以及悔罪表现等情况,可以减少基准刑的40%以下;犯罪较轻的,可以减少基准刑的40%以上或者依法免除处罚。恶意利用自首规避法律制裁等不足以从宽处罚的除外。其二,对于坦白情节,综合考虑如实供述罪行的阶段、程度、罪行轻重以及悔罪程度等情况,确定从宽的幅度。(1)如实供述自己罪行的,可以减少基准刑的20%以下;(2)如实供述司法机关尚未掌握的同种较重罪行的,可以减少基准刑的10%—30%;(3)因如实供述自己罪行,避免特别严重后果发生的,可以减少基准刑的30%—50%。其三,对于当庭自愿认罪的,根据犯罪的性质、罪行的轻重、认罪程度以及悔罪表现等情况,可以减少基准刑的10%以下。依法认定自首、坦白的除外。

认罪认罚从宽制度改革的相关法律文件强调要依法从宽,认罚从宽目前也还是在上述有关规定的框架之内进行的,但本轮改革使"认罚"这一诉讼行为正式成为"从宽处理"的情节,这无疑是对现行刑罚规则与刑罚

---

① 《刑事诉讼法》第288、290条等规定,"犯罪嫌疑人、被告人真诚悔罪,通过向被害人赔偿损失、赔礼道歉等方式获得被害人谅解,被害人自愿和解的,双方当事人可以和解","对于达成刑事和解的案件,公安机关可以向人民检察院提出从宽处理的建议。人民检察院可以向人民法院提出从宽处罚的建议;对于犯罪情节轻微,不需要判处刑罚的,可以做出不起诉决定。人民法院可以依法对被告人从宽处罚"。

理论的一大突破，但有突破才有创新。这里的突破与创新要从以下几个方面理解：

第一，虽然本轮改革并没有修改刑法之计划，但是对刑法的量刑规则实质上进行了修改——"认罚"成为一种新型的量刑情节。借"改革"东风，此量刑情节在司法实践将会获得重要地位。虽然目前我们是根据刑法第63条第3款等规定对认罪认罚的被追诉人进行从宽处罚，但是这并非长久之计，下一步需要在刑法或者刑事诉讼法中对这一从宽处罚情节正式进行规定，如此才能使制度的改革真正实现法治化。

第二，对于"从宽"的内涵，我们过去一般是由"从轻处罚"这一维度进行解读，但是本轮改革强调的"从宽处理"，既包括量刑上的从轻，也包括刑事强制措施的从轻（尽量多地不实施逮捕而采取保候审和监视居住），还包括在符合法定条件的情况下撤销案件和不起诉。

第三，认罪认罚从宽制度的改革，为刑法理论特别是刑罚理论提供了一个反思和创新的契机。对于"认罪"为何能成为从宽的理由，刑法学界其实并没有完全达成共识。此次改革虽然强调从宽是"可以从宽"但改革的本意与实践的效果其实是"原则上从宽"，这就为原本还没有达成共识的刑罚理论提出新议题。目前，有关从宽正当性的学说，至少已经有"权利放弃对价说""节约资源说""人身危险性降低说""节约资源且危险性降低并存说"和"赎罪说"等。但这些学说能否为认罪认罚从宽改革提供坚实的理论基础，其与刑罚的基础理论是否和谐兼容，仍然是需要解答的难题。但是无论如何，本轮认罪认罚从宽制度改革，为反思我国刑罚理论，特别是为学术界在我国独特的司法实践的基础上提炼具有中国特色的刑法理论，提供了一个良好的机遇。

三 延续和推进程序分流机制体系化进程

程序分流机制体系，由审前程序的分流机制与审判程序分流机制构成。审前程序分流包括侦查阶段的分流和起诉阶段的分流。侦查阶段的分流是指在侦查期间将一部分不构成犯罪的行为排除到刑事程序之外；起诉阶段的分流是指在审查起诉阶段，检察机关依照法律规定和案件的具体情况，通过不起诉、附条件不起诉等决定，将部分案件从刑事程序中分流出去。审判程序的分流是对不同的案件，分门别类适用不同的审判程序。[①]我国司法实践与法律改革一直致力于构建合理的体系化的程序分流机制。例如，1996年修订的《刑事诉讼法》增加了简易程序，2003年发布的《关于适用普通程序审理"被告人认罪案件"的若干意见（试行）》推出了普通程序简化审、2012年修订后的《刑事诉讼法》扩大简易程序的适用范围并规定了附条件不起诉等，都体现出国家对程序分流政策的重视。目前，虽然我国已经初步建立了程序分流机制体系，但是体系化的目标还没有实现，已有体系还需要进一步优化。本轮认罪认罚从宽制度改革与程序分流机制体系优化的关系，可以从两个方面理解。

一方面，认罪认罚从宽制度改革，是推动程序分流机制体系化的又一举措。"程序分流机制体系化"概念属于理论用语，其在认罪认罚从宽改革中所对应的政策用语主要是"推进案件繁简分流、优化司法资源配置"，而繁简分流其实是程序分流机制中的重要部分。关于繁简分流，《最高人民法院关于进一步推进案件繁简分流优化司法资源配置的若干意见》（以下简称《案件繁简分流若干意见》）中明确指出："遵循司法规律推进繁简分流。科学调配和高效运用审判资源，依法快速审理简单案件，严格规范审理复杂案件，实现简案快审、繁案精审。"在刑事司法改革领域，推进案件繁简分流的主要举措是认罪认罚从宽制度改革和以审判为中心的诉讼制度改革。党的十八届四中全会决定的官方辅导读本亦强调了该项制度功能："当前，我国刑事犯罪高发，司法机关办案压力大增，必须实行刑事案件办理的繁简分流、难易分流。……要加强研究论证，在坚守司法公正的前提下，探索在刑事诉讼中对被告人自愿认罪、自愿接受处罚、积极退赃退赔的，及时简化或终止诉讼的程序制度，落实认罪认罚从宽政策，以节约司法资源，提高司法效率。"[②] 而在改革之前，"案件分流"一般是根据罪名与刑罚轻重而非案件本身的"繁/简"来进行。

另一方面，从《认罪认罚办法》的具体规定来看，本轮认罪认罚从宽制度改革注重刑事程序分流机制的体系化构建，即在侦查阶段、审查起诉阶段和审判阶段都设置了相应的"抓手"，实现案件多渠道的分流。在侦

[①] 参见王敏远主编《刑事诉讼法学》，知识产权出版社2013年版，第182页。
[②] 参见《〈中共中央关于全面推进依法治国若干重大问题的决定〉辅导读本》，人民出版社2014年版，第66—67页。

查阶段,《认罪认罚办法》授予公安机关撤销案件的建议权,使部分犯罪行为在侦查阶段就排除在刑事程序之外;在审查起诉阶段,通过增设一种酌定不起诉类型,使一部分案件从刑事程序中分流出去;而在审判程序,为了构建不同类型案件适用不同程序的分流机制,本轮认罪认罚从宽制度改革进一步扩大了刑事案件速裁程序的适用范围,同时对简易程序进行了简化,在某种意义上实现了速裁程序的普及化和简易程序的速裁化。除了上述改革措施外,量刑建议权和刑事和解制度的变化同样具有重要意义,但容易让人忽视而感觉不到改革的气息。

关于量刑建议权,本轮改革的"认罚"机制夯实了检察机关的量刑建议权。量刑建议权属于公诉权的一部分,它是一种司法请求权,不具有实体判定权能和最终处置权能。[①] 2010年9月试行的《关于规范量刑程序若干问题的意见(试行)》规定,"对于公诉案件,人民检察院可以提出量刑建议。量刑建议一般应当具有一定的幅度"。同时人民法院在刑事裁判文书中应当说明是否采纳公诉人量刑建议的理由。而《认罪认罚办法》则规定检察机关"可以提出相对明确的量刑幅度,也可以根据案件具体情况,提出确定刑期的量刑建议。建议判处财产刑的,一般应当提出确定的数额"。此外还规定,人民法院依法作出判决时,一般应当采纳人民检察院的量刑建议。可见,在本轮认罪认罚从宽制度改革中,检察机关的量刑建议权得到了进一步强化,基本上被赋予了最终处置权能。

关于刑事和解制度,本轮改革有可能使之得到进一步的拓展。目前正式的刑事和解制度——《刑事诉讼法》第五编第二章的"当事人和解的公诉案件诉讼程序"只适用于《刑事诉讼法》第288条规定的两类案件[②]。实践中,在两类案件以外的案件中,当事人达成和解的,往往也能得到从宽处罚,这种做法属于广义的"刑事和解制度"的内容,并在《关于常见犯罪的量刑指导意见》中得到体现。《认罪认罚办法》第7条也将和解或者赔偿被害人作为重要的量刑情节。可见,透过在认罪认罚从宽案件中加入刑事和解的因素,刑事和解制度的内容得到了正式的扩容。与此同时,也产生了刑事和解制度和认罪认罚从宽制度的竞合问题,即当某一案件既

[①] 参见王敏远主编《刑事诉讼法学》,知识产权出版社2013年版,第730页。
[②] 即因民间纠纷引起,涉嫌刑法分则第四、第五章规定的犯罪案件,可能判处三年有期徒刑以下刑罚的案件;和除渎职犯罪以外的可能判处七年有期徒刑以下刑罚的过失犯罪案件。

符合"当事人和解的公诉案件诉讼程序"的适用条件，也符合认罪认罚从宽制度的适用条件时，应当如何适用相关法律的问题。

此外，如何在普通程序审理的案件中区分认罪认罚案件的审理程序与非认罪认罚案件的审理程序，也是本轮改革的任务之一，但无论是从制度构建（规范制定）的角度，还是从实践探索的角度来看，此项工作目前还没有得到全面开展。

四 构建全面合作性刑事司法模式

有学者指出，探索一种新的非对抗式的诉讼格局，是认罪认罚制度的一个重要价值。[①] 这种概括不够精确。"非对抗式的诉讼格局"，是我国刑事司法实践一直所追求的模式，认罪认罚从宽制度改革的确带来了一些新探索，但很难说是一种新的诉讼格局。此外，"非对抗式"这一表述还不能够完整地表达认罪认罚从宽制度改革的价值追求。

根据刑事诉讼中的对抗与合作的状态，我们可以将刑事诉讼模式区分为"对抗性司法"和"合作性司法"两大模式。"对抗性司法"是基于控辩双方的对抗而存在的司法模式；"合作性司法"则包括三种模式：建立在被追诉者自愿认罪基础上的诉讼程序，即"最低限度的合作模式"；建立在被追诉者与侦查机关、检察机关经过协商和妥协达成合作基础上的"公力合作模式"；以及建立在被害人与被告人和解协议基础上的"私力合作模式"。[②] 以这种理论模型观之，"认罪认罚从宽制度"改革所要建构的是一种"全面合作模式"的合作性司法：刑事诉讼的所有参与人——侦查机关、检察机关、审判机关、司法行政机关、被害人与被追诉人高度合作、致力达成一致意见的诉讼模式。

首先，与"公力合作模式"相似，认罪认罚从宽制度的适用，以被追诉人与侦查机关、检察机关就认罪及定罪量刑建议问题达成一致意见为基础，即追诉人承认侦查机关、检察机关有关犯罪事实的指控，同意检察机关有关法律适用和量刑的建议。

[①] 参见陈卫东《认罪认罚从宽制度研究》，《中国法学》2016年第2期，第52页。
[②] 参见陈瑞华《刑事诉讼的前沿问题》（第五版），中国人民大学出版社2016年版，第397、428页。

其次，与上诉各种合作性司法模式不同，认罪认罚从宽制度重视法官的"合作"。通过《认罪认罚办法》第 20 条[①]的分析，我们可以发现，本次改革以限制法官自由裁量权的方式，促使法官与检察机关、被追诉人就定罪量刑问题达成一致。上述的"最低限度的合作模式""公力合作模式"和"私力合作模式"涉及的都是被追诉人审判前的合作行为，虽然也倡导审前合作行为应当成为法官判决的重要考虑因素，但是法官整体上还能以中立裁判者的身份对合作行为的法律后果进行司法判断。认罪认罚从宽制度，虽然没有否定法官最终的裁判权，但是法官裁判的对象实际上已经不是"犯罪事实"，而是控辩协商的自愿性与合法性。只要审前的协商合作是自愿合法的，那么法官原则上需要对协商的结果加以承认，这等同于要求法官在审判过程中接过合作的接力棒，参与这场公力合作的活动。

再次，认罪认罚从宽制度鼓励被害人与被追诉人达成和解。在当前中国刑事司法环境中，排除被害人的参与、缺少被害人与被追诉人的协商和合意，检察机关与被追诉人很难达成有实质意义的"协议"，公力合作模式也难以存在。[②] 因此，在有明确被害人的刑事案件中，认罪认罚从宽制度要在实践中取得真正的成功，被害人与被追诉人的和解是关键因素。正因如此，《刑事速裁办法》明确将调解或者和解协议作为适用刑事速裁程序的条件之一。《认罪认罚办法》虽然没有类似的明确规定，但也明确将和解协议或者赔偿被害人作为重要的量刑情节，即在政策上鼓励被害人与被追诉人达成和解。在试点实践中，一些地方仍然将和解作为刑事速裁程序的适用条件。对于有被害人而没有和解的案件，承办案件的检察官往往会谨慎决定甚至不敢适用认罪认罚从宽制度。

最后，认罪认罚从宽制度客观上要求检察机关、审判机关与司法行政机关就律师帮助、管制与缓刑适用等问题达成一致意见。认罪认罚制度的适用需要值班律师的介入，缓刑的适用需要社区矫正机构的配合，这些都涉及司法行政机关的职务行为，因此认罪认罚从宽制度需要司法行政机关的高度配合。在一些个案中，如果司法行政机关在法律援助上不积极作为

---

① 《认罪认罚办法》第 20 条规定："对于认罪认罚案件，人民法院依法作出判决时，一般应当采纳人民检察院指控的罪名和量刑建议。"
② 参见陈瑞华《刑事诉讼的前沿问题》（第五版），中国人民大学出版社 2016 年版，第 453 页。

或者不同意某个特定的被告人接受社区矫正，往往就使量刑协商陷入僵局，法官也不敢贸然直接判处管制或者缓刑。可见，认罪认罚从宽制度的顺利运行要求司法行政机关在律师援助问题上积极合作，并在管制及缓刑适用问题上与检察机关、法院、被追诉人达成一致意见。

由于认罪认罚制度改革在客观上推动了全面合作性刑事司法模式的形成，因此一方面可能会导致诉讼观念的进一步变革，另一方面"对那种建立在无罪推定和程序正义基础上的传统刑事诉讼理论，构成实质上的挑战"①，从而使刑事诉讼理论得到进一步的发展。

第二节 认罪认罚从宽制度改革的法治化进程

习近平总书记指出："改革和法治相辅相成、相伴而生。……在法治下推进改革，在改革中完善法治。"② 在推进认罪认罚从宽制度改革的过程中，我们同样需要处理好改革与法治的关系，特别是要运用法治思维和法治方式深化改革，实现认罪认罚从宽制度改革的法治化。以时间为顺序，目前改革的法治化进程已经经历了刑事案件速裁程序先行试点、政治决策、立法授权、"两高三部"③联合制定试点办法、试点城市制定实施细则及落实改革实践、"两高"向全国人大常委会作改革中期报告以及全国人大常委会修改《刑事诉讼法》等步骤。

一 先行试点与政治决策

在认罪认罚从宽制度改革之前，我国已经开展了刑事案件速裁程序的试点改革工作，作为本轮刑事案件繁简分流改革的"第一步"。刑事案件速裁程序改革涉及刑事诉讼法律制度的改革，但立法者没有修改刑事诉讼

---

① 参见陈瑞华《刑事诉讼的前沿问题》（第五版），中国人民大学出版社2016年版，第429页。
② 习近平：《在省部级主要领导干部学习贯彻党的十八届四中全会精神全面推进依法治国专题研讨班上的讲话》，载《习近平关于全面依法治国论述摘编》，中央文献出版社2015年版，第51—52页。
③ "两高三部"是指最高人民法院、最高人民检察院、公安部、国家安全部和司法部。

法，而是使用了授权立法、部分地区试点的模式。

2014年6月27日，全国人大常委会做出了《关于授权最高人民法院、最高人民检察院在部分地区开展刑事案件速裁程序试点工作的决定》（下文简称"《刑事速裁决定》"），决定在北京、天津、上海、重庆、沈阳、大连、南京、杭州、福州、厦门、济南、青岛、郑州、武汉、长沙、广州、深圳、西安18个城市开展为期两年的刑事案件速裁程序试点工作。同年8月22日，最高人民法院、最高人民检察院、公安部和司法部根据《刑事速裁决定》联合印发《关于在部分地区开展刑事案件速裁程序试点工作的办法》（下文简称"《刑事速裁办法》"）。适用速裁程序的其中两个条件①是："对指控的犯罪事实没有异议"和"同意人民检察院提出的量刑建议"，这其实可以视为"认罪认罚"概念的雏形。当然，在刑事诉讼制度中构建"速裁程序"才是本项改革的重点。也就是说，本项改革的主要目的，在于试验能否在特定案件中构建一种更加快速的诉讼程序，以"进一步推动案件繁简分流，优化司法资源配置，提高办理刑事案件的质量与效率，维护当事人的合法权益，促进社会和谐稳定，并为改革完善刑事诉讼法积累实践经验"②。

在刑事速裁程序试点工作施行几个月后，党的十八届四中全会于2014年10月23日通过了《中共中央关于全面推进依法治国若干重大问题的决定》（以下简称《十八届四中全会决定》），该决定在"保证公正司法，提高司法公信力"部分之"优化司法职权配置"一项中提出"完善刑事诉讼中认罪认罚从宽制度"。《十八届四中全会决定》并没有明确刑事案件速裁程序与"认罪认罚从宽制度"的关系。但官方与学界均普遍认为，前者是后者的重要组成部分，或者说，刑事案件速裁程序试点其实是认罪认罚从宽制度改革的先驱性改革措施。

中央提出"完善刑事诉讼中认罪认罚从宽制度"改革措施后，并没有

---

① 根据《刑事速裁试点办法》，对危险驾驶、交通肇事、盗窃、诈骗、抢夺、伤害、寻衅滋事、非法拘禁、毒品犯罪、行贿犯罪、在公共场所实施的扰乱公共秩序犯罪情节较轻、依法可能判处一年以下有期徒刑、拘役、管制的案件，或者依法单处罚金的案件，满足下列四个条件的，可以适用速裁程序：（1）案件事实清楚、证据充分的；（2）犯罪嫌疑人、被告人承认自己所犯罪行，对指控的犯罪事实没有异议的；（3）当事人对适用法律没有争议，犯罪嫌疑人、被告人同意人民检察院提出的量刑建议的；（4）犯罪嫌疑人、被告人同意适用速裁程序的。
② 参见《最高人民法院、最高人民检察院、公安部、司法部印发〈关于在部分地区开展刑事案件速裁程序试点工作的办法〉的通知》。

马上提出具体的改革办法，而是在刑事案件速裁程序试点工作推行的同时开展较长时间的酝酿。在此期间，最高人民法院于 2015 年 2 月发布了《人民法院第四个五年改革纲要（2014—2018）》，其中提出要"完善刑事诉讼中认罪认罚从宽制度。明确被告人自愿认罪、自愿接受处罚、积极退赃退赔案件的诉讼程序、处罚标准和处理方式，构建被告人认罪案件和不认罪案件的分流机制，优化配置司法资源"。由此勾画了"完善刑事诉讼中认罪认罚从宽制度"这一改革举措的基本面貌。

随着刑事速裁程序改革试点的推行，最高人民法院、最高人民检察院于 2015 年 10 月 15 日向全国人大常委会提交《关于刑事案件速裁程序试点情况的中期报告》（以下简称"《速裁试点中期报告》"）。报告指出，"对简单、轻微刑事案件探索专门的快速办理程序，形成普通程序、简易程序、速裁程序相互衔接的多层次、多元化诉讼体系，实现诉讼程序与案件难易、刑罚轻重相适应，符合我国司法实践需要和刑事诉讼制度发展规律，试点工作很有必要，成效明显，为完善我国刑事诉讼程序制度提供了实践基础，具有重大的示范价值和现实意义"。报告同时也列举了试点的主要成效，包括"刑事诉讼效率明显提高""认罪认罚从宽充分体现""当事人权利得到有效保障"和"促进司法改革整体推进"等。

在刑事速裁程序法定试点时间即将届满之际，中央全面深化领导小组第二十六次会议于 2016 年 7 月 23 日审议通过了《关于认罪认罚从宽制度改革试点方案》（以下简称"《认罪认罚方案》"）[①]。随后，最高人民法院、最高人民检察院、公安部、国家安全部、司法部发布的《关于推进以审判为中心的刑事诉讼制度改革的意见》第 21 条[②]也对刑事案件速裁程序和认罪认罚从宽制度作出了原则性规定。最高人民法院、最高人民检察院则是在 2016 年 8 月 22 日，在刑事速裁程序法定试点时间届满之后向全国人大常委会提交了《刑事案件速裁程序试点工作总结》。总结报告指出，速裁

[①] 《认罪认罚方案》没有公布，而新华社的报道则指出"完善刑事诉讼中认罪认罚从宽制度，涉及侦查、审查起诉、审判等各个诉讼环节，要明确法律依据、适用条件，明确撤案和不起诉程序，规范审前和庭审程序，完善法律援助制度。选择部分地区依法有序稳步推进试点工作"。

[②] 《关于推进以审判为中心的刑事诉讼制度改革的意见》第 21 条规定："推进案件繁简分流，优化司法资源配置。完善刑事案件速裁程序和认罪认罚从宽制度，对案件事实清楚、证据充分的轻微刑事案件，或者犯罪嫌疑人、被告人自愿认罪认罚的，可以适用速裁程序、简易程序或者普通程序简化审理。"

程序试点工作成效明显，符合我国司法实践需要，对完善认罪认罚从宽制度、落实宽严相济刑事政策、推进刑事案件繁简分流进行了积极有益的探索；总结报告同时建议将速裁程序纳入认罪认罚从宽改革继续试点。[①]

二　立法授权与试点办法

根据党中央的决策部署，全国人大常委会于2016年9月3日通过了《关于授权最高人民法院、最高人民检察院在部分地区开展刑事案件认罪认罚从宽制度试点工作的决定》，授权最高人民法院、最高人民检察院在北京、天津、上海、重庆、沈阳、大连、南京、杭州、福州、厦门、济南、青岛、郑州、武汉、长沙、广州、深圳、西安18个城市（与刑事案件速裁试点城市一样）开展刑事案件认罪认罚从宽制度试点工作，同时授权最高人民法院、最高人民检察院会同有关部门制定试点办法。《认罪认罚决定》还规定刑事案件速裁程序试点工作按照新的试点办法继续试行。由此，"认罪认罚从宽制度"正式进入第一轮的改革试点，而刑事案件速裁程序则进入第二轮的改革试点。2016年11月11日，"两院三部"根据《认罪认罚决定》联合印发了《关于在部分地区开展刑事案件认罪认罚从宽制度试点工作的办法》，对认罪认罚从宽制度的内涵、适用条件、办理程序、激励机制、权利保障与风险防控等内容作出了规定，同时也要求各试点地方要结合当地实际，制订实施方案或实施细则。

上述历史发展进程充分体现了以法治促进改革、在改革中完善法治的辩证法：一方面，《刑事速裁决定》以法律的形式推动刑事速裁改革；另一方面刑事速裁改革实践为完善法律，特别是为制定《认罪认罚决定》奠定了实践基础与立法理由。但是其中还涉及一个不可回避的基本法律问题：《刑事速裁决定》与《认罪认罚决定》的作出，是否有宪法和立法法依据与法理基础？

《刑事速裁决定》具有特殊的立法与改革意义，因为它是立法机关第一次授权司法机关进行改革试点，有别于过去主要由"两高"自行决定司

[①] 参见胡云腾主编《认罪认罚从宽制度的理解与适用》，人民法院出版社2018年版，第410—416页。

法改革的模式,开启了司法改革试点工作的新局面。① 2016 年 9 月的《认罪认罚决定》沿用了这种模式。需要注意的是,两个文件的时间点之间发生了重要的立法事件,即《立法法》于 2015 年 3 月的修改②——在宪法没有进行修改的前提下新增加了"第 13 条":"全国人民代表大会及其常务委员会可以根据改革发展的需要,决定就行政管理等领域的特定事项授权在一定期限内在部分地方暂时调整或者暂时停止适用法律的部分规定。"在全面推进依法治国和全面深化改革的背景下,全国人大常委会"授权决定"这一较为灵活的立法方式的运用越来越频繁,通过授权决定的方式引领改革,确保重大改革于法有据,已成为处理立法与改革关系的新常态。③ 为区别《立法法》的授权立法,学者将《立法法》第 13 条称为"授权地方改革试点决定"。

关于授权地方改革试点决定的性质,有学者指出,它既不同于一般意义上的法律修改,但是在试点地区范围内实际上发生了修改现行法律的效果。相对于法律修改,授权地方改革试点决定具有暂时性与局部性,但在试点结束后,授权地方改革试点决定有可能转化为法律修改,因此授权地方改革试点决定是法律修改的"试验模式"。④

本书认为,授权地方改革试点决定是一种新的立法形式,它具有以下几个特征:第一,它是为妥善处理改革与法治的关系而产生的新立法形式。根据我国改革以及制度形成的经验,改革往往要经历"由点到面"的过程,在改革初期,往往仅是局部地区的改革,因此不可能对现行法律进行修改。但若不修改法律而直接进行改革,往往会使改革面临没有法律依据的窘境,改革只能在政策与人治的轨道上进行。为保证改革能在法治的轨道上运行,必须创设新的立法形式,授权地方改革试点决定正是在这种背景下产生的,这种立法实践的创新客观上也丰富了我国立法学理论。第二,对于改革的内容,授权地方改革试点决定一般是仅作原则性的规定,

---

① 参见强梅梅《司法领域授权改革试点工作情况的初步分析——以 2015 年年底以前司法改革试点情况为基础》,《人大法律评论》2016 年第 3 期,第 364 页。
② 第十二届全国人民代表大会第三次会议通过了《全国人民代表大会关于修改〈中华人民共和国立法法〉的决定》。
③ 参见张宝山《授权决定:引领改革,形成立法新常态》,《中国人大》2016 年第 3 期,第 32 页。
④ 参见彭浩《授权地方改革试点决定的性质与功能探析》,《法制与社会发展》2018 年第 1 期,第 21—23 页。

具体办法则由被授权主体规定。被授权主体实际上就获得了一定意义上的修改法律的权力。《认罪认罚决定》的规定比较简单,仅就认罪认罚从宽制度的基本内涵、基本原则作出了规定,对于认罪认罚从宽制度改革的具体办法,则授权由最高人民法院、最高人民检察院会同有关部门作出规定。第三,授权地方改革试点决定往往是在党中央顶层设计之后作出的,是落实中央改革政策的法治途径。例如,《认罪认罚改革试点方案》成为授权地方改革试点决定(《认罪认罚决定》)以及被授权主体作出的办法(《认罪认罚办法》)的最高政策依据。但这些政策不能直接成为法律以及办案的依据,因此需要通过某种形式获得法律性质,《认罪认罚决定》《认罪认罚办法》事实上就是具有法律性质或者准立法性质的刑事法律。

三 地方实践与规则探索

坚持顶层设计和基层探索相结合是本轮司法改革的一个基本特点。除加强中央顶层设计外,本轮司法改革注重调动地方的改革积极性,鼓励各地从实际出发进行探索,谋求在地方实践中形成可复制可推广的经验。[①]作为司法改革的一个部分,认罪认罚从宽制度改革同样要坚持这种科学的改革方法论,因此,除了《认罪认罚方案》《认罪认罚决定》和《认罪认罚办法》等顶层设计外,还需要试点地方的积极实践与主动探索,才能使认罪认罚从宽制度改革的宗旨得以实现。

一方面,在前期刑事速裁改革实践的基础上,各试点地方抓紧落实认罪认罚从宽改革举措,不断深化认罪认罚从宽制度改革实践。例如,沈阳法院自2016年11月启动认罪认罚从宽制度试点工作以来,截至2017年2月末,共审理认罪认罚从宽案件589件,上诉率约为3%;其中适用速裁程序审理案件196件,上诉率为零,推进了刑事案件繁简分流,优化了审判资源配置,让刑事诉讼程序全程驶入快车道。[②]

另一方面,各地以《认罪认罚办法》为蓝本,与改革实践相结合,积极制订具体的实施方案或者实施细则。例如,杭州市委政法委出台了《杭

---

① 参见黄义艺《中国司法改革基本理路解析》,《法制与社会发展》2017年第2期,第24页。
② 参见刘宝权《沈阳刑案认罪认罚从宽试点成效显著》,《人民法院报》2017年4月8日。

州市刑事案件认罪认罚从宽制度试点工作实施方案》①，从"充分认识开展试点工作的重要意义""指导思想和基本原则""工作步骤和内容"三个方面进行了规定，其中根据杭州市的实际情况，确定了改革的路线图：筹备运行阶段（2017年4月底）—全面推进阶段（2017年5月至12月）—深化提升阶段（2018年1月至6月）。南京市委政法委制定的《关于开展刑事案件认罪认罚从宽制度试点工作的实施意见》既有"实施方案"性质的内容（规定了一些工作要求），也有"实施细则"性质的内容（规定了若干具有法律规范性质的条文），同时也要求政法各部门制定各部门的实施细则。北京市"两院三局"②联合颁布了《关于开展刑事案件认罪认罚从宽制度试点工作实施细则（试行）》，从"任务和基本原则""适用范围和程序""法律帮助""强制措施""侦查""审查起诉""审判""执行""特殊案件的处理"和"其他规定"共十个部分、五十个条文规定了试点的实施细则。西安市的实施细则采取了相似的结构。重庆市检察院则单独制定了《重庆市检察机关认罪认罚从宽制度试点工作实施细则》。

无论是司法实践，还是制度探索，都是认罪认罚从宽制度改革法治化进程中不可或缺的重要组成部分。认罪认罚从宽制度改革会涉及哪些具体需要解决的法治问题，只有在基层实践中才会真正被发现；顶层设计方案是否科学合理、是否符合法治精神，也需要基层实践来检验。

四 中期报告与修法准备

针对授权地方改革试点决定，《立法法》并没有要求被授权机关在改革过程中报告改革情况，但是目前的授权地方改革试点决定中，基本上已经形成了被授权机关向全国人大常委会作中期报告的立法惯例。③

"中期报告"制度是在全面深化改革、全面依法治国进程中所创设的一项新制度，是科学处理法治与改革辩证关系的重要机制。法治对于

---

① 如无特殊说明，本书中有关的"地方规定"，皆是指2018年《刑事诉讼法》修改之前，开展认罪认罚从宽制度试点改革的地方所制定的地方性规定。
② 两院三局是指：北京市高级人民法院、北京市人民检察院、北京市公安局、北京市国家安全局和北京市司法局。
③ 《认罪认罚试点决定》中规定："试点进行中，最高人民法院、最高人民检察院应当就试点情况向全国人民代表大会常务委员会作出中期报告。"《刑事速裁决定》也有相似的规定。

改革的要求不仅仅停留在"改革要于法有据"上，而且还要求改革的实践符合法律的要求与法治精神。中期报告制度通过检查督导的方式，监督试点单位与试点地方严格按照相关规范性文件与法治精神推进认罪认罚从宽制度改革。通过中期报告，立法机关一方面可以发现改革中存在的问题或者新出现的问题，在必要的时候可以为下一步的改革做出相应的决定；另一方面可以总结改革的成功经验，为未来的法律修改或者立法做相应的准备。

2017年12月23日，最高人民法院院长周强在第十二届全国人民代表大会常务委员会第三十一次会议上代表最高人民法院，并受最高人民检察院委托，报告一年来刑事案件认罪认罚从宽制度试点工作情况（以下简称"认罪认罚试点中期报告"）。认罪认罚试点中期报告指出，截至2017年11月底，18个试点地区共确定试点法院、检察院各281个，适用认罪认罚从宽制度审结刑事案件91121件103496人，占试点法院同期审结刑事案件的45%。一年来的试点工作稳步开展，并取得阶段性成效。一年以来的试点工作情况主要体现在四个方面：一是严格依法推进，确保认罪认罚从宽制度规范适用；二是强化权利保障，确保认罪认罚真实自愿；三是加强监督制约，确保试点运行平稳有序；四是完善配套保障，确保改革措施落实到位。试点工作取得的初步成效主要有三个方面：一是宽严相济刑事政策得到充分体现，促进了社会和谐稳定；二是司法资源得到合理配置，促进了刑事诉讼效率明显提升；三是当事人权利得到有效保障，促进了司法公正。与此同时，改革还存在一些问题和困难：一是有的试点地区思想认识不够到位，对改革的意义、改革的内容、改革的要求认识不清、领会不透，如将"认罚"与赔偿被害人经济损失简单等同起来，或将"从宽"绝对化、简单化，对案件具体情节区分不够；二是试点工作整体推进不够平衡，有的地区试点案件数量偏少、比例偏低，试点案件类型和适用程序过于集中，对普通程序中的适用问题探索不够；三是一些环节协调配合还不够顺畅，办案规程、工作机制尚需进一步完善，等等。在此基础上，中期报告提出了下一步工作的四项措施：一是进一步提高认识；二是进一步加强改革督查；三是进一步完善制度机制；四是进一步提升试点实效。

"中期报告"对试点工作进行阶段性总结的同时，也为《刑事诉讼法》的修改奠定了基础。从中期报告的内容可以看出，作为被授权机关的最高人民法院与最高人民检察院，对于认罪认罚从宽制度改革的必要性持肯定态度。同时，中期报告所指出的问题以及还没有指出的问题，说明改革实践尚未完全达到预期目标，需要进一步深化实践与探索，修改《刑事诉讼法》时可能要根据具体情况对这些问题做出不同的处理。为了更好地完善《刑事诉讼法》中的相关规则，理论上还需要展开更深入、更系统的研究：对于实践中取得的良好经验，需要更精准的理论总结；对于实践中还没有解决的问题，需要更科学的理论方案；对于实践中还没有发现的问题，需要更深刻的理论揭示。

五 法律修改与全面改革

根据法律制度改革的一般经验，在试点过程中被认为可复制、可推广的行之有效的做法将被上升为法律规范，在全国范围内施行。认罪认罚从宽制度改革也遵循这一基本经验，修改《刑事诉讼法》是认罪认罚从宽制度改革法治化进程中的重要节点。

2018年4月，第十三届全国人民代表大会常务委员会第二次会议审议了《中华人民共和国刑事诉讼法（修正草案）》，其中拟将认罪认罚从宽制度纳入《刑事诉讼法》当中。修正草案拟从四个方面增加相关的法律规范（条文）：一是在第一章中将"认罪认罚从宽"规定为刑事诉讼法的一项基本原则。二是在相关部分完善刑事案件认罪认罚从宽的程序规定。三是增加速裁程序。四是加强对当事人的权利保障。从条文的规定来看，相关内容与《认罪认罚办法》的规定基本一致，反映了立法确认改革成果的特征。2018年10月26日，第十三届全国人民代表大会常务委员会第六次会议通过了《关于修改〈中华人民共和国刑事诉讼法〉的决定》，正式将认罪认罚从宽制度写入了法律。由此，认罪认罚制度改革从一场局部性的试点改革升级为全国性的、正式的、全面改革。

第三节 认罪认罚从宽制度试点改革的规范内容

《认罪认罚决定》和《认罪认罚办法》是认罪认罚从宽制度试点改革

的法律依据，前者的规定比较简单（正文不超过800字），主要做出一些原则性规定，后者则是前者的细化。概括起来，两个法律文件的主要内容包括以下五个方面。

一　界定核心内涵

《十八届四中全会决定》正式提出"认罪认罚从宽"概念，但却没有明确其内涵，实务界和学术界对其内涵有着不尽一致的认识。例如，针对下列问题，存在着不同的观点："认罪"与刑法第67条规定的自首和坦白是什么关系？承认事实存在但认为不构成犯罪，是否属于"认罪"？"认罚"中的"认"是何意、"罚"是否仅指"刑罚"？"认罪认罚"是否意味着要先认罪后认罚，抑或者可以先认罚再认罪？"从宽"是指"可以从宽"，还是"应当从宽"？"从宽"是否包括"从轻""减轻"与"免除处罚"？"从宽"与刑事诉讼法第279条的"从宽"是否同义？除了实体法意义外，认罪认罚从宽的程序法内涵又应当如何理解？这些问题不解答，改革就难以顺利推进。为此，《认罪认罚决定》对认罪认罚从宽的核心内涵进行了界定，即："对犯罪嫌疑人、刑事被告人自愿如实供述自己的罪行，对指控的犯罪事实没有异议，同意人民检察院量刑建议并签署具结书的案件，可以依法从宽处理。"《认罪认罚办法》第一条作出了同样的规定。对此可以从以下四个方面进行理解。

（一）"认罪"的核心内涵

认罪的核心内涵是指"自愿如实供述自己的罪行，对指控的犯罪事实没有异议"。相关的表述与已有法律规范相似，且是认罪的实体法内涵与程序法内涵的结合。"认罪"的实体法内涵是"如实供述自己的罪行"（《刑法》第67条的用语），强调被追诉人供述的事实与客观发生事实的一致性。"认罪"的程序法内涵是"对指控的犯罪事实没有异议"（《刑事诉讼法》第208条等法条的用语），强调的是被追诉人与检察机关就犯罪事实的内容达成一致意见。

虽然《认罪认罚办法》界定了"认罪"的核心内涵，但是仍然还有未解决的问题。第一，"认罪"的实体法内涵和程序法内涵并不完全一样，实践中若二者发生矛盾，应当如何处理？具体情况包括：（1）被告人如实供述，但由于检察机关指控有误，因此被追诉人对指控有异议。（2）被追诉人对指控没有异议，但由于检察机关指控有误，因此被追诉人实际上没有如实供述。第二，被追诉人对指控的事实没有异议，但对于指控的罪名、罪数、法定刑等有异议的，能否"认罚"？相关的规则似乎忽略了"认罚"新机制的引入对于"认罪"概念所产生的影响，仍然固守了传统认罪的概念。此外，需要注意的是，《认罪认罚决定》强调被追诉人供述的自愿性，严格而言，自愿性与否决定了供述行为是否具有合法性，这与供述行为是否构成"认罪"并没有直接关系。

（二）"认罚"的核心内涵

认罚的核心内涵是"同意人民检察院量刑建议"。一方面，"罚"仅指"刑罚"，与犯罪嫌疑人、刑事被告人退赃、民事赔偿并没有必然关联。但按照目前的改革办法，民事责任问题的解决（犯罪嫌疑人、被告人与被害人或者其法定代理人、近亲属没有就赔偿损失、恢复原状、赔礼道歉等事项达成调解或者和解协议）是适用刑事速裁程序的前提条件之一。在实践中，民事责任问题没有解决，办案的检察官往往不愿意启动认罪认罚程序。另一方面，认罚是纯粹的程序法概念，而且指的是犯罪嫌疑人、刑事被告人与人民检察院之间就量刑建议达成一致意见，其中并不需要涉及公安机关与法院的职权活动。至于控、辩双方达成一致意见的机制，即双方实现一致意见的具体途径方法，《认罪认罚决定》和《认罪认罚办法》并没有明确的规定。

（三）"认罪认罚"的书面化

认罪认罚本质上是犯罪嫌疑人、被告人的意思表示，但程序上要求以"签署认罪认罚具结书"的形式来体现。换言之，认罪认罚具结书是成立认罪认罚的一个形式要件，可见其在制度运行过程中扮演着十分重要的角度。不过作为一种新型的法律文书，"认罪认罚具结书"的规范内容、法律性质、法律地位等问题还有待研究。

（四）"从宽"的核心内涵

从宽指的是"可以依法从宽处理"，可从以下几个方面对此进行理解。

首先，这里的"法"应该既包括现行法律有关规定，也包括改革的办法，即《认罪认罚办法》对现行法律有关规定所做出的临时修改。具体包括：（1）根据《认罪认罚办法》第9条规定，公安机关可以撤销案件。对被追诉人而言，这实质上是最"优惠"的待遇。（2）根据2012年修订的《刑事诉讼法》第173条和《认罪认罚办法》第13条等的规定，检察机关可以做出不起诉的决定。(3) 在量刑时，人民法院对被告人从宽量刑。相关的法律依据包括《刑法》有关自首、坦白、立功等规定，以及 2012 年修订的《刑事诉讼法》第 279 条和《认罪认罚办法》第 7 条等有关被告人与被害人达成和解协议的规定。需要注意的是，由于《认罪认罚决定》和《认罪认罚办法》没有对现行刑罚规则进行实质修改或者临时修改，因此量刑从宽只能以现行法律为依据。因此，认罪认罚本身目前不属于"可以减轻处罚"的量刑情节，若人民法院需要在法定刑以下判处刑罚，仍需要根据现行刑法第 63 条的规定报最高人民法院核准①。

其次，"从宽"的法律意义是"可以从宽"。从文义解释及改革原意的角度来看，"可以从宽"是指对于认罪认罚的被追诉人，国家既可以从宽处理，也可以不从宽处理。但从法律适用的结果或者法治精神的角度来看，不应该出现"不从宽处理"的情形。与"认罪"可以由追诉者单独作出不同，"认罚"需要检察机关的积极参与。当检察机关认为不能对被追诉者从宽处理时，就不应该启动认罚程序，因而在法理上就不应该发生认罪认罚而最终不从宽处理的情形。这一"法理"在一些地方试点中也得到体现。例如，山东省规定，犯罪嫌疑人、被告人犯罪性质恶劣，作案手段残忍，社会危害严重，认罪不足以从宽处罚的，不适用认罪认罚从宽制度。

再次，相对于审前羁押而言，对犯罪嫌疑人、被告人适用取保候审或者监视居住也属于一种"从宽处理"措施。然而，《认罪认罚办法》第 6 条有关强制措施的规定，不能被视为严格意义上的"从宽处理"。因为第 6 条并没有改变现行法律有关取保候审或者监视居住的适用条件，只是在适用政策上有放宽适用非羁押性强制措施的倾向。试点实践中，取保候审或者监视居住往往与不起诉、判处非监禁刑等直接关联，可能被判处监禁刑的被追诉人获得取保候审或者监视居住的概率仍然很低，因此无法体现适用强制措施的从宽。可见，试点改革相关规则本身无法保障真正实现强制措施适用上的"从宽处理"，为了达到此目标，必须对《刑事诉讼法》相关条文进行修改，或者对司法政策、司法习惯做出实质性的调整。

最后，程序从简是认罪认罚制度的一项重要内容，但程序从简不属

---

① 《认罪认罚办法》第 22 条规定："对不具有法定减轻处罚情节的认罪认罚案件，应当在法定刑的限度以内从轻判处刑罚，犯罪情节轻微不需要判处刑罚的，可以依法免予刑事处罚，确实需要在法定刑以下判处刑罚的，应当层报最高人民法院核准。"

于"从宽处理"。程序从简本质上是对国家机关特别是检察机关和法院的从宽要求，是对被追诉人权利的克减，而非对被追诉人的从宽处理。如果将程序从简也视为一种从宽处理措施，那么就等同承认"程序即是惩罚"，但是刑事诉讼法规定的正当程序本身属于犯罪嫌疑人、被告人的权利保障措施①。另外，程序从简是被追诉人对其权利的部分放弃，是行使权利的表现而非国家的"优惠"政策，相反它也是国家对被追诉人从宽处罚的部分原因。有学者认为被追诉人对诉讼程序简化的认可，是"认罚"在程序上的具体体现。②若从广义的角度来说，这种理解是可以成立的。然而，考虑到在完善认罪认罚从宽制度的改革过程中，应当强调"程序简化是被追诉人放弃其法定诉讼权利的表现"这一理念，强调程序从简并非国家的必然权力，因此我们不应当简单地将其归入"认罚"概念的外延当中。因此，"认罪认罚从宽"这一概念可以扩展为"认罪认罚认简从宽"。

二 重申法治原则

作为一项司法改革举措，不可避免地要对现行法律条文进行修正，但是改革不能违反法治的基本原则。因此《认罪认罚决定》强调"试点工作应当遵循刑法、刑事诉讼法的基本原则，保障犯罪嫌疑人、刑事被告人的辩护权和其他诉讼权利，保障被害人的合法权益，维护社会公共利益，完善诉讼权利告知程序，强化监督制约，严密防范并依法惩治滥用职权、徇私枉法行为，确保司法公正"。其中，关于"刑法、刑事诉讼法的基本原则"的具体范围，《认罪认罚办法》特别指出了坚持贯彻宽严相济刑事政策、罪责刑相适应和证据裁判原则等三项基本原则。这三项基本原则与认罪认罚从宽制度密切相关，也是改革实践中最容易被突破或违反的三项基本原则。当然，在推进认罪认罚从宽制度改革的过程中，应当如何坚持三项基本原则，如何辨析改革是否违反了三项基本原则，还需要深化研究。

---

① 参见熊秋红《认罪认罚从宽的理论审视与制度完善》，《法学》2016年第10期，第107页。
② 参见陈卫东《认罪认罚从宽制度研究》，《中国法学》2016年第2期，第53页。

三　明确适用范围

《认罪认罚决定》并没有明确规定制度的适用范围，而是授权"两高"同有关部门作出规定。第一轮刑事速裁程序的适用范围比较窄，仅适用于个别罪名的轻罪案件，改革显得比较小心谨慎。相对而言，认罪认罚从宽制度的改革更加大胆。《认罪认罚办法》并没有就制度的适用范围作出特别的限制，因此理论上可以适用于所有罪名的案件，实现某种意义的"全覆盖"。即使是重罪特别是中级以上人民法院管辖的一审案件[①]，仍然可以适用认罪认罚从宽制度。

此外，虽然《认罪认罚办法》第2条规定了四种不适用认罪认罚制度的情形[②]，但是其中前三种情形，其实都是被追诉人无法"认罪认罚"的情形，因此第2条本质上属于"注意规定"——即使不做此规定，相关案件也不能适用认罪认罚从宽制度。

四　制定诉讼规则

《认罪认罚办法》用了较大的篇幅（第8—13条、第15—23条）规定了在各诉讼阶段，即侦查、审查起诉和审判（包括一审和二审）阶段的具体实施规则。

在侦查阶段，有关认罪认罚从宽的特殊规则主要包括：侦查机关需要履行告知义务[③]、听取意见义务[④]、记录义务[⑤]；以及侦查机关有撤销案件

[①] 主要是危害国家安全的案件、恐怖主义案件和可能判处无期徒刑、死刑的案件。
[②] 不适用认罪认罚从宽制度的四种情形是：（1）犯罪嫌疑人、被告人是尚未完全丧失辨认或者控制自己行为能力的精神病人的；（2）未成年犯罪嫌疑人、被告人的法定代理人、辩护人对未成年人认罪认罚有异议的；（3）犯罪嫌疑人、被告人行为不构成犯罪的；（4）其他不宜适用的情形。
[③] 告知义务是指："告知犯罪嫌疑人享有的诉讼权利和认罪认罚可能导致的法律后果。"
[④] 听取意见义务是指："听取犯罪嫌疑人及其辩护人或者值班律师的意见。"
[⑤] 记录义务是指："犯罪嫌疑人自愿认罪认罚的，记录在案并附卷"；"在起诉意见中写明犯罪嫌疑人自愿认罪认罚情况"。

的建议权①。

在审查起诉阶段,《认罪认罚办法》除规定人民检察院有告知义务、听取意见义务和记录义务外,还规定了人民检察院特殊不起诉权和在认罪认罚从宽制度中具有关键地位的签署具结书程序②。所谓特殊不起诉权,是指因重大立功或者国家重大利益而不起诉③,是一种新型的酌定不起诉制度。

在审判阶段,《认罪认罚办法》首先规定了人民法院的两项基本义务,即告知义务④和审查义务⑤。其次还规定了认罪认罚制度中的两种审判程序:速裁程序和简易程序。此外,还规定了人民法院对人民检察院指控的罪名和量刑建议的审查批准权。最后,《认罪认罚办法》明确规定被告人对于一审判决可以上诉,并对二审程序进行了原则性规定。在速裁程序试点过程中,不少法官主张实行有条件的一审终审制,⑥但是一审终审将带来一系列消极的后果,在理论界也有较大争议,⑦《认罪认罚办法》最终并没有采纳建议,因此认罪认罚案件仍然实行两审终审制。

五 强化保障机制

为了防范认罪认罚从宽制度改革可能带来的冲击和法律风险,《认罪认罚决定》和《认罪认罚办法》规定了若干风险防控机制和权利保障机制。

(一)对犯罪嫌疑人、被告人的特殊保护

其一是获得有效法律帮助权和值班律师制度。这是本轮改革的一个亮

---

① 撤销案件的建议权是指:"犯罪嫌疑人自愿如实供述涉嫌犯罪的事实,有重大立功或者案件涉及国家重大利益,需要撤销案件的,办理案件的公安机关应当层报公安部,由公安部提请最高人民检察院批准。"
② 签署具结书程序是指:"犯罪嫌疑人自愿认罪,同意量刑建议和程序适用的,应当在辩护人或者值班律师在场的情况下签署具结书。"
③ 特殊不起诉是指:"犯罪嫌疑人自愿如实供述涉嫌犯罪的事实,有重大立功或者案件涉及国家重大利益的,经最高人民检察院批准,人民检察院可以做出不起诉决定,也可以对涉嫌数罪中的一项或者多项提起公诉。"
④ 告知义务是指:告知被告人享有的诉讼权利和认罪认罚可能导致的法律后果。
⑤ 审查义务是指:审查认罪认罚的自愿性和认罪认罚具结书内容的真实性、合法性。
⑥ 参见丁国锋等《刑事速裁一审终审呼声渐高》,《法制日报》2015年11月2日。
⑦ 参见陈瑞华《认罪认罚从宽制度的若干争议问题》,《中国法学》2017年第1期,第43页。

点,主要规定在《认罪认罚办法》第 5 条。① 至于原有的法律援助制度和此处新增的值班律师制度能否有效实现"有效法律帮助",还有待观察。

其二,与上述有关国家机关的告知义务、听取意见义务相对应,犯罪嫌疑人、被告人有获知信息、表达意见和选择程序的权利。

其三是合法财产的保护。主要是要区分违法所得、涉案财物与合法财产、非涉案财物——对于前者可以收缴,而对于后者则不可以收缴。具体规则主要规定在《认罪认罚办法》第 14 条②之中。

(二) 被害人权利保护

《认罪认罚办法》对被害人权利的保护主要体现为两个方面:其一是表达意见的权利,即有关国家机关"办理认罪认罚案件,应当听取被害人及其代理人意见";但是被害人对于认罪认罚具结书的内容并没有决定权或者否决权。其二是将达成和解协议和赔偿被害人作为从宽处罚的重要情节③,以此种方法促使犯罪嫌疑人、被告人赔偿被害人的损失。

(三) 以责任追究为威慑

认罪认罚从宽改革,不免会引起人们对权钱交易的担忧,因此需要在改革的过程中做好"预防措施"。《认罪认罚决定》要求"严密防范并依法惩治滥用职权、徇私枉法行为",并规定了相应的责任条款。④ 这些措施虽然必要,但从其条文内容来看,只是单纯地对现行法律规范进行了重申,认罪认罚从宽改革的风险防控措施是否仅限于此,还需要进一步观察

---

① 第 5 条规定:"办理认罪认罚案件,应当保障犯罪嫌疑人、被告人获得有效法律帮助,确保其了解认罪认罚的性质和法律后果,自愿认罪认罚。法律援助机构可以根据人民法院、看守所实际工作需要,通过设立法律援助工作站派驻值班律师、及时安排值班律师等形式提供法律帮助。人民法院、看守所应当为值班律师开展工作提供便利工作场所和必要办公设施,简化会见程序,保障值班律师依法履行职责。犯罪嫌疑人、被告人自愿认罪认罚,没有辩护人的,人民法院、人民检察院、公安机关应当通知值班律师为其提供法律咨询、程序选择、申请变更强制措施等法律帮助。人民法院、人民检察院、公安机关应当告知犯罪嫌疑人、被告人申请法律援助的权利。符合应当通知辩护条件的,依法通知法律援助机构指派律师为其提供辩护。"

② 《认罪认罚办法》第 14 条规定:"对查封、扣押、冻结的财物及其孳息不能确认属于违法所得或者依法应当追缴的其他涉案财物的,不得收缴。"

③ 《认罪认罚办法》第 7 条规定:"将犯罪嫌疑人、被告人是否与被害人达成和解协议或者赔偿被害人损失,取得被害人谅解,作为量刑的重要考虑因素。"

④ 《认罪认罚办法》第 24 条规定:"人民法院、人民检察院、公安机关工作人员在办理认罪认罚案件中,有刑讯逼供、暴力取证或者权钱交易、放纵罪犯等滥用职权、徇私枉法情形,构成犯罪的,依法追究刑事责任;尚不构成犯罪的,依法给予行政处分或者纪律处分。"

与研究。

第四节　认罪认罚从宽制度全面改革的规则变化

《刑事诉讼法2018年修改决定》中有关认罪认罚从宽制度的规则，基本上来源于《认罪认罚办法》，反映了立法者对于试点改革经验与成效的充分肯定。对比《刑事诉讼法2018年修改决定》和《认罪认罚办法》，我们可以发现一些区别，概括起来包括三个方面。

一　认罪认罚从宽的原则化

认罪认罚从宽制度改革是本轮司法改革的重要内容，其重要意义得到充分重视，但对于"认罪认罚从宽制度"在刑事诉讼制度中的具体的体系性地位，学术界与实务界的讨论并不多。《刑事诉讼法2018年修改决定》在"总则"的第一章"任务和基本原则"中增加了一条（现行《刑事诉讼法》第15条），对认罪认罚从宽进行了总括性、统领性的规定："犯罪嫌疑人、被告人自愿如实供述自己的罪行，承认指控的犯罪事实，愿意接受处罚的，可以依法从宽处理。"此种立法安排本身就表明了认罪认罚从宽制度改革的历史意义。一方面，通过改革，认罪认罚从宽制度已经正式成为我国刑事诉讼制度中的一项重要制度。在改革之前，虽然《刑法》和《刑事诉讼法》就有一些关于认罪从宽的规定，但从观念上并没有将其视为一项相对独立的诉讼制度。改革之后，通过在总则第15条规定，不仅强调认罪认罚从宽制度的重要地位，同时也表明了该项制度已经成为我国刑事诉讼法律体系中的一项相对独立的制度。另一方面，通过改革，我国正式将"认罪认罚可以从宽处理"作为刑事法律的一项重要原则。2011年《刑法修正案（八）》正式规定了"坦白从宽"，但这只是一项量刑规则。在《刑事诉讼法》"总则"的第一章"任务和基本原则"中规定"认罪认罚可以从宽处理"，表明这不仅仅是一项规则，而是已经上升为一项重要原则。

二　认罚法律内涵、侦查程序等规则的局部调整

在一些具体法律条文用语的选择上，《刑事诉讼法2018年修改决定》没有采纳《认罪认罚办法》的表述，从中我们可以发现一些规则的细微调整。

第一，"认罚"的法律内涵发生了变化。如上文所述，根据《认罪认罚办法》，"认罚"的核心内涵是"同意检察机关的量刑建议"。然而《刑事诉讼法2018年修改决定》没有沿用此种表述，而将"认罚"界定为"愿意接受处罚"。表述的更改意味着"认罚"的法律内涵发生了变化。其中的理由可能是两个方面的。首先，由于"认罚"的结果可能是撤销案件或者不起诉，因此新的法律规定没有使用"量刑建议"这个术语来表达"认罚"的法律内涵。其次，新的法律内涵淡化了"检察机关"在认罚中的地位，暗示了"认罚"可能由其他国家机关——公安机关、法院实施。

第二，侦查规则的科学化。《认罪认罚办法》第8条规定了公安机关办理认罪认罚案件的基本规则，其中要求"在侦查过程中，侦查机关应当告知犯罪嫌疑人享有的诉讼权利和认罪认罚可能导致的法律后果，听取犯罪嫌疑人及其辩护人或者值班律师的意见，犯罪嫌疑人自愿认罪认罚的，记录在案并附卷"。"对拟移送审查起诉的案件，侦查机关应当在起诉意见中写明犯罪嫌疑人自愿认罪认罚情况"。但是《刑事诉讼法2018年修改决定》在修改相关规则时，并没有采用"犯罪嫌疑人认罪认罚"的表述，而只是规定了"侦查人员在讯问犯罪嫌疑人的时候，应当告知犯罪嫌疑人享有的诉讼权利，如实供述自己罪行可以从宽处理和认罪认罚的法律规定"（现行《刑事诉讼法》第120条第2款）以及"犯罪嫌疑人自愿认罪的，应当记录在案，随案移送，并在起诉意见书中写明有关情况"（现行《刑事诉讼法》第162条第2款）。之所以出现这种变化，主要原因在于，在侦查阶段，公安机关不能独立地启动"认罚"机制，犯罪嫌疑人虽然可以向公安机关表示认罪，但无法向公安机关表示"认罚"。下文将对此问题进行更详细的讨论。

三　量刑建议提出方式、速裁案件二审程序等规则的非明文化

《刑事诉讼法2018年修改决定》并没有将《认罪认罚办法》中设立的所有规则都上升为法律,有部分规则或者机制并没有被本次修法所采纳,但亦没有被立法者所否定或禁止,本书将这种现象称为"非明文化"。从逻辑上而言,非明文化的原因,可能是试点改革的规则不再适用,但也可能是试点改革的规则上升为法律的时机还不成熟,需要在实践中继续探索。从现实的情况来看,后一种原因是主要的原因。

第一,量刑建议提出方式的非明文化。《认罪认罚办法》第16条第2款规定:"量刑建议一般应当包括主刑、附加刑,并明确刑罚执行方式。可以提出相对明确的量刑幅度,也可以根据案件具体情况,提出确定刑期的量刑建议。建议判处财产刑的,一般应当提出确定的数额。"而修改后的《刑事诉讼法》第176条第2款则规定,"犯罪嫌疑人认罪认罚的,人民检察院应当就主刑、附加刑、是否适用缓刑等提出量刑建议,并随案移送认罪认罚具结书等材料"。两个规定的主要区别在于修改的《刑事诉讼法》没有规定检察机关"可以提出相对明确的量刑幅度,也可以根据案件具体情况,提出确定刑期的量刑建议"。其主要原因在于,目前实务界与学术界对于检察机关是否能提出确定刑期的量刑建议,以及在哪些案件中可以提出确定刑期的量刑建议等问题,都存在较大的争议。本次修法因此也不宜将此问题作出硬性的规定,而应该在实践中继续对上述问题进行探索并推动形成更大的共识。

第二,速裁案件二审审理程序的非明文化。《认罪认罚办法》针对速裁案件的二审程序设立了特殊的规则,主要包括:(1)第二审人民法院对被告人不服适用速裁程序作出的第一审判决提起上诉的案件,可以不开庭审理。(2)原判事实不清或者证据不足的,应当裁定撤销原判,发回原审人民法院适用普通程序重新审判。第一个问题涉及速裁案件二审是否开庭的问题。第二个问题涉及原判事实不清或者证据不足的案件处理方式问题。

而根据《刑事诉讼法》关于二审程序的一般规定,(1)被告人对第一审认定的事实、证据提出异议,可能影响定罪量刑的上诉案件,第二

审人民法院应当组成合议庭,开庭审理。(2)对于原判决事实不清楚或者证据不足的,可以在查清事实后改判;也可以裁定撤销原判,发回原审人民法院重新审判。《认罪认罚办法》关于速裁案件二审程序的两个特殊规定没有获得法律的认可,是否意味着两个特殊规则不能再适用?就第一个特殊规则而言,从法律适用的一般原则来看,鉴于修改后的《刑事诉讼法》并没有就"速裁案件的第二审人民法院都可以不开庭"作出特别规定,那么该规则就不能再适用,即对于被告人对第一审认定的事实、证据提出异议的速裁案件,第二审人民法院仍需要根据《刑事诉讼法》的规定开庭审理。但就第二个特殊规则而言,《刑事诉讼法》规定了两种处理方式——人民法院既可以"查清事实后改判",也可以"裁定撤销原判,发回原审人民法院重新审判",但《认罪认罚办法》只规定了"裁定撤销原判,发回原审人民法院适用普通程序重新审判"这一种处理方式。从法律适用逻辑来讲,"只能选择适用其中一种方式"的特殊规则并不违法,因此可以继续适用;从速裁案件的特殊性与适用条件来看,如果通过速裁程序审理的第一审判决事实不清楚或者证据不足的,案件就失去了适用速裁程序的正当性,整个第一审程序就属于违法,因此第二审人民法院只能将案件发回原审法院重新按照普通程序进行审理。

四 小结

将改革成果上升为法律,是法治改革的重要步骤。改革成果能否上升为法律规范,是判断试点改革是否成功的重要标志。然而,试点改革中探索出来的新规则能否正式被纳入法律,以及通过何种方式进入法律,需要进行细致的科学判断,不能因为改革的整体成功而"一刀切"地将所有试点改革的规则融入法律当中。另外,试点改革后的法律修改并不意味着改革的结束,可能只意味着全面改革的开端。对于"认罪认罚从宽制度"改革而言,试点改革中形成的一些规则没有被法律所接纳或者被法律所修改,试点改革中发现的一些问题还没有形成规则解决方案,因此《刑事诉讼法2018年修改决定》仅仅意味着认罪认罚从宽制度的试点改革取得了阶段性成功,在未来的实践中仍然需要继续探讨完善认罪认罚从宽制度的具体路径与方法。

第二章 认罪认罚从宽制度试点改革的实践考察

实践是检验真理的唯一标准，也是检验改革成效的唯一标准。然而，对于"'实践'是什么"，需要我们科学认识，特别是进行严谨的总结。本章主要从"两维两域两原则"出发，尝试对18个试点城市的认罪认罚从宽制度试点改革实践进行理论总结。

"两维"，即需要从中央决策落实情况与基层制度创新两个维度对18个试点地方的改革实践进行考察。中央顶层设计与改革目的只有在基层实践中才能得到真正落实，央地改革办法只有在改革实践中才能被检验是否科学合理，为此我们需要对中央决策在基层的落实情况进行客观中立的分析。此外，基层试点的任务不仅仅是落实中央部署，而且还要结合实践情况进行制度探索，如此才能为未来国家层面的立法改革奠定基础，因此有必要科学判断基层试点实践中是否有值得推广的制度创新。

"两域"，即分别针对第一轮速裁程序改革实践与第一轮认罪认罚从宽制度改革两个领域进行学理分析。试点改革虽然已经结束，但是学术界与实务界对改革的理论总结还不够深入，对改革取得的成效、应该汲取的教训的概括还不够全面。根据改革的先后顺序，本章将先后对刑事速裁程序改革与认罪认罚从宽制度改革进行理论反思。

"两原则"，即坚持"以问题为导向"和"法治化"两个基本原则对改革实践进行理论反思。"以问题为导向"的理论反思，包含以下几个议题：第一，改革所想要解决的问题，是否均被改革办法与改革实践所解决了，实践中是否存在为改革而改革等形式主义问题；第二，改革所想要解决的问题，与实践中客观存在的问题之间是否有差距，即是否还有些问题是改革初期所没有意想到的（在改革实践中发现新的问题），或者是改革所不想解决的；第三，改革是否制造了新的问题（包括实践问题与理论问题等）。"法治化"的理论反思，主要是围绕规范性文件与改革实践考察改革是否坚持法治方式与法治思维，是否遵循法治规律，是否促进了刑事法治，以及是否存在过于功利主义而忽视法治的现象。

第一节 刑事案件速裁程序试点工作的理论评析

司法改革往往会引发学术研究的热潮，本次改革亦不例外。就已经结束的第一轮刑事速裁程序改革试点而言，虽然研究文献很多，但是客观而言，学术研究仍然落后于改革实践。特别是对第一轮刑事速裁程序改革试点还没有进行充分的理论总结与理论反思，对第一轮改革取得的成绩、存在的问题及其原因等问题所进行的学理分析还不够深入透彻。

根据《刑事速裁决定》有关中期报告和试点期满的规定[①]，最高人民法院和最高人民检察院在 2015 年 10 月向全国人大常委会提交了中期报告（以下称为"《刑事速裁程序中期报告》"）；试点期满后，由于我国紧接着启动认罪认罚从宽制度的试点改革，因此"两高"既没有建议完善有关法律，也没有建议恢复施行有关法律规定，而是提交了《刑事案件速裁程序试点工作总结》（以下简称为《速裁程序试点工作总结》）。《速裁程序试点工作总结》概括了试点工作开展情况和主要成效、面临的问题和困难以及下一步工作措施和建议。

《速裁程序试点工作总结》[②] 指出，探索轻微刑事案件快速办理程序，构建认罪认罚案件的分流机制，实体上从宽、程序上从简处理，形成普通程序、简易程序、速裁程序有序衔接的多层次诉讼制度体系，符合我国司法实践需要和刑事诉讼制度发展规律，有助于优化司法资源配置、及时实现公正正义、加强人权司法保障和完善刑事诉讼制度。

[①] 《刑事速裁决定》规定，"试点进行中，最高人民法院、最高人民检察院应当就试点情况向全国人民代表大会常务委员会作出中期报告。试点期满后，对实践证明可行的，应当修改完善有关法律；对实践证明不宜调整的，恢复施行有关法律规定"。

[②] 参见胡云腾主编《认罪认罚从宽制度的理解与适用》，人民法院出版社 2018 年版，第 414 页。

《速裁程序试点工作总结》也指出了刑事速裁程序改革中存在的问题与困难，主要包括以下几个方面[①]：一是刑事速裁程序适用范围较窄，不利于充分发挥刑事速裁程序的制度优势。二是审前程序简化不够，在完善工作对接、简化审批流程方面有较大的提速空间。三是庭审程序程式化倾向，速裁程序省略法庭调查、法庭辩论后，一些地方庭审重点不突出，出现庭审走过场、开庭程式化倾向。四是非羁押措施与非监禁刑的适用上存在制约因素。为避免脱管、脱保，"一关了之"的做法依然存在；对外地户籍被告人的调查评估耗时较长，社区矫正对接不畅，对未经司法行政机关调查评估的缓刑人员，社区矫正时仍存在拒收的情况。对于已采取非羁押强制措施的被告人判处实刑，其心理落实较大，影响速裁效果。五是法律帮助制度功效较低。速裁案件有援助值班律师参与的比例较低；值班律师不承担出席辩护职责，参与量刑协调空间有限，是否有阅卷等权利实践中把握不一；值班律师补贴远低于法律援助律师，工作积极性和法律服务质量不高。

通过《刑事速裁程序中期报告》和《刑事速裁程序总结报告》，我们可以获得关于改革成效的很多信息，但是在理论上我们还需要进行独立的思考与省思。以下三个问题需要重点研究：第一，改革往往意味着创新，那么刑事速裁程序改革在什么方面体现了创新，特别是在制度上实现了哪些创新（而不仅仅是文字表述上的创新）？第二，刑事速裁程序改革的最大初衷在于提升司法效率，改革结果也表明司法效率有所提升，但改革与司法效率提高之间的因果关系如何解读？第三，如何对第一轮刑事速裁程序改革中存在的问题进行学理解析？这里的"问题"，既包括改革想解决而没有解决的问题，也包括改革决策时没有考虑到的问题，也可能包括改革所产生的新问题。只有对这些问题进行客观理性的分析并在改革实践中加以解决，才能使改革行稳致远。

一 刑事速裁程序改革的制度创新

刑事速裁程序改革试点过程中，通过顶层设计和基层探索相结合的方

[①] 参见胡云腾主编《认罪认罚从宽制度的理解与适用》，人民法院出版社2018年版，第414—415页。

式，一些新的制度在我国刑事诉讼中孕育而生。主要的制度性创新体现在量刑协商制度、值班律师制度和诉讼全流程简化的办案模式。

(一) 量刑协商制度

在我国刑事诉讼司法实践中，行使国家权力的侦查、检察和审判机关与被追诉人之间的"协商"活动早已存在。被称为辩诉交易第一案的"孟广虎案"，其实应该只是实务界、学术界和舆论界共同关注的第一个热点案例。例如，侦查机关或者检察机关以"坦白从宽"等"对价"，说服原本不认罪的被追诉人承认犯罪事实、减轻控方的证明负担，事实上是一种"协商"；法官以判处缓刑或者减轻处罚为"对价"，说服被追诉人在一审判决前主动赔偿被害人、主动预先缴纳罚金等，同样也是一种"协商"。只是"协商"与"辩诉交易"难以区分，而"交易"在我国当前刑事司法环境下被天然地排斥，因此所有"协商"活动都没有（也不允许）以"协商"之名进行。

在第一轮刑事速裁程序改革中，《刑事速裁办法》将"当事人对适用法律没有争议，犯罪嫌疑人、被告人同意人民检察院提出的量刑建议"规定为适用条件之一，其中就蕴含了"协商"的因素。实践中，被追诉人对于检察机关提出的关于法律适用和量刑的建议，享有一定的话语权，即被追诉人可以不同意检察机关最初的建议而提出自己的意见，最终的量刑建议可能是控辩双方"讨价还价"的协商结果。此种量刑协商活动在刑事速裁程序改革过程中不仅没有受到最高司法机关的反对，而且还被视为一种新的制度写入《速裁程序试点工作总结》等文件当中。

(二) 值班律师制度

值班律师制度是第一轮刑事速裁程序改革的一大亮点，是为确保改革能够充分保障当事人的诉讼权利和确保司法公正的重要举措。《刑事速裁办法》引进了值班律师的做法[①]，确立了值班律师制度的基本框架。

长期以来，我国刑事案件的辩护率比较低，因此法定的、以追求程序正义为目的的刑事诉讼程序成为被追诉人权利的重要（可能是唯一的）保障。刑事速裁程序改革要求简化刑事诉讼程序，因此被追诉人的权利保障

---

① 《刑事速裁办法》规定，"建立法律援助值班律师制度，法律援助机构在人民法院、看守所派驻法律援助值班律师。犯罪嫌疑人、被告人申请提供法律援助的，应当为其指派法律援助值班律师"。

机制受到威胁,被追诉人的权利将不可避免地受到减损。为了使"简程序不减权利"这一改革口号成为现实,唯一可行办法就是提高辩护率,让被追诉人得到充分的律师帮助。为此,决策者选择将改革前就有试点实践基础的"值班律师制度"引入刑事速裁制度改革并赋予其保障被追诉人合法权益的制度功能。概括起来,值班律师在刑事速裁程序中主要作用体现在:一是确保被追诉人的认罪是自愿理性的;二是确保认罚符合法律规定和被追诉人的最大利益;三是确保法治的底线特别是司法公正不会因为办案人员追求办案效率而受到破坏。

（三）诉讼全流程简化的办案模式

诉讼全流程简化,是指将刑事诉讼所有环节（包括侦查、审查起诉和审判程序）都进行简化的办案模式。在此之前,以提高司法效率的改革,无论是简易程序的改革,还是普通程序简化的改革,都以简化审判程序为主要抓手。从"刑事速裁程序"这一用语来看,改革的初衷似乎也是要简化审判程序。但实践证明,在当前的司法现状下,简化审判程序对于提高效率而言,作用非常有限——因为目前的审判程序已经相当地简单;提高效率必须从简化审前程序入手。因此,一些试点地方趁着改革的东风,大胆地提出简化审前程序的多种方案,这些做法与刑事速裁审判程序一起构成了所谓的"诉讼全流程简化"。从概念的起源来看,"全流程简化"一词由北京市首先使用,但本书所称的"诉讼全流程简化"不限于北京模式,而是用此概念指代所有着力于压缩审前程序所耗时间的举措。

诉讼全流程简化包括审前程序的简化与审判程序的简化。审前程序的简化,主要包括"刑拘直诉"模式和"看守所办案"模式。前者从"办案时间"上下功夫,后者从"办案地点"上做文章。"刑拘直诉"模式,是指在拘留期间内侦查终结并提起公诉,其间侦查机关不提出逮捕的申请,在节约审查逮捕耗费时间的同时,对于侦查和审查起诉提出更加严格的时间要求。"看守所办案"模式,是指在看守所建立"速裁办公区",检察机关和法院均派人员到看守所速裁办公区办案,从而节省各机关"交接"、押解被告人往返法庭等程序所耗时间,推进侦诉辩审全程简化、职能无缝对接。

审判程序的简化,在认罪认罚从宽制度试点改革之前,就是指刑事速裁审判程序。刑事速裁审判程序,是第一轮刑事速裁制度改革的重大制度成果，是比简易程序更加简单的审判程序①，由此形成了由普通程序、简易程序和速裁程序构成的一审审判程序体系。

关于刑事速裁庭审方式，许多试点法院采取了"专人负责"和"集中审理"的机制。"专人负责"是指法院安排专人负责刑事速裁程序案件的审理，并由该名法官自主签发裁判文书。"集中审理"是指法院在某一时间段（一般是半天或者一天）由同一法庭对一批案件进行审理。每个法院集中审理的具体规则并不完全一样，但一般是将相同类型的案件作为一批案件在同一时间段集中审理，开庭时集中查明被告人身份、集中告知申请回避权等诉讼权利；然后分别就每个案件单独听取检察机关指控要点和量刑建议、听取被告人及其辩护人的意见、是否知悉刑事速裁程序的法律后果以及是否同意适用刑事速裁程序、听取被告人最后陈述；然后再集中宣判、告知上诉权、判后答疑等②，即分为"集中—单独—再集中"三个阶段审理一批案件。

二　司法效率提升的学理解析

根据《速裁程序试点工作总结》，速裁案件人民检察院审查起诉以及人民法院审结周期明显缩短，试点法院人均结案数明显上升。③但是，如果我们对比简易程序与速裁程序的庭审程序所耗费时间，其实可以发现二者的差别并不明显，可能只是30分钟与10分钟的差别。也就是说，刑事速裁庭审程序本身与司法效率的提高之间并没有直接的因果关系。我们需

---

① 根据《刑事速裁办法》，速裁程序的"简""速"体现在以下几个方面：（1）由审判员一人独任审判，送达期限不受刑事诉讼法规定的限制。（2）人民法院应当当庭询问被告人对被指控的犯罪事实、量刑建议及适用速裁程序的意见，听取公诉人、辩护人、被害人及其诉讼代理人的意见。被告人当庭认罪、同意量刑建议和使用速裁程序的，不再进行法庭调查、法庭辩论。但在判决宣告前应当听取被告人的最后陈述意见。（3）人民法院适用速裁程序审理的案件，被告人以信息安全为由申请不公开审理，人民检察院、辩护人没有异议的，经本院院长批准，可以不公开审理。
② 参见刘方权《刑事速裁程序试点效果实证研究》，《国家检察官学院学报》2018年第2期，第102页。
③ 具体而言，速裁案件人民检察院审查起诉周期由过去的平均20天缩短至5天左右，人民法院10日内审结的占92.35%，比简易程序高65.04个百分点；当庭宣判率达96.05%，比简易程序高41.22个百分点。试点法院人均结案数为214.86件，比同期规模相当的非试点法院多59.66件。

要在刑事速裁庭审程序以外的因素来寻找司法效率得到提高的原因。

首先，第一轮刑事速裁程序改革的适用范围仅是被追诉人认罪认罚、犯罪情节轻微、民事赔偿问题已经达成调解或者和解协议的案件。这类简单案件从逻辑上而言本来就应该得到快速处理。

其次，第一轮刑事速裁程序改革注重落实司法责任制。简单案件快速处理只是逻辑上的推论，而并非司法现实。现实恐怕是：简单案件常常得不到快速处理，往往出现审前羁押期过长以及"审前关多久，法院判多长"的反逻辑现象。这种现象的原因何在？"案多人少"只能解释一部分的原因，更深层次的制度性原因在于办案行政化、层层审批化：无论是简单案件，还是复杂案件，都需要在各公、检、法内部"过五关、斩六将"，办案人员需要撰写各类法律文书与内部报告、请示，几乎所有文书都要由办案人员草拟、若干层的主管领导逐级审批（即便是不作任何改动的"圈阅"）；公、检、法之间有关材料的流转也存在类似的问题。地方改革试点实践试图改变这种审批色彩浓厚的办案机制，尝试根据以司法责任制的要求、以符合司法规律的方式办理简单的案件，结果就使司法效率得到较大程度的提升。根据一般的改革做法，刑事速裁案件的承办人（包括承办案件的侦查人员、检察官和法官）逐渐成为最终的负责人，真正掌握了案件的处理权，承办人不需要逐级上报也能够推动案件的办理程序。[①]

最后，第一轮刑事速裁程序改革尝试以科技化（特别是信息化）手段提高办案效率。众所周知，信息化在社会各方面都有助于提高效率。在第一轮刑事速裁改革中，一些试点地方尝试以信息化为支撑，促进相关环节的节省与数据分享，从而提高办案效率。例如，北京市海淀区开发了用于共享案件信息速裁办公系统，实现公检法司（律）的电子证据分享和文书互传；利用数字法庭，实现远程视频庭审；利用专门的视频系统，实现值班律师与被追诉人的视频会见；案件赃证物由公安机关统一保管，案件流转时"转单不转物"等。

由上可见，刑事速裁改革虽然提高了司法效率，但这与"速裁程序"

[①] 《速裁程序试点工作总结》指出："试点中注重落实司法责任制，速裁程序按照'谁办案谁负责，谁决定谁负责'和'让审理者裁判，由裁判者负责'的目标，通过赋予检察官起诉决定权、实现当庭宣判当庭送达，推动案件审批和文书签发制度改革，明确速裁案件一般不提交检察委员会、审判委员会讨论，判决书一般由独任法官直接签署，对量刑规范化、法官检察官员额制改革，也起到了积极促进作用。"

本身没有直接因果关系。效率提高的最重要原因，是在刑事速裁改革过程中，试点地方以刑事速裁改革的名义，推行了司法责任制、司法科技化等改革。

三　需要进一步研究的问题

第一轮刑事速裁程序改革虽然取得了不少的成绩，但以刑事法治与司法改革目标衡量，仍存在许多需要研究和解决的问题，其中比较突出的问题有以下几个。

（一）改革"于法有据"的问题

虽然最高人民法院、最高人民检察院以及18个城市得到了权力机关的授权而进行刑事速裁试点改革，但是"两高"与试点城市的试点权力，以及试点城市内部的试点权力其实并不是十分明确。这就产生一个问题：当"两高"或者某个试点城市尝试施行某种创新性举措时，我们如何判决其改革是否具有法律依据，是否违反了《立法法》以及全国人大常委会的授权决定？下文以刑事速裁改革的适用范围为例说明此问题。

根据《刑事速裁决定》，第一轮刑事速裁的适用范围是："事实清楚，证据充分，被告人自愿认罪，当事人对适用法律没有争议的危险驾驶、交通肇事、盗窃、诈骗、抢夺、伤害、寻衅滋事等情节较轻，依法可能判处一年以下有期徒刑、拘役、管制的案件，或者依法单处罚金的案件。"概括而言包括两类案件：一部分轻罪的案件和单处罚金的案件。对于前者而言，《刑事速裁决定》列举了七项罪名："危险驾驶、交通肇事、盗窃、诈骗、抢夺、伤害、寻衅滋事"，但在这之后有一个"等"字，因此理论上而言，所有罪名的案件都可以适用刑事速裁程序，只要相关案件的"情节较轻，依法可能判处一年以下有期徒刑、拘役或者管制"。《刑事速裁办法》进一步列举了11类[①]可以适用刑事速裁程序罪名，即："危险驾驶、交通肇事、盗窃、诈骗、抢夺、伤害、寻衅滋事、非法拘禁、毒品犯罪、行贿犯罪、在公共场所实施的扰乱公共秩序犯罪"，由于这之后并没有"等"字，因此刑事速裁程序只能适用于这11类罪名。这就产生一个问

---

① 一些文献认为是"11种"或"11个"罪名，但这种说法是不准确的。因为毒品犯罪、行贿犯罪、在公共场所实施的扰乱公共秩序犯罪是三类犯罪，却包含了多种（个）罪名。

题：试点城市是否有权力将适用范围进一步扩大？从相反的角度来看，还存在另一个问题：试点城市是否有权力将适用范围进行限缩？

从试点情况来看，个别试点城市扩大了刑事速裁的适用范围。例如，西安市将适用范围增加了赌博罪、开设赌场罪和妨害公务罪三种罪名。北京市海淀区则规定，对于制售发票、销售有毒有害食品、销售伪劣产品、销售假药劣药、职务侵占等简易案件，可以参照速裁程序的相关规则从快办理。《刑事速裁办法》规定，试点地方要"根据《办法》制定实施方案或实施细则，由试点地方分别层报最高人民法院、最高人民检察院、公安部、司法部备案"。一方面，试点地方可以制定具体的实施细则，但是制度的权力边界是不明确的，在鼓励地方创新的改革环境下，试点地方到底是否可以以及如何进行制度性创新，是一个比较让人困惑的问题；另一方面，地方制度的实施方案或者实施细则需要层报最高人民法院、最高人民检察院、公安部、司法部备案，暂且不论这种备案制度在实践中没有得到严格遵守，我们仍需考虑的问题是：备案后，最高人民法院、最高人民检察院、公安部、司法部是否有审查其合宪性、合法性的职责？如果备案后没有得到反对的意见，是否意味着地方的实施方案或者实施细则得到"两高两部"的认可？《刑事速裁决定》也有类似的备案规定①。可见，向人大常委会或者上级机关"备案"，是本轮司法改革比较常见的举措。该举措在鼓励地方创新的同时，也提供了一个对其进行合法性审查的机制。但是在实践中，这种机制的制度机能并没有得到充分体现，我们需要继续探索充分发挥其功能的具体办法。在我国法律体系中，这种备案机制的具体操作办法已经有所体现。例如，《香港特别行政区基本法》（以下简称《香港基本法》）第17条②所规定的备案的法律性质、备案后发现可能违法的处理程序、认定违法后的处理程序以及失效后的法律后果等具体规则，都值得进行司法改革时参考。

---

① 《刑事速裁决定》规定："试点办法由最高人民法院、最高人民检察院制定，报全国人民代表大会常务委员会备案。"
② 《香港基本法》第17条规定："香港特别行政区的立法机关制定的法律须报全国人民代表大会常务委员会备案。备案不影响该法律的生效。全国人民代表大会常务委员会在征询其所属的香港特别行政区基本法委员会后，如认为香港特别行政区立法机关制定的任何法律不符合本法关于中央管理的事务及中央和香港特别行政区的关系的条款，可将有关法律发回，但不作修改。经全国人民代表大会常务委员会发回的法律立即失效。该法律的失效，除香港特别行政区的法律另有规定外，无溯及力。"

与扩大适用范围相反，一些地方试图限缩刑事速裁的适用范围。《刑事速裁办法》第2条规定了若干种不适用刑事速裁的情况。除此之外，一些试点地方增加了几种不适用刑事速裁的情形。例如，广州规定三类不适用刑事速裁的情况：被追诉人有检举揭发犯罪线索需要核实的；当事人有缠诉和缠访隐患的；被追诉人是外国人的。上海则规定，涉黑、涉恶背景以及涉众、敏感案件不适用刑事速裁程序。从试点城市改革权力的角度来看，由于《刑事速裁办法》第2条第8项有一个兜底性规定，"其他不宜适用速裁程序的情形"，因此各试点有权根据自身的情况限缩刑事速裁的适用范围。但也有学者指出，对适用范围进行限制，可能造成被追诉人诉讼权利不平等的问题；也可能会弱化刑事速裁程序分流案件的功能。[①] 不过从办案的实际情况来看，上述案件往往带有一定"敏感性"而不容易快速办理，因此即使不排除，也可能因为不能快速办结而不能适用刑事速裁程序。此外，刑事速裁的核心制度之一是"量刑协商"，但在目前中国司法环境与法治文化下，部分敏感案件的确不适合进行"量刑协商"，或者量刑协商会造成不良的社会影响。然而，在实践中，由于地方的实施细则不一定面向全社会公开，因此，限缩适用范围有可能造成信息不对称问题，即被追诉人及其辩护人并不知道该种限制性规定而在认罪时期望适用刑事速裁程序，但在认罪后却被告知不能适用，此种情形并不符合程序正义的要求，被追诉人的认罪也并非完全出于自愿，这就造成另一个问题：被追诉人能否主张之前的认罪供述违法并加以排除？

（二）量刑协商的法治化问题

从改革初衷来看，国外的"辩诉交易"制度是刑事速裁程序改革、认罪认罚从宽制度改革的重要参考。从刑事速裁程序改革试点实践来看，我国并没有直接引入"辩诉交易"制度，而是建立了具有中国特色的量刑协商制度。但是，由于这是我国第一次正式尝试将"控辩协商"引入刑事诉讼制度，有关的量刑协商的做法还很不成熟，没有形成法治化的量刑协商规则。其中涉及若干重要问题，需要进一步研究。

第一是协商的形式问题。协商，本来是指平等主体之间为达成某一合意而进行的商量活动。但刑事诉讼活动中，控辩之间的协商有其特殊性，需要遵守特别的规则。仅从理论上而言，控辩协商的形式体现为：一方提

[①] 参见李本森《刑事速裁程序试点的本地化差异》，《中外法学》2017年第2期，第522页。

出一个建议（类似于民法"要约"），另一方要么接受而达成合意（协议）；要么提出不同的建议（类似于民法的"反要约"），直到双方达成合意或者终止协商为止。然而，法律规范或者司法实践往往对于协商的启动、协商的时间（提出建议的次数）进行限定。例如，实践中，量刑协商一般先由检察机关主动提出；一些地方限制了检察机关与追诉人进行协商的次数——检察机关提出第一次建议但犯罪嫌疑人不同意的，可以进行调整而提出第二次建议，犯罪嫌疑人仍然不同意该建议的，终止认罚程序。

第二是量刑建议底线，或者刑罚优惠（减让）的幅度问题。首先，量刑建议不能突破法定刑的幅度；其次，量刑建议要符合罪责刑相适应原则。在这两个前提下，检察机关可以提出多大比例的量刑减让？对于这个问题，一些地方作了探索。例如，北京市海淀区就规定不同情况下的量刑减让幅度，这些幅度也是量刑协商时的标准，具体如下表所示。

量刑情节	量刑原则	基准刑减让幅度
被告人认罪，适用速裁程序	可以从轻处罚	10%—30%
积极赔偿或有其他真诚悔罪表现	可以较大幅度从轻处罚	20%—40%
当事人和解	根据刑事诉讼法的有关规定从轻处罚	40%以上

第三是律师参与的权利及其规则。例如，量刑协商程序是否必须要律师的参与，抑或只需参与签署具结书的见证活动？法律援助值班律师、辩护人能否具体参与量刑协商活动，其规则如何制定？对此，既要有规则防止律师在量刑协商过程中不能发挥作用而纯粹成为摆设或者公安检察机关职务活动合法性的背书；也要有规则防止律师漫天要价、不顾后果特别是忽视被追诉者的合法权益。

第四是量刑协议（控辩双方达成合意的量刑建议）对于法院的约束力问题。审前阶段的、法院没有参与的量刑协商行为对法官是否应当有法律约束力？这是一个比较"两难"的问题。一些地方规定，人民法院判决中宣告刑应当在检察院提出的量刑建议范围之内；如果量刑建议违反法律规定的，法院可以建议重新进行量刑协商或者决定将案件转为其他程序审理。这个规定似乎暗示着法院在速裁程序中必须接受量刑建议，可能会造成量刑建议权与法官司法裁量权的冲突，需要进一步研究此种做法是否妥当。

（三）值班律师的功能缺陷问题

当前，我国刑事案件有辩护律师参与的比例较低，在刑事速裁案件中这一问题更加严重。有实证研究表明，刑事速裁案件被告人聘请辩护律师的比例大概仅有8%。① 因此，建立值班律师制度，对于提高被追诉人获得法律帮助的机会、维护其合法权益有着重要作用，同时这也是体现刑事速裁改革重视人权保障的主要举措。但值班律师在第一轮刑事速裁改革实践中所发挥的作用十分有限，功能存在较大的缺陷。从规范性文件的规定来看，《刑事速裁办法》并没有具体规定值班律师的职能，《关于切实发挥职能作用做好刑事案件速裁程序试点相关工作的通知》中规定法律援助值班律师的三大功能②对于被追诉人获得有效辩护而言，都是远远不够的。例如，第一项咨询和建议功能，其实与第三项功能类似，大体上属于"普法"性质，而关键的第二项功能，值班律师仅限于"告知"和"帮助"，与辩护职能相去甚远。即便是如此残缺的律师功能在实践中也不能得到完全体现，特别是由于受制于试点地方司法行政机关的经费保障和主观认识水平，法律援助值班律师并不能做到全覆盖，司法部有关通知精神也不能得到全面贯彻。在一些地方，法律帮助主要是通过视频方式进行的，提供法律帮助的内容主要是解释法律规定，告知程序与权利等，而没有进行量刑协商。在这种情形下，除非犯罪嫌疑人聘请了律师或者获得法律援助辩护律师的帮助，否则量刑协商只在检察官与犯罪嫌疑人之间进行，难以保证协商的平等性与自愿性。造成法律帮助制度功效低下的原因是多方面的，其中关键原因是本轮改革本来就注重司法效率的提高而非诉讼权利的保护，而且和以往许多改革一样，那些扩大公权力、方便权力运行的措施在实践中总能得到很好的落实，那些约束公权力、增加权力运行负担的措施在实践中总会因为各种各样的主客观原因而受到阻挠。

---

① 参见李本森《刑事速裁程序试点实效检验》，《法学研究》2017年第5期，第186页。
② 2014年司法部颁布的《关于切实发挥职能作用做好刑事案件速裁程序试点相关工作的通知》中规定法律援助值班律师的功能包括：一是及时向被追诉人提供法律咨询和建议；二是告知犯罪嫌疑人、被告人适用速裁程序的法律后果，帮助其进行程序选择和量刑协商，依法维护其合法权益；三是根据情况可以协助看守所开展对在押人员的法制宣传工作，帮助在押人员知晓法律援助权利、其他诉讼权利以及相关义务。

（四）全流程简化的副作用问题

"全流程简化"的办案模式压缩了审前程序的时间，为提高司法效率的提升找到了一个新的增长点。然而，这种办案模式在各试点地方带来了不同程度的副作用，这种副作用可能足以抵消"全流程简化"的改革成果。

第一个副作用是，"刑拘直诉"办案模式导致拘留时间普遍被延长。"刑拘直诉"模式时常被视为一种先进典型做宣传和推广。然而，这其实可能是一种典型的程序违法——违法延长拘留时间。《刑事诉讼法》第91条规定了拘留的期限以及延长拘留时间的法定条件。[①] 对于一起简单的醉驾等案件来说，由于既没有"特殊情况"，也没有"流窜作案、多次作案、结伙作案的重大嫌疑"，公安机关对犯罪嫌疑人的拘留时间最长为三日，但在三日内完成侦查与提起公诉，经常是一种"不可能完成的任务"，因此为了实现"刑拘直诉"，拘留时间经常被延长至最长的30日。虽然犯罪嫌疑人审前羁押时间可能是减少了，但是其合法诉讼权利受到了侵害，刑事法治亦受到了破坏。这一问题反映了虽然我们是在全面依法治国、司法体制改革的背景下进行刑事速裁制度改革，但是公安机关随意延长拘留时间的陋习没有变化，将羁押时间视为侦查时间的错误观念没有更改，适用法律不遵循基本教义学规则的思维没有转变。可见，所谓的"新"办案模式，其实是旧的办案思维和旧有的条条框框的新表现。虽然在某种程度上实现了效率的提高，但这并非是刑事法治水平或司法文明的提升。

此外，在拘留期间内完成侦查、审查起诉甚至审判程序，"拘留"的性质就被改变了。据通常的理解，拘留是在侦查过程中，依法临时剥夺某些现行犯或者重大嫌疑分子的强制措施；随着诉讼的进程，拘留要变更为逮捕或者转为取保候审或监视居住，或者释放被拘留的人。[②] 但在"刑拘直诉"办案模式中，审查起诉甚至审判程序中被追诉人仍然处于被拘留状态，拘留就从侦查期间的一种措施，转变为变相的"逮捕"措施。从这个

[①] 根据《刑事诉讼法》第91条的规定："公安机关对被拘留的人，认为需要逮捕的，应当在拘留后的三日以内，提请人民检察院审查批准。在特殊情况下，提请审查批准的时间可以延长一日至四日。对于流窜作案、多次作案、结伙作案的重大嫌疑分子，提请审查批准的时间可以延长至三十日。"

[②] 参见陈光中主编《刑事诉讼法》（第六版），北京大学出版社、高等教育出版社2016年版，第239页。

角度而言,"刑拘直诉"办案模式诞生的直接动因,可能并不是"提高司法效率",而是因为危险驾驶案件不能适用逮捕措施而办案人员主观上不希望释放犯罪嫌疑人、被告人,因此只好延长不能被延长的拘留时间,并在此期间完成所有诉讼活动。换言之,"刑拘直诉"表面上缩短了审前羁押时间,但其本质上也许是一种提高审前羁押率的措施。

第二个副作用是,"降低审前羁押率"成为被遗忘的任务,审前羁押率在速裁程序改革中,并没有得到实际的下降。在改革初期,刑事速裁制度被赋予了降低审前羁押率、避免出现"刑期倒挂"现象的使命。《刑事速裁办法》第3条①意图降低刑事速裁程序案件的审前羁押率规定,《速裁程序试点工作总结》亦指出,速裁案件被追诉人被取保候审、监视居住的占48.99%。但不能就此天真地认为审前羁押问题得到了有效的改善。一方面,由于危险驾驶罪的最高法定刑为"拘役",不符合逮捕的条件,对于不能在拘留期间完成的案件,只能对被追诉人实施取保候审或者监视居住;另一方面,危险驾驶罪以外案件的取保候审或者监视居住适用率仍然比较低。据学者的考察发现,扣除危险驾驶案件之后,一些地方的取保候审或者监视居住适用率仅为11.56%。② 由此我们可以发现,虽然审前制度改革致力于解决"审前羁押期决定宣告刑"这一法治难题,但是实现的途径并非提高取保候审或者监视居住的适用率,而是压缩审前程序的办案时间。此外,实证研究表明,在被追诉人被取保候审、监视居住的案件中,侦查阶段时长明显变长,公安机关在此类案件中加速处理的动力不足。③也就是说,假如不存在"审前羁押期决定宣告刑"的问题,审前加速就失去了现实的改革动力。可见,改革取得的所谓的人权保障水平提高的成果,仅仅是针对"审前羁押期决定宣告刑"这一问题的解决而言的,涉及的仅是被追诉人实体权利的一部分,其诉讼权利保障并没有因此而得到实质的提升;原有的"将犯罪嫌疑人关起来才能侦查"的落后办案思维没有得到实质性改变,相反却由于"刑期倒挂"问题得到缓解而变得更加牢固。

---

① 《刑事速裁办法》第3条规定,"适用速裁程序的案件,对于符合取保候审、监视居住条件的犯罪嫌疑人、被告人,应当取保候审、监视居住"。
② 参见刘方权《刑事速裁程序试点效果实证研究》,《国家检察官学院学报》2018年第2期,第113页。
③ 参见李本森《刑事速裁程序试点实效检验》,《法学研究》2017年第5期,第188—189页。

第三个副作用是庭审虚化的问题。一个刑事速裁案件庭审仅花费10分钟甚至两三分钟，常常被视为刑事速裁程序改革的成果。在这么短的时间内完成庭审，庭审必然会被虚化，甚至完全在"走过场"，庭审除了被告人最后陈述与当庭宣判外，就没有任何实质性内容。虽然被告人在认罪量刑两个方面都已和检察机关达成一致意见，不存在控辩对抗，但这并不意味着庭审没有任何的功能。对于被告人认罪、量刑协商的自愿性合法性等问题，法院不能放任不管只做形式的审查，而应该进行全面的司法审查，在这方面，刑事速裁程序的改革走了一条弯路。[1] 庭审虚化一般是针对一审程序而言的，改革试点对于刑事速裁案件二审程序的探索不够，往往是按照原有的二审流程进行，出现"前紧后松"的现象，影响案件处理的整体效率。

与庭审虚化相关的另一个问题是视频开庭。有学者不赞成视频开庭的方法，原因是此种形式的庭审无法保障法官审判的亲历性，通过视频开庭，法官难以有效地审查认罪口供与量刑协商的自愿性与真实性。[2] 但有法官认为，视频开庭的做法是法院节约司法资源和适应信息社会发展而做出的有益尝试，并不影响法官的亲历性，法官通过视频同样可以观察被告人的表情与动作，听取被告人的供述与辩解，审判的"同步性"没有受到干扰。正反双方的观点都有一定的理据，对此还需要继续观察与研究。比如，被告人身处看守所，通过视频参与庭审，能否保证其庭审供述的自愿性？特别是，假如被告人审判前受到刑讯逼供，其在看守所参加庭审，能否突破心理障碍在庭审中"申冤"？此外，通过视频开庭，被告人能否感受到庭审的庄严性、能否接受到有效的法律教育？以上种种问题归结起来就是：科技运用改变了庭审的面貌，这种改变对于司法而言，是一种不可逆转的进步，抑或是无声无色的灾难？

（五）刑事和解与刑事速裁的关系

根据《刑事速裁办法》，被追诉人与被害人没有就民事责任部分达成调解或和解协议的，案件不适用刑事速裁程序。在刑事判决之前就民事赔偿问题达成调解或者和解协议，是我国刑事司法实践比较青睐的办案机

---

[1] 参见陈瑞华《"认罪认罚从宽"改革的理论反思——基于刑事速裁程序运行经验的考察》，《当代法学》2016年第4期，第11页。
[2] 参见汪建成《以效率为价值导向的刑事速裁程序论纲》，《政法论坛》2016年第1期，第122页。

制,这也利于解决刑事裁判之后民事赔偿无法实现的难题。然而,将刑事和解作为刑事速裁的先行条件,会影响刑事速裁的适用率,这不一定符合改革的初衷。实践也表明,在一些案件特别是由于民间纠纷引起的伤害案件中,双方达成和解协议比较困难,难以在法定的速裁办案期间内达成调解或者和解协议。从侦查人员和检察官的角度而言,调解工作可能给他们带来额外的工作任务,降低了他们适用刑事速裁程序的积极性。此外,鉴于刑事和解制度已经正式写入我国法律当中,《刑事速裁办法》的相关规定似是画蛇添足之举[1],纵使刑事和解和刑事速裁可能存在适用上的竞合问题,但是解决这一问题并不需要将刑事和解嫁接入刑事速裁制度之中。不过在另一方面我们也需要注意到,如果民事赔偿问题没有达成调解或者和解协议,就意味着要进行刑事附带民事诉讼或者在刑事审判后,法院需要审理另一场民事诉讼案件,二者都不利于司法效率提升,均不是法院所乐见的。此外,刑事速裁程序附带民事诉讼是难以成立的,因为在刑事速裁审判程序的审理期限内完成民事诉讼的审理,是一件"不可能的任务"。但究竟将民事纠纷的解决作为刑事速裁程序的适用条件,还是根据刑事速裁程序的特点调整刑事附带民事诉讼,是需要进一步研究的问题。

(六)"技术性上诉"问题

由于刑事速裁案件中被追诉人在审判前已经就认罪量刑问题与检察机关达成一致意见,法院往往也在双方合意范围内进行判决,因此从理论上而言,检察院没有抗诉的理由、被追诉人也没有上诉的理由。《速裁程序试点工作总结》也指出,全部速裁案件被告人上诉率为2.01%,检察机关抗诉率仅为0.01%。其中,被告人提出上诉的原因往往是为了留在看守所服刑,实践中有称为"技术性上诉"。我国刑事诉讼法规定,"对被判处有期徒刑的罪犯,在被交付执行刑罚前,剩余刑期在三个月以下的,由看守所代为执行"。据此,一些审前已经被羁押且刑期较短(特别是剩余刑期不足六个月)的被告人,希望通过上诉拖延刑罚执行,使二审判决后其剩余刑期在三个月以下,从而实现在看守所服刑的愿望。另外,如果在二审期间其剩余刑期已在三个月以下的,被告人往往选择撤回上诉。在许多办案人员看来,"技术性上诉"是纯粹浪费司法资源、伤害司法人员情感的

---

[1] 参见刘方权《刑事速裁程序试点效果实证研究》,《国家检察官学院学报》2018年第2期,第119页。

恶意上诉行为。为了防止这种"恶意"上诉，提高结案的效率，实践中有至少三种制度性的"应对意见"：一是在刑事速裁案件中实行"一审终审"。二是通过检察官上诉使二审法院不受"上诉不加刑原则"的限制而可以加重刑罚。三是取消看守所代为执行的规定，有期徒刑一律由监狱执行。

（七）社区矫正问题

刑事速裁程序适用于轻微案件，从理论上和改革的原意来看，非监禁刑特别是社区矫正的适用率应该得到提高，然而，由于改革大幅压缩案件办理时间，导致社区矫正的适用往往受到了限制。首先，社区矫正适用实践中，原有的人户分离问题在刑事速裁案件中同样存在。在北京市等大城市中，许多犯罪嫌疑人为"流动人口"，人户分离现象常见，常常会出现犯罪嫌疑人户籍地和实际居住地司法行政机关（社区矫正机关）均不愿意接收犯罪嫌疑人的情况。其次，在刑事速裁改革实践中，检察院若认为犯罪嫌疑人可能判处"社区矫正刑"的话，就需要委托司法行政机关开展调查评估，司法行政机关应当在5日内完成调查评估并出具评估意见。5日内完成调查评估无疑增加了司法行政机关的工作负担。据了解，司法行政机关对此项改革的热情不高、动力不足，相应地在实践中出现的问题主要包括：司法行政机关对此项工作并不积极；检察院与司法行政机关衔接不顺畅，往来交涉时间较长；调查评估在实际上常常成为居住地核实，不具有量刑的参考价值，等等。

第二节　认罪认罚从宽改革试点探索的实践图景

认罪认罚从宽制度试点改革工作开展一年后，最高人民法院院长周强于2017年12月23日向全国人大常委会提交了《最高人民法院、最高人民检察院关于在部分地区开展刑事案件认罪认罚从宽制度试点工作情况的中期报告》（以下简称《认罪认罚从宽中期报告》）。《认罪认罚从宽中期报告》从"试点工作开展情况"和"试点工作初步成效及存在的问题"两个方面总结了一年以来试点的工作情况，并提出了改革试点的"下一步工作措施"。试点工作结束后,最高人民法院和地方试点法院的法官撰写了相关的工作经验或者总结。① 上述文献为我们从理论上总结认罪认罚从宽制度试点工作提供了重要的参考资料。此外,《认罪认罚办法》出台后,试点城市通过制定实施意见、实施办法、实施细则等地方规范性文件,以使认罪认罚从宽制度改革在试点城市得到更好的落实。由于本轮改革鼓励各地方结合自身实际情况大胆创新,因此我们必须综合《认罪认罚办法》、地方规范性文件以及地方改革实践的具体做法,才可以归纳出本轮认罪认罚从宽制度改革的主要内容。

一 适用范围全覆盖与试点地方有所保留

第一轮刑事速裁程序的适用范围比较窄,仅为个别罪名的轻罪案件,改革显得比较小心谨慎。相对而言,认罪认罚从宽制度的改革更加大胆。《认罪认罚办法》并没有就制度的适用范围作出特别的限制,理论上是可以适用于所有罪名的案件,实现了某种意义的"全覆盖"。虽然学界、实务界对于能否实行罪名的"全覆盖"存在争论,但"从宽处理"原则的适用不应当限于特定罪名的案件,因此在保证司法公正的前提下,应当将认罪认罚从宽公平地适用于所有类型的案件。② 需要注意的是,虽然《认罪认罚办法》第2条规定了四种不适用认罪认罚制度的情形③,但是其中前三种情形,其实都是被追诉人无法"认罪认罚"的情形,因此第2条本质上属于"注意规定"——即使不做此规定,相关案件也不能适用认罪认罚从宽制度。但在地方试点实践中,出于稳妥的考虑或者出于其他顾虑,一些地方对适用范围进行了实质性的限制。限制的方式以下有两种。

第一种限制方式是,规定"慎用"该项制度的若干种情形。根据此规定,如无特殊情况,办案人员在这些案件中不会适用认罪认罚从宽制度。

---

① 参见胡云腾主编《认罪认罚从宽制度的理解与适用》,人民法院出版社2018年版,第271页以下。
② 参见陈卫东《认罪认罚从宽制度研究》,《中国法学》2016年第2期,第59页。
③ 不适用认罪认罚从宽制度的四种情形是:(1)犯罪嫌疑人、被告人是尚未完全丧失辨认或者控制自己行为能力的精神病人的;(2)未成年犯罪嫌疑人、被告人的法定代理人、辩护人对未成年人认罪认罚有异议的;(3)犯罪嫌疑人、被告人行为不构成犯罪的;(4)其他不宜适用的情形。

例如，上海市、大连市规定，下列案件应当慎重适用认罪认罚从宽制度：(1) 危害国家安全、涉恐怖主义及涉黑涉恶案件；(2) 社会影响恶劣的案件；(3) 犯罪嫌疑人、被告人系惯犯或以犯罪为常业的案件；(4) 犯罪嫌疑人、被告人系主观恶性深，人身危险性大的累犯、再犯的案件；(5) 其他应当慎重适用认罪认罚从宽制度的案件。从中可以看出，一方面，上海市并没有完全禁止上述案件适用认罪认罚从宽制度，但在态度上倾向于不适用；另一方面，上述案件主要是客观危害或者被告人主观危险比较大的案件，这反映出上海市在这些案件中采取"认罪不从宽"的司法政策。山东省也作出了相类似的规定，即具有下列情形之一的，应当慎重适用并严格把握：(1) 侵害国家安全和公共安全，危害特别严重、情节特别恶劣，认罪不足以从宽处罚的；(2) 犯罪嫌疑人、被告人犯罪性质恶劣，作案手段残忍，社会危害严重，认罪不足以从宽处罚的；(3) 其他应当慎重适用、严格把握的情形。不过与上海市相比，山东省明确强调"危害特别严重、情节特别恶劣、作案手段残忍"，并以此作为排除适用的实质条件。天津市也有类似谨慎适用的规定："对特别重大犯罪，以及社会普遍关注的复杂、敏感案件，要视情严格把握，谨慎适用认罪认罚从宽制度。"

第二种限制方式是，明确规定某些案件不适用认罪认罚从宽制度，因此办案人员没有选择适用的余地。归纳起来包括以下几种情形。

一是犯罪嫌疑人、被告人认罪，但辩护人作无罪辩护的。北京市等地方作出了这项规定。

二是被追诉人有干扰证人作证、毁灭、伪造证据或者串供等影响刑事诉讼活动正常进行的行为。北京市、西安市、沈阳市等地作出了此种规定。与此类似的是，深圳市规定，被追诉人违反取保候审、监视居住规定的，不适用认罪认罚从宽制度。这些行为反映了被追诉人没有真诚地认罪悔罪，且没有与司法机关全面合作的真实意愿。认罪认罚从宽制度体现的是被诉讼人与司法机关（尤其是检察机关）充分合作的司法模式，如果被追诉人认罪认罚但却以其他行为表明了其并没有与司法机关真诚合作，那么认罪认罚从宽制度的价值就不能实现，因此就不能适用认罪认罚从宽制度。

三是客观危害或者被追诉人主观恶性比较大的案件。具体的条文规定略有不同。例如，北京市规定，犯罪性质恶劣、犯罪手段残忍、社会危害严重，犯罪嫌疑人、被告人虽认罪认罚，但不足以从轻处罚的，不适用认罪认罚从宽制度。对于情节比较严重的案件，司法机关认为不宜对被追诉人从宽处罚，这从法理上来讲是能够成立的。但有关表述或者制度安排有违反程序正义之嫌。在这类案件中，如果司法机关觉得不能从宽处罚，一开始就不能尝试与被告人达成量刑协议，不能造成了"虽然认罪认罚"的既成事实。如果被追诉人已经"认罪认罚"，即司法机关已经与被告人达成了量刑协议，就应当严格遵循，不能随意撕毁协议。如果司法机关有其他正当理由不遵守量刑协议，一方面要给被追诉人提供相应的救济措施，另一方面要重新考虑认罪认罚的证据资格问题。与前述山东省等地的规定相比较来看，后者使用的"认罪但不足以从宽处罚、不适用认罪认罚从宽制度"的表述更加科学合理。

四是规定某类案件不适用认罪认罚从宽制度。武汉市规定军人违反职责案件不适用认罪认罚从宽制度。

五是被追诉人没有进行民事赔偿的。对被害人进行民事赔偿或者达成调解、和解协议的，一般是适用刑事速裁程序的案件，但将其上升为整个认罪认罚从宽制度的条件的做法比较罕见。沈阳市明确规定，不赔偿损失的，不适用认罪认罚从宽制度。不过需要注意的是，虽然许多地方没有作类似的规定，但在实践中特别是在办理侵犯财产权案件中，民事损害赔偿纠纷的解决，常常成为适用认罪认罚从宽制度的不成文条件。

《认罪认罚中期报告》指出改革存在适用不平衡的问题，因此认罪认罚从宽制度适用范围全覆盖并不意味着其在实践中实现了高适用率。例如，在改革试点实践中，部分检察机关提起适用认罪认罚制度比率并不高，且主要集中于可能判处一年以下有期徒刑的案件，影响了审判效率的提高。[①] W 市中院 2017 年 3 月正式全面启动认罪认罚从宽制度改革，截至 2017 年 6 月底，W 市 15 个试点基层法院审结认罪认罚案件 2688 件，涉及被追诉人 2861 人，占审结全部刑事案件数的 44.1%，占审结三年有期徒刑以下刑罚案件数的 51.5%。认罪认罚案件中，适用速裁程序案件 2653 件，简易程序 25 件，普通程序案件 28 件[②]。

---

① 参见王兆忠《认罪认罚从宽制度改革的逻辑展开与实践发展》，载周玉主编《武汉司法体制改革实践与研究》（2017 年第 3 辑），武汉出版社 2017 年版，第 27 页。
② 参见王兆忠《认罪认罚从宽制度改革的逻辑展开与实践发展》，载周玉主编《武汉司法体制改革实践与研究》（2017 年第 3 辑），武汉出版社 2017 年版，第 26 页。

二 律师帮助全覆盖与地方实践参差不齐

《认罪认罚决定》要求改革试点要保障犯罪嫌疑人、刑事被告人的辩护权和其他诉讼权利，同时要求最高人民法院、最高人民检察院在制定具体办法时，就律师参与作出具体规定。为落实《认罪认罚决定》的有关规定，《认罪认罚办法》作出了律师帮助全覆盖的规定：如果被追诉人没有辩护人的，应当根据情况指派辩护律师或者通知值班律师提供法律帮助。各地方的细则基本上落实了上述要求，不过就法律援助值班律师的规定而言，不同试点地方的做法不尽相同，差别较大。

一些地方扩大了法律援助指定辩护的范围。此举无疑是提高认罪认罚从宽案件司法人权保障的重要措施。上海市规定，"对法律规定应当通知辩护以及犯罪嫌疑人、被告人可能判处三年有期徒刑以上刑罚的案件，应当通知法律援助机构为犯罪嫌疑人、被告人指定辩护人"。

一些地方明确规定值班律师有阅卷权等权利，扩大了法律援助值班律师的诉讼权利。《认罪认罚办法》对值班律师是否属于辩护人、是否拥有阅卷权等关键权利等重要问题没有作出明确规定，一些地方本着"多一事不如少一事"或者不承认"法无明文规定的权利"，因而没有赋予法律援助值班律师更多的诉讼权利。与此不同，一些地方则赋予了值班律师阅卷权等权利。例如，北京市规定，"值班律师可以参照刑事诉讼法的规定，查阅、摘抄、复制本案的案卷材料，办案部门应予以配合并免收费用"。西安市规定："值班律师可以参照刑事诉讼法的规定，查阅、摘抄、复制本案的案卷材料，办案部门应予以配合。"福清市规定："从审查起诉阶段起，值班律师可以查阅、复制、摘抄本案的案卷材料，可以向办案机关了解犯罪嫌疑人涉嫌罪名、犯罪事实。人民法院应当向值班律师送达起诉书副本。"福州市台江区规定："值班律师因提供法律帮助需要而申请查阅、复制、摘抄案卷材料的，人民法院、人民检察院审查后认为确有必要的，可以准许。值班律师查阅、复制、摘抄案卷材料所享有的权利及应当遵循的义务同辩护人的相关规定。"广州市除规定值班律师可以阅卷外，更是进一步规定了检察机关证据开示义务：犯罪嫌疑人自愿认罪认罚的，人民检察院应当向其辩护人或者值班律师开示证据，并记录在案。不过广州市的《实施细则》并没有就证据开示作出更加详细的规定。

一些地方明确规定被追诉人可以拒绝值班律师的帮助。《认罪认罚办法》规定公安司法机关"应当通知"值班律师为被追诉人提供法律帮助。① 从法律解释学的角度来看,"应当通知"似乎意味着值班律师帮助是强制性的规定,但遇到被追诉人明确表示不需要的时候,应当如何处理？一些地方明确规定被追诉人可以拒绝法律帮助。如上海市规定,被追诉人书面拒绝值班律师为其提供法律帮助的,司法机关可以不履行通知值班律师的职责；但在签署具结书时,必须有值班律师到场见证。大连市亦作出了类似的规定。南京市规定："犯罪嫌疑人明确表示不需要法律帮助的,应当允许并记录在案并附卷。"一些地方间接地否认了被追诉人的拒绝权,彻底地实现认罪认罚从宽案件律师帮助的全覆盖。例如,广州市规定,犯罪嫌疑人或者被告人虽然认罪认罚,但是没有辩护人且拒绝法律帮助的,不适用认罪认罚从宽制度。

单从以上文件表述就可以发现,目前律师帮助制度在各地方的落实效果差异很大,而从个案发挥的作用来看,不少试点地方的律师帮助制度的效果不佳。例如,武汉市虽然明确规定司法行政机关应当在人民法院、看守所设立法律援助工作站,但截至 2017 年 9 月底,仍有一些区司法行政机关尚未在法院设立法律援助工作站,或者虽然已经建立指派律师值班机制但工作程序缺乏可操作性,或者值班律师积极性不高,对被告人的帮助、援助不及时、不全面。②

三 协商规则凤毛麟角

从刑事速裁制度改革开始,量刑协商就在改革试点实践中比较广泛地存在,但是《认罪认罚决定》《认罪认罚办法》没有承认量刑协商的合法地位,仅使用了"认罚""同意量刑建议""认罪认罚具结书"等概念。

---

① 具体表述为："犯罪嫌疑人、被告人自愿认罪认罚,没有辩护人的,人民法院、人民检察院、公安机关应当通知值班律师为其提供法律咨询、程序选择、申请变更强制措施等法律帮助。"
② 参见王兆忠《认罪认罚从宽制度改革的内涵解读与试点实践——以武汉市中级人民法院推进试点工作为视角》,《武汉审判》2017 年第 3 期,第 40 页。

《认罪认罚办法》第 10 条①规定了审查起诉阶段检察机关与被追诉人互动的基本流程，但是就以下重要问题，办法并没有给出清晰的答案：第一，检察机关听取意见后，应当如何对待该意见？与其他案件相比，犯罪嫌疑人及其辩护人或者值班律师的意见有何不同的制度性功能？第二，签署具结书时，辩护人或者值班律师在场发挥什么样的作用？上述问题归结起来就是：如何在"认罚"的名义下构建协商规则？

鉴于中央的规范性文件没有正式承认量刑协商制度，各地方虽然在实践中探索与实施量刑协商，但在制度构建层面建树有限，很少有地方制定详细规范的协商规则。

北京市和西安市等地规定了检察机关与被追诉人及其辩护人或值班律师"交换意见"的规则。根据北京市的规定，在审查起诉过程中，人民检察院应当积极开展认罪认罚教育转化工作，除履行《认罪认罚办法》第 10 条规定的"听取意见"的义务外，还需要与犯罪嫌疑人的辩护人或值班律师交换意见，听取和交换意见的情况记录在案，犯罪嫌疑人及其辩护人或者值班律师签字后附卷。武汉市也有类似的规定，但条文表述上没有使用"交换意见"，而是使用了"进行沟通"。从一般案件的"讯问、听取意见"②到认罪认罚从宽案件的"交换意见""沟通"，体现了协商以及控辩平等的精神。此外，北京市规定中的"积极开展认罪认罚教育转化工作"也从某种程度上体现出"认罚"是被追诉人的一项权利，司法机关可以积极说服被追诉人行使该项权利，但被追诉人并没有认罚的法律义务。

重庆市规定了检察院"采纳"辩护人或者值班律师意见的规则。重庆市并没有作出协商一致的规定，但规定"辩护人或者值班律师就拟指控的犯罪事实、罪名和拟建议适用的程序提出异议，人民检察院应当进行解释、说明。辩护人或者值班律师提出的意见具有合理性的，人民检察院应当予以采纳"。同时还规定，"人民检察院应当告知犯罪嫌疑人、辩护人、

---

① 《认罪认罚从宽办法》第 10 条规定："在审查起诉过程中，人民检察院应当告知犯罪嫌疑人享有的诉讼权利和认罪认罚可能导致的法律后果，就下列事项听取犯罪嫌疑人及其辩护人或者值班律师的意见，记录在案并附卷：（一）指控的罪名及适用的法律条款；（二）从轻、减轻或者免除处罚等从宽处罚的建议；（三）认罪认罚后案件审查适用的程序；（四）其他需要听取意见的情形。犯罪嫌疑人自愿认罪，同意量刑建议和程序适用的，应当在辩护人或者值班律师在场的情况下签署具结书。"

② 根据《刑事诉讼法》第 173 条的规定，人民检察院审查案件，应当讯问犯罪嫌疑人，听取辩护人的意见，并记录在案。

值班律师拟提出的量刑建议，提出量刑建议的事实依据、法律依据。犯罪嫌疑人、辩护人或者值班律师提出异议的，人民检察院可以根据案件情况作出是否调整的决定"。虽然没有使用"协商"的字眼，但是其中"提出异议""告知""解释、说明""采纳"等表述，已经表明检察机关起诉书与量刑建议的内容，已经不纯粹是检察机关依职权单方面决定的，而是控辩双方讨论（协商）后提出的。

上海市规定了"协商一致原则"，即"人民法院应充分尊重被告人认罪认罚的意愿，对犯罪嫌疑人、被告人及其家属与被害人达成的谅解协议、被告人的认罪具结及检察机关提出的量刑建议，……原则上要予以认可"。但除此之外，并没有规定具体的协商规则。

广州市规定了明确但原则性的量刑协商规则，即："犯罪嫌疑人及其辩护人或者值班律师就量刑建议与人民检察院达成一致意见的，辩护人或者值班律师应当在犯罪嫌疑人签署具结书时见证签名。"同时也明确"帮助进行量刑协商"是值班律师提供法律帮助的一项内容。由此可见，一方面，广州市明确了量刑协商的合法性，明确了量刑协商的内涵是指就量刑建议所展开的协商；另一方面，广州市并没有规定具体程序规则，只规定了达成一致意见后，签署具结书的程序性要求。

深圳市规定了相对详细的认罪认罚协商规则。首先规定了协商的适用范围，即在审查起诉阶段，具有下列情形之一的，人民检察院可以与犯罪嫌疑人及其辩护人或者值班律师启动认罪认罚协商：（1）犯罪事实清楚，证据确实充分，犯罪嫌疑人不认罪，但承认犯罪事实的；（2）主要犯罪事实清楚、基本证据确实充分，犯罪嫌疑人不认罪，也不承认犯罪事实的案件，但辩护人要求启动认罪认罚协商程序的。由此可见，深圳市所理解的"认罪认罚协商"更接近于"辩诉交易"，即不是在被追诉人已经认罪的前提下进行协商，而是为了说服被追诉人自愿认罪而进行的协商，但是对证据前提有比较严格的要求，至少要达到"主要犯罪事实清楚、基本证据确实充分"。其次规定了认罪认罚协商的内容，具体包括案件的适用程序、量刑幅度以及涉案财物的处理。最后还规定了具体程序，即人民检察院与犯罪嫌疑人及其辩护人或值班律师协商，达成一致意见后，应当在犯罪嫌疑人认罪认罚的情形下，由犯罪嫌疑人签署具结书。无法达成一致意见的，终止认罪认罚协商。此外还规定，适用认罪认罚协商的案件，应当有辩护人或者值班律师参与。

四 量刑规则的新探索

认罪认罚从宽制度改革给量刑建议规则与量刑规则带来一定的变化，原有的规则不能完全适用，需要进行新的探索。需要解决的关键问题有两个：一是检察机关如何在协商的基础上提出量刑建议；二是法院在审理过程中如何处理检察机关量刑建议权与法院量刑裁判权之间的关系。第一个问题其实可分解为三个小问题：第一，如何协商？前文已有论述，即本轮认罪认罚从宽制度改革并没有提出系统、规范的协商规则。第二，根据协商而提出的量刑建议，是一个确定刑期的量刑建议，还是一个相对明确的量刑幅度？第三，在量刑建议或者量刑判决中，如何体现从宽处理，即在技术上如何具体实现刑罚的减让？

（一）相对明确的量刑幅度或确定刑期的量刑建议

检察机关向法院提出的量刑建议，可以是一个量刑幅度，如"3年至4年有期徒刑"，也可以是一个确定数值的刑期，如"3年有期徒刑"。根据《人民检察院开展量刑建议工作的指导意见（试行）》和《关于规范量刑程序若干问题的意见（试行）》的规定，量刑建议一般应当具有一定的幅度，只有当根据案件具体情况，确有必要的时候，检察机关才可以提出确定刑期的建议。具体而言：第一，建议判处死刑、无期徒刑的，应当慎重。第二，建议判处有期徒刑的，一般应当提出一个相对明确的量刑幅度，法定刑的幅度小于3年（含3年）的，建议幅度一般不超过1年；法定刑的幅度大于3年小于5年（含5年）的，建议幅度一般不超过2年；法定刑的幅度大于5年的，建议幅度一般不超过3年。第三，建议判处管制的，幅度一般不超过3个月。第四，建议判处拘役的，幅度一般不超过1个月。第五，建议适用缓刑的，应当明确提出。第六，建议判处附加刑的，可以只提出适用刑种的建议。对不宜提出具体量刑建议的特殊案件，可以提出依法从重、从轻、减轻处罚等概括性建议。

《认罪认罚办法》对上述规则进行了修改，对量刑建议的精准性提出了更高的要求①，在政策上更加鼓励检察机关提出确定刑期的量刑建议，

---

① 《认罪认罚办法》要求，"量刑建议一般应当包括主刑、附加刑，并明确刑罚执行方式。可以提出相对明确的量刑幅度，也可以根据案件具体情况，提出确定刑期的量刑建议。建议判处财产刑的，一般应当提出确定的数额"。

有关财产刑的建议原则上需要具体明确的建议。对于这种政策性要求，在试点改革中，一些地方提出了更加精准化的要求，但另一些地方似乎显得比较保守，从而形成不同的模式。

第一种模式的精准化要求最高，即要求检察机关原则上提出确定刑期的量刑建议。例如，重庆市人民检察院要求，一般应当提出具体、明确的量刑建议，特殊情况下也可以提出相对明确的量刑幅度。但这种做法可能在实践中产生一定负面影响，如W市检察院发文要求各区检察院对认罪认罚案件的量刑建议做到精准量刑，而非一个量刑幅度，给人民法院的量刑工作带来一定压力。①

第二种模式是规定提出确定刑期量刑建议的具体情形。例如，上海市规定，对符合下列情形之一的，各种量刑情节已经充分显现、定型，人民检察院可提出确定刑期的量刑建议：（1）案件事实清楚，法律关系简单，以犯罪数额或数量作为量刑主要依据的；（2）侵害公民人身或者民主权利案件中，被告人与被害人达成和解协议且已履行完毕的；（3）侵害公民财产权利案件中，被告人已全额退赔被害人经济损失的；（4）其他案件中，被告人做出赔偿、补偿，使社会关系获得社会公众普遍认同的有效修复的。

杭州市、深圳市等地根据法定刑的轻重决定是否提出确定刑期的量刑建议。如下表②所示。

	提出确定刑期的建议	提出幅度刑期的建议	既可以提出确定刑期，也可以提出幅度
杭州市富阳区	可能判处三年以下有期徒刑、拘役、管制	可能判处三年以上有期徒刑的	

---

① 参见王兆忠《认罪认罚从宽制度改革的逻辑展开与实践发展》，周玉主编《武汉司法体制改革实践与研究》（2017年第3辑），武汉出版社2017年版，第27页。
② 杭州市富阳区规定，"可能判处三年以下有期徒刑、拘役、管制的，应当提出确定的刑期建议；可能判处三年以上有期徒刑的，应当提出确定幅度的刑期建议"。杭州市建德市则规定，"量刑建议应当包括主刑、附加刑，并明确刑罚执行方式。可能判处一年以下有期徒刑、拘役、管制的，应当提出确定的刑期建议；可能判处一年以上有期徒刑的，应当提出确定幅度的刑期建议"。深圳市规定，"建议判处三年以下有期徒刑、管制、拘役的，可以提出确定的刑期；建议判处三年以上五年以下有期徒刑的，可以提出确定的刑期或者量刑幅度；建议判处五年以上有期徒刑的，可以提出相对确定的量刑幅度。建议判处其他刑种的，应当明确提出"。

续表

	提出确定刑期的建议	提出幅度刑期的建议	既可以提出确定刑期,也可以提出幅度
杭州市建德市	可能判处一年以下有期徒刑、拘役、管制	可能判处一年以上有期徒刑	
深圳市	建议判处三年以下有期徒刑、管制、拘役	建议判处五年以上有期徒刑	建议判处三年以上五年以下有期徒刑

第三种模式沿用原有的思维,提倡量刑建议一般是相对明确的量刑幅度。西安①、沈阳②、大连和南京等市采用的是这种模式。但大连和南京市对于量刑幅度提出了更加精细化的要求。大连市规定,"建议判处有期徒刑、管制、拘役的,应根据案件情况提出相对明确的量刑幅度。原则上法定刑在三年以下的案件,量刑幅度不超过六个月;法定刑为三至十年的,量刑幅度不超过一年;十年以上的,不超过二年"。南京市③对量刑幅度提出了如下要求:提出量刑建议幅度的,主刑可能判处一年以下有期徒刑、拘役、管制的,建议量刑幅度不超过二个月,且不能跨刑种;主刑可能判处一年以上三年以下有期徒刑的,建议量刑幅度不超过六个月。建议判处三年以上十年以下有期徒刑的,建议量刑幅度一般不超过一年。建议判处十年以上有期徒刑或数罪并罚的,建议量刑幅度一般不超过二年。

(二) 刑罚减让规则

刑罚减让④,或者"量刑减让",是指相对于不认罪或者认罪不认罚的案件,认罪认罚被告人可以获得的减轻处罚的幅度。刑罚减让规则是认罪认罚从宽制度刑罚规则的核心内容之一。它既是法院作出量刑裁判的法律依据,也是检察官作出量刑建议的重要参考,同时也是控辩双方进行协商的法律依据与法律底限。

---

① 西安市规定,"人民检察院一般应当提出相对明确的量刑幅度,也可以根据案件具体情况,提出确定刑期的量刑建议"。
② 《认罪认罚办法》规定,建议判处财产刑的,一般应当提出确定的数额;对此规定,一些地方仍然作了变通,沈阳市提出了更为保守的规则,即"量刑建议中的财产刑,一般应当提出相对明确的幅度或确定的数额"。
③ 作为一般规则,南京市规定,"人民检察院决定起诉并建议人民法院适用认罪认罚从宽制度的,应当书面提出相对明确的量刑建议幅度"。
④ 由于"减刑"概念在我国有特定含义,因此此处不使用"减刑"而使用"减让"这一概念。

《认罪认罚办法》只对刑罚减让规则作了原则性的规定。这种原则性规定主要体现为以下两个方面：首先，要坚持罪责刑相适应，根据犯罪的事实、性质、情节、后果，依照法律规定提出量刑建议，准确裁量刑罚，确保刑罚的轻重与犯罪分子所犯罪行和应当承担的刑事责任相适应。其次，对不具有法定减轻处罚情节的认罪认罚案件，应当在法定刑的限度以内从轻判处刑罚，犯罪情节轻微不需要判处刑罚的，可以依法免予刑事处罚，确实需要在法定刑以下判处刑罚的，应当层报最高人民法院核准。许多地方在制定细则时，提出了一些更为具体的量刑减让规则，列举如下：

北京市规定："对认罪认罚的被告人决定刑罚的时候，应当考虑其认罪认罚的及时性、稳定性，以及对案件侦破的价值等具体情况。犯罪嫌疑人到案后即表示认罪认罚，其供述有利于案件及时侦破的，在量刑时应当充分体现。"

天津市规定："犯罪嫌疑人、被告人认罪，同意人民检察院提出的量刑建议并签署具结书的，在确保法律效果和社会效果的前提下，可以减少基准刑的15%以下；选择适用速裁程序的，可以再减少基准刑的15%以下；选择适用简易程序的，也可比照速裁程序酌情从宽。""对于犯罪嫌疑人、被告人在侦查、审查起诉和审判等不同阶段认罪认罚的，量刑建议的从宽幅度应当有所区别。"

上海市规定："审理认罪认罚案件，应当综合案件情况，统筹把握从宽幅度，防止各量刑情节的简单加减。兼有多个从轻、从宽情节的，从宽的刑罚量一般不得多于基准刑的二分之一；对于积极赔偿被害人损失、取得被害人谅解且已履行完毕的案件，从宽的刑罚量可适当增加；对于犯罪情节轻微，不需要判处刑罚的，可以免予刑事处罚。"

沈阳市规定："在确定从宽幅度上，要根据被告人认罪的诉讼阶段、对于侦破案件所起的作用、赔偿被害人的经济损失情况、认罚的实际履行情况等因素确定从宽的幅度。""对于《量刑指导意见》中规定的罪名，可以将认罪认罚作为犯罪事实以外的一个单独量刑情节，减少基准刑的10%—30%，但减少的刑罚量不超过2年。""对于《量刑指导意见》中未规定的罪名，从宽幅度亦应低于本地区同类案件的刑罚。对可能判处三年有期徒刑以上刑罚案件，减少的刑罚量不能超过2年。"

大连市规定："拟定量刑建议时，应当严格区分被告人认罪认罚所处的诉讼阶段：（一）对于审查起诉阶段认罪认罚的被告人，原则上可以减少基准刑30%以下；（二）对于在审判阶段认罪认罚的被告人，原则上可以减少基准刑20%以下。经人民法院、人民检察院协商一致的，也可以减少基准刑30%以下。"

南京市规定："人民法院适用认罪认罚从宽制度审理案件，对被告人的量刑应当结合被告人在不同诉讼阶段的认罪情况采取不同的从宽幅度。被告人认罪认罚的态度越早、越稳定，从宽处罚幅度越大。"对于犯罪嫌疑人、被告人同意适用"一步到庭"刑事诉讼模式的，可以对其从宽20%—30%量刑。

杭州市规定："要根据认罪认罚的主动性、及时性、稳定性、全面性，是否确有悔罪表现，是否具有初犯、偶犯或者累犯、再犯情节，以及对司法机关及时侦破案件、节约司法资源的价值，经过综合判断，决定从宽的具体幅度。"杭州市富阳区将认罪认罚表现等级评定作为刑罚减让的基本依据。具体而言，"办理认罪认罚从宽案件，人民检察院、人民法院应当根据犯罪的事实、犯罪的性质和对社会的危害程度，结合法定、酌定情节，确定刑期，再根据犯罪嫌疑人、被告人认罪认罚表现的不同等级，分别提出或者确定以下不同的从宽幅度：（一）认罪认罚表现等级评定为'好'的，减少20%—30%；（二）认罪认罚表现等级评定为'较好'的，减少10%—20%；（三）认罪认罚表现等级评定为'一般'的，减少10%以下"。等级评定需要考虑的因素主要包括："（一）认罪所处的阶段及认罪后是否有反复；（二）认罪后对案件侦破所起的作用情况；（三）是否系在逃后被抓获，抓捕时是否有抗拒抓捕等情形；（四）是否自愿如实供述自己的全部罪行，对指控的犯罪事实是否有异议，是否同意量刑建议并签署具结书；（五）是否真诚悔罪，确实有悔罪表现；（六）羁押期间是否严格遵守监所管理规定；（七）取保候审、监视居住期间是否严格遵守相关规定；（八）是否具有积极赔偿损失、争取获得谅解等情形；（九）是否有其他违法犯罪嫌疑；（十）其他影响等级评定的情形。"其中，第一个因素的影响力最大，"犯罪嫌疑人、被告人在侦查阶段认罪认罚的，一般评定为'好''较好''一般'；在审查起诉阶段认罪认罚的，一般评定为'较好''一般'；在法庭审理阶段认罪认罚的，一般评定为'一般'"。

福州市福清市规定："认罪认罚案件人民法院在量刑时可以根据被告人认罪态度、认罪阶段、悔罪表现、退赔退赃及是否取得被害人谅解等情节综合考虑从宽的幅度。""符合判处非监禁刑条件,具备社区矫正条件的,人民法院应当优先适用非监禁刑。"

厦门市翔安区规定:"犯罪嫌疑人、被告人在不同诉讼阶段(侦查、审查起诉、审判)认罪认罚,具有不同的从宽处罚幅度:(1)犯罪嫌疑人自动投案并及时如实供述自己的罪行,可以减少基准刑的40%。(2)犯罪嫌疑人在侦查阶段自愿及时如实供述自己的罪行,可以减少基准刑的30%,在侦查阶段后期才予如实供述的,则视情况减少基准刑的20%—25%。(3)犯罪嫌疑人、被告人在审查起诉阶段如实供述自己的罪行,可以减少基准刑的20%。(4)被告人在开庭审理时如实供述并自愿认罪的,可以减少基准刑的10%。犯罪嫌疑人、被告人如实供述自己的罪行后又翻供的,不得从宽处罚。但在开庭审理时又能如实供述的,仍可从宽处罚,但从宽幅度从严掌握。"厦门市湖里区规定:"人民法院在量刑时,应当充分考虑犯罪嫌疑人或被告人认罪认罚的主动程度,对于主动性较高、认罪认罚较早的,在量刑时应体现差别。"

郑州市规定:"根据犯罪嫌疑人、被告人在不同诉讼阶段的认罪认罚情况及犯罪的事实性质、情节和危害程度,适用不同从宽处罚幅度。被告人在侦查阶段认罪认罚,对侦查机关收集证据起到帮助作用的,可以减少基准刑的50%以下;在审查起诉阶段认罪认罚的,可以减少基准刑的40%以下;在审判阶段认罪认罚的,可以减少基准刑的20%以下。综合考虑全案情况,依照上述量刑方式确定的宣告刑仍无法体现从宽处罚,可适当提高从宽幅度,但应控制在法定刑范围内宣告刑的30%以内。""因客观原因,导致证据薄弱,犯罪嫌疑人、被告人在侦查阶段未如实供述,但在审查起诉或者审判阶段认罪认罚,其供述作为定罪的关键证据的,人民检察院、人民法院可适当提高从宽的幅度。"

广州市规定:"综合考虑犯罪嫌疑人、被告人认罪认罚的不同诉讼阶段以及退赃退赔、刑事和解,确定量刑从宽的幅度大小。""认罪认罚案件应当适用分级量刑激励。犯罪嫌疑人、被告人在侦查机关侦查、人民检察院审查起诉、人民法院审理的不同诉讼阶段认罪认罚的,人民检察院提出量刑建议和人民法院宣告判决刑时,适用的量刑激励幅度按递减原则处理。可根据最高人民法院发布的量刑指导意见对犯罪嫌疑人、被告人给予基准刑10% 30%的从宽激励。"

深圳市规定:"人民检察院提出量刑建议时,应当结合犯罪嫌疑人、被告人自愿认罪认罚的诉讼阶段、认罪悔罪程度，主动认罪对司法资源的节约程度，以及退赃、退赔、和解等情节，提出不同幅度的从宽建议。"

西安市规定："对认罪认罚的被告人决定刑罚的时候，应当根据认罪认罚的及时性、稳定性，以及对案件侦破的价值等具体情况，在量刑时予以体现。"

（三）法院量刑规则：量刑建议权（检察院公诉权）与量刑决定权（法院裁判权）之间的关系

根据刑事诉讼法的一般原理和世界各国的基本做法，量刑建议对法官不产生约束力。例如，在美国辩护交易案件中，虽然法官在量刑时通常会采纳检察官的量刑建议，但是法官并没有这样做的义务。① 在我国，根据《关于规范量刑程序若干问题的意见（试行）》，法院需要在刑事裁判文书说明是否采纳量刑建议的理由，但法院有绝对的自由裁量权。

《认罪认罚办法》采取了不一样的做法，该办法第20条明文要求人民法院一般应当采纳人民检察院指控的罪名和量刑建议。《认罪认罚办法》同时规定了五种法院不采纳的情形②，但是需要注意的是，在这些情形特别是前四种情形中，由于实际上已经不存在合法的"认罪认罚"，因此不能适用认罪认罚从宽制度，法院当然就不需要采纳指控罪名和量刑建议。

虽然法官采纳量刑建议是一般原则，但《认罪认罚办法》仍然维护了法院的最终裁量权，规定了"例外情况"。《认罪认罚办法》第21条规定："人民法院经审理认为，人民检察院的量刑建议明显不当，或者被告人、辩护人对量刑建议提出异议的，人民法院可以建议人民检察院调整量刑建议，人民检察院不同意调整量刑建议或者调整量刑建议后被告人、辩护人仍有异议的，人民法院应当依法作出判决。"但对于什么是"应当依法作出判决"，《认罪认罚办法》并没有做出解释。其中涉及的关键问题是：第一，什么是"量刑建议明显不当"？第二，人民法院是否需要变更审理程序？第三，人民法院最终的判决（宣告刑）是否不用受量刑建议的任何制约？

关于第一个问题，很少有地方作出规定，基本上由承办法官自由裁

---

① 参见汪贻飞《量刑程序研究》，北京大学出版社2016年版，第175页。
② 这五种情形是：被告人不构成犯罪或者不应当追究刑事责任的；被告人违背意愿认罪认罚的；被告人否认指控的犯罪事实的；起诉指控的罪名与审理认定的罪名不一致的；其他可能影响公正审判的情形。

量。上海市解释了什么情况下法院可以建议检察院调整量刑建议。具体而言包括以下三种情形：（1）与同类案件或分案处理的其他案件相比，量刑明显不平衡的；（2）审理过程中发现检察机关遗漏足以影响量刑的情节的；（3）审理过程中出现新的足以影响量刑的情节的。然而，从解释学的角度来说，"明显不当"中的明显，其实是一个量的概念，那么，法官的宣告刑与量刑建议之间的差距达到多大时，才构成"明显"？对此，没有地方进行回答。在实践中，出现量刑建议与量刑判决之间只差一个月的情形，但这种情形能否构成"明显不当"，还值得进一步研究。

关于第二个问题，一些地方规定了法院需要变更程序审理，但做法不一致。第一种做法，根据北京市的规定："适用速裁程序审理的案件，调整量刑建议后被告人、辩护人仍有异议的，应当转为简易程序或者普通程序审理。"厦门市湖里区有相似的规定，即"对于建议适用速裁程序的案件不再适用速裁程序审理，对于适用简易程序审理的案件，应当依法作出判决"。第二种做法，根据沈阳市的规定，控辩双方存在量刑建议合意的，适用认罪认罚从宽制度，但合意不复存在的，则不适用该制度，因此可能需要变更审判程序。[①] 第三种做法，根据大连市的规定，《认罪认罚办法》第21条中的"应当依法作出判决"是指"案件不再适用认罪认罚从宽制度，应依法作出判决"。也就是说，当庭审过程中，控辩双方无法达成量刑建议的合意，或者法院不同意量刑建议的，不再适用认罪认罚从宽制度，按照普通案件进行处理。

关于第三个问题，很少有地方进行规定，因此理论上而言，法院的宣告刑既可以重于量刑建议，也可以轻于量刑建议。山东省规定法院听取控辩双方意见的义务，即"人民法院应当在充分听取人民检察院和被告人、辩护人意见的基础上依法作出判决"。而厦门市翔安区则规定了宣告刑一般不得重于量刑建议[②]。

---

① 根据沈阳市的规定，人民法院经审理认为，人民检察院的量刑建议明显不当的，人民法院可以建议人民检察院调整量刑建议，并通知被告人及其辩护人。当被告人不同意调整后的量刑建议，人民法院应当依法作出判决，但不再适用认罪认罚从宽制度；其余情况（包括人民检察院和被告人均不同意调整；以及重新达成新的量刑建议合意）下，人民法院均应当适用认罪认罚从宽制度依法判决。
② 根据厦门市翔安区的规定，法院判决中的刑罚"一般不得超过量刑建议上限，需在量刑建议下限进行判决的，一般应当说明判决理由"。

五 全流程简化办案模式的深化

在刑事速裁程序改革中,一些地方"创造"了全流程简化的办案模式,然而《认罪认罚办法》并没有体现出"全流程简化"的精神,仅是针对刑事速裁程序规定了审查起诉与法院审理的期限,因此审前程序基本上与2012年修订的《刑事诉讼法》的规定无异。本轮认罪认罚从宽制度改革试点中,不少试点城市在原有的"全流程简化"办案模式基础上进行了新的探索,形成了新的经验。

首先,一些地方对于侦查期限也进行了明确的限缩性规定。就适用刑事速裁程序案件的侦查期限,南京、西安等地作出了规定。南京市规定:"一般应当在立案后一个月内侦查终结移送审查起诉。"西安市根据是否需要提请逮捕以及是否羁押而规定了三种侦查期限:(1)认为不需要提请逮捕的,应当在7日内侦查终结并移送检察院审查起诉;(2)认为需要提请逮捕的,应当在拘留之日起七日内向检察机关提请批准逮捕。对于批准逮捕的,公安机关应当在批准逮捕后五日内侦查终结并移送检察机关审查起诉。(3)犯罪嫌疑人、被告人已经被采取取保候审、监视居住的案件,公安机关应当自执行强制措施之日起15日内侦查终结并移送检察机关审查起诉。

其次,原有的"看守所办案"模式有了新的探索。例如,西安市积极探索建立"一站式"快速审理机制,对符合认罪认罚从宽制度的刑事案件,公、检、法集中办案,侦、诉、审全流程配合,迅速完成案件侦查、民事赔偿、审查移送、法律援助、审查起诉、开庭审判,推动案件繁简分流、简案快审、繁案精审,目前西安15个看守所和交警大队全部建立了快速审判法庭和联合办案工作区。西安市各级政法机关适用认罪认罚从宽制度办理各类刑事案件2843件,占刑事案件总量的三成多,个案平均办结时间约11天,案件审理时间约10分钟,当庭宣判率达到91%,一审服判率达到97%,大大增强了办案的法律效果和社会效果。[1]

再次,原有的"刑拘直诉"也有了新的尝试。以南京市为例。南京市

---

[1] 参见曹渊、马顶柱、山高飞《陕西西安开展刑事案件认罪认罚从宽制度试点"一站式"办案更高效》,《人民日报》2018年1月3日第19版。

针对危险驾驶案件制定了"一步到庭"的办案模式，此模式主要针对现场查获型危险驾驶案件。"一步到庭"办案模式有几个特征：（1）更短的办案期限，每个"环节"均为2个工作日。公安机关在查获酒驾后立即抽血送检，鉴定机构应当在2日内做出鉴定，公安机关应当在鉴定结果出来后对符合立案条件的案件次日立案，立案后2个工作日内将案件侦查终结并移送审查起诉；检察机关在收到案件后2个工作日内审结并决定是否提起公诉；法院在收到案件后2个工作日内开庭审理并当庭作出判决。特殊情况不能近期办结的，可以适当延长办案期限。（2）刑拘直诉。对于犯罪嫌疑人血液中乙酸含量超过200mg/100ml的案件，可以采用"刑拘直诉"模式，公安机关可以在立案当天对犯罪嫌疑人刑事拘留，在拘留期限（7日）内完成审查起诉和审判工作。（3）量刑建议明文化。犯罪嫌疑人、被告人同意适用"一步到庭"办案模式，可以对其从宽20%到30%量刑。

"一步到庭"办案模式其实只是对侦查、审查起诉和审判的期限进行了最大程度的压缩，对于刑事诉讼程序并没有实质性的创新。"一步到庭"这个概念容易给人这样一种感觉：侦查机关可以将案件一步就移送到法庭，即审判前就走"一步"。但事实上，每个案件都必须完整地走完侦查、审查起诉和审判环节三个步骤，并没有所谓的"一步到庭"。这里的"一步"似乎应当理解为侦查、审查起诉和审判环节都只有"一步"，而不能在各个环节内部走几步或者不同环节之间来回走（如退回补充侦查）。

复次，北京市海淀区首创"48小时"办案模式。① 根据刑事诉讼法的规定，犯罪嫌疑人被抓获后在送交看守所之前有最长48小时的羁押期限，北京海淀区探索了在此48小时内完成侦查、审查起诉与审判的办案模式。为保证48小时内完成全部诉讼阶段，海淀区在公安执法办案中心设立了全新的速裁办公区，法官、检察官、公安和值班律师均在此办公。② 据统计，在刑事速裁改革试点期间，案件平均37天内办结，但机关之间的流转时间可高达70%以上，有效工作时间不足50%，办案效率无法充足释放。新成立的速裁办公区可以节省大部分在途、等待时间，实现所有工作人员及案件当事人一地聚集，全流程办案一地终结。"48小时"办案流程一般如下：犯罪嫌疑人在执法办案中心接受讯问，公安机关对案件进行甄

---

① 参见简洁《"48小时全流程结案"如何做到？》，《检察日报》2019年5月10日。
② 法院、检察院在速裁办公区分别设立速裁办公室和速裁法庭，而司法局则派驻值班律师。

别，对证据充分的危险驾驶、盗窃、伪造身份证件等案件，原则上在 12 小时内完成证据收集，同时通知检、法、值班律师启动 48 小时办案程序。律师全程参与、强制辩护，检察院提前介入并就量刑建议征求犯罪嫌疑人、律师意见，法官当庭裁判，法检共享工作时间不超过 8 小时。

最后，一审程序也有了一些新的做法，下文专门讨论。

需要指出的是，第一轮刑事速裁程序改革期间，全流程简化办案模式所暴露出的副作用，在认罪认罚从宽制度改革过程中也不同程度地存在，许多问题并没有因为改革的深化而得到解决。

六 一审程序改革的延续与创新

关于认罪认罚从宽制度中的一审程序，在继承刑事速裁程序改革的基础上，《认罪认罚办法》作出了一些创新性规定。第一，明确了认罪认罚案件庭审的审理对象。《认罪认罚办法》第 15 条①明确将"认罪认罚的自愿性和认罪认罚具结书内容的真实性、合法性"作为一审庭审的审理对象。第二，扩大了刑事速裁程序的适用范围和简化了审理方式。② 第三，与扩大速裁程序适用范围相适应，简易程序的适用范围就限缩为"基层人民法院管辖的可能判处三年有期徒刑以上刑罚的案件，被告人认罪认罚的"；关于审理方式，《认罪认罚办法》只是强调要在判决宣告前应当听取被告人的最后陈述，而且一般应当当庭宣判。在这些规定的基础上，一些地方就一审程序作出了一些细化规定。

上海市就速裁程序的庭审程序进行了规范化。首先规定了集约化审判方式，对速裁案件一般应当实行集中起诉、集中审理，并保证庭审的相对独立性和完整性。其次规定了庭审的简化方式与简化程度：其一，当事人

---

① 《认罪认罚办法》第 15 条规定："人民法院审理认罪认罚案件，应当告知被告人享有的诉讼权利和认罪认罚可能导致的法律后果，审查认罪认罚的自愿性和认罪认罚具结书内容的真实性、合法性。"

② 关于适用范围，《认罪认罚办法》规定，对于基层人民法院管辖的可能判处三年有期徒刑以下刑罚的案件，事实清楚、证据充分，当事人对适用法律没有争议，被告人认罪认罚并同意适用速裁程序的，可以适用速裁程序。关于审理方式，《认罪认罚办法》规定在刑事速裁程序中，由审判员独任审判，送达期限不受刑事诉讼法规定的限制，不进行法庭调查、法庭辩论，当庭宣判，但在判决宣告前应当听取被告人的最后陈述。适用速裁程序审理案件，人民法院一般应当在十日内审结；对可能判处的有期徒刑超过一年的，可以延长至十五日。

身份核对和权利告知可在庭前进行，但询问被告人、辩护人是否申请回避应当当庭进行。其二，庭审过程中，公诉人可简要宣读起诉书（简要说明指控事实、证据、定性、罪名）及量刑建议。其三，根据案件情况，法庭审理可以简化，但以下三个环节不得省略：被告人是否自愿认罪认罚，是否明确知悉相关法律后果；被告人对指控的犯罪事实和证据是否有异议，是否同意检察机关的量刑建议；最后陈述。

重庆市速裁程序创造了"沉默的公诉人"制度，即公诉人在速裁庭审程序中，可以不宣读起诉书，不讯问被告人，不举证质证，不进行法庭辩论。

厦门市等地方采取以下几个方法，提高庭审效率：（1）多个案件集中开庭，减少每个案件所耗费的平均庭审时间；（2）将核实、权利告知等必备环节放在庭审前进行，通过减少庭审的内容减少庭审时间；（3）视频方式开庭审理，通过减少被告人往返看守所等时间。例如，厦门市湖里区规定："为提高庭审效率，对于认罪认罚并适用速裁程序审理的案件，可采取多个案件集中开庭审理的方式。对于认罪认罚并适用简易程序的案件，在庭前由法官助理或书记员核实被告人身份情况、前科情况、强制措施等情况，向被告人告知依法享有的诉讼权利，告知审判人员、书记员、公诉人名单，询问是否申请回避，并记录在案。在保障诉讼参与人充分行使诉讼权利，确保司法公开、程序公正的情况下，认罪认罚并适用简易程序、速裁程序的案件可以采取视频方式开庭审理。"厦门市翔安区规定，人民法院对公开开庭审理的速裁程序案件可以采用多个案件集中合并开庭审判的方式，经被告人同意，庭审同步录音录像或智能语音识别同步转换文字可以替代法庭笔录。人民检察院指派轮值公诉人出庭参加诉讼。人民法院在保障诉讼参与人充分行使诉讼权利，确保司法公开、程序公正的情况下，可以采用视频方式进行开庭审判。

针对简化程序后的人权保障问题，一些地方提出了具体要求。如武汉市提出"三讯问两听取原则"，即庭审中必须讯问被告人对指控的犯罪事实、量刑建议及适用速裁程序的意见，必须听取公诉人、辩护人、被害人及其诉讼代理人的意见，必须听取被告人的最后陈述。

针对适用认罪认罚从宽制度的简易程序和普通程序如何简化的问题，一些地方进行了探索。

福清市规定："人民法院在庭审中应当核实被告人是否明确知悉所享

有的诉讼权利、认罪认罚可能导致的法律后果。审理过程可做如下简化：（一）公诉人可以摘要宣读起诉书；（二）被告人就起诉书指控的犯罪事实的陈述可以简化；（三）公诉人、辩护人、审判人员对被告人的讯问、发问可以简化或省略；（四）庭审举证、质证可以简化；（五）经控辩双方质证没有异议的证据，合议庭一般应当当庭认证；（六）法庭辩论可以简化。但人民法院认为有必要的情况下，仍可以进行详细的法庭调查和法庭辩论。在判决宣告前应当听取被告人的最后陈述。"

杭州市富阳区规定："简易程序或者普通程序简化审理，可以作如下简化：（一）公诉人可以摘要宣读认定事实和适用法律意见；（二）公诉人、辩护人、审判人员对被告人的讯问、发问可以简化或者省略；（三）对控辩双方无异议的证据，公诉人可就证据名称及证明内容作出说明；对控辩双方有异议，或者法庭认为有必要调查核实的证据，应当出示，并进行质证；（四）法庭调查结束后，被告人或辩护人对起诉书指控的犯罪事实和罪名均无异议的，法庭辩论可围绕量刑和其他有争议的问题进行，公诉人应当向法庭提出量刑是否从宽及具体从宽幅度的意见。法庭辩论结束后，应当听取被告人的最后陈述。"

大连市针对适用认罪认罚从宽制度的普通程序规定："中级人民法院管辖的一审案件，犯罪嫌疑人认罪认罚的，适用普通程序，送达期限不受刑事诉讼法规定的限制。法庭调查阶段不宣读起诉书，不进行讯问，直接出示证据，进行法庭辩论，但应保证被告人作最后陈述。对控辩双方无异议的证据，可以仅就证据的名称及所证明的事项作出说明。"

除庭审程序外，许多地方强调要加快整个法院办案程序。武汉市提倡所谓的"433"审理模式。"4"指"四个当天"：当天审查、当天立案、当天移送、当天分案。第一个"3"指"三个优先"：优先排期、优先送达、优先开庭。第二个"3"指"三个集中"：集中开庭、集中宣判、集中送达。

七　证据制度的坚守与松动

自第一轮刑事速裁程序改革以来，证明标准成为改革的一个热点问题。《刑事案件速裁程序试点工作座谈会纪要（二）》中提出，要"准确把握证明标准。被告人自愿认罪，有关键证据证明被告人实施了指控的犯罪行为的，可以认定被告人有罪。对于量刑事实的认定，采取有利于被告人原则。"其中"准确把握证明标准"的表述似乎是说证明标准必须是要坚持的，但是在速裁程序中可能有不同的特点，需要办案人员"准确"地把握；具体而言，就是需要有"关键证据"。"关键证据"与"证据确实、充分"相比，要求可能有所降低，从中似乎反映了我国证明标准有所松动。

而《认罪认罚办法》有关证据制度的规定，主要有两处：一是规定要坚持证据裁判，依照法律规定收集、固定、审查和认定证据。二是规定适用刑事速裁的条件之一是"事实清楚、证据充分"。根据第一处的规定，办理认罪认罚刑事案件应当坚持《刑事诉讼法》的证据规则。第二处规定主要涉及证明标准问题，其与《刑事诉讼法》中的"证据确实、充分"的表述有细微差别，不过这也并不意味着证明标准的降低。毕竟"证据确实"与"证据充分"可以做同义解释。

在地方试点实践中，有关实施细则基本上坚守了《刑事诉讼法》的证据规则，不敢明目张胆地做出重大调整，如西安市规定："侦查机关办理认罪认罚案件，应当依法全面收集、调取犯罪嫌疑人有罪或者无罪、罪重或者罪轻的证据材料。"广州市也有类似的规定①。厦门市湖里区规定："不得降低证据标准，确保司法公正。"

从一些地方的规定来看，实践中降低证据规则要求、减轻侦查机关收集证据职责和检察机关举证责任的倾向以及降低证明标准的意图比较突出。改革试点实践中，个别检察机关起诉的部分认罪认罚案件证据材料与改革要求明显不符。②

上海市、大连市提出了"主要犯罪事实清楚，主要证据确实充分"的规则。上海市规定，（1）办理认罪认罚案件要做到主要犯罪事实清楚，主要证据确实充分。（2）主要犯罪事实是指与犯罪构成以及重要量刑情节有关的事实，包括：犯罪主体，犯罪的对象、手段、后果，影响量刑的主要情节。对犯罪的具体时间、地点和作案细节无法查清，但不影响犯罪事实成立的，可以概括表述。（3）主要证据确实充分是指主要犯罪事实和量刑

---

① 广州市规定，要"依照法律规定全面收集、固定、审查和认定证据，不得以犯罪嫌疑人、被告人自愿认罪认罚代替案件的侦查、检察和审判职能"。
② 参见王兆忠《认罪认罚从宽制度改革的逻辑展开与实践发展》，周玉主编《武汉司法体制改革实践与研究》（2017年第3辑），武汉出版社2017年版，第27页。

事实都有相关证据证实；证据与证据之间、证据与案件事实之间无矛盾或矛盾得以合理排除；取证程序符合法律规定。对证据存在下列情形之一，不能排除合理怀疑的，不得适用认罪认罚从宽制度：证据存在严重缺陷；证据之间存在重大矛盾；可能存在刑讯逼供或者其他严重违反法定程序取证情形的。大连市规定："人民法院审理被告人认罪认罚从宽案件，应坚持证据裁判原则，做到主要犯罪事实清楚，主要证据确实充分，即与犯罪构成要件及主要量刑情节有关的事实清楚；主要犯罪事实有相关证据证实，据以形成链条的证据之间无矛盾或矛盾得以合理排除。犯罪具体时间、地点及细节无法查清的，可以概括表述，不影响犯罪事实成立。"为防止上述规定被滥用，大连市同时规定，"办理认罪认罚案件，应当严格把握主要犯罪事实是否查清，主要证据是否充分，证据存在严重缺陷、存在重大矛盾无法排除或者可能存在严重违反法定程序取证情形的，不得适用认罪认罚从宽制度"。

山东省提出了"基本证据确实充分"，即"对犯罪嫌疑人、被告人确系自愿认罪认罚，但犯罪手段隐蔽或证据提取、固定困难的案件，证明犯罪构成要件事实的基本证据确实充分，可以排除合理怀疑的，一般可以适用认罪认罚从宽制度"。

深圳市提出了"主要证据"，即："适用速裁程序和简易程序办理的认罪认罚案件，在坚持证据裁判原则的前提下，可以收集、固定、审查和认定主要证据。"

从条文表述与法条解释的角度来看，很难指责上述有关规定与《刑事诉讼法》相关规定有着本质的区别，但是从语言选择与体系解释的角度来看，上述规定无疑是为降低证明标准留下一个口子，让司法人员在办案过程中能有一个"灵活变通"的理由，可能造成案件质量下降或者审判程序难以"从快"完成。在改革试点实践中，由于认罪认罚在侦查阶段即可启动，部分案件因犯罪嫌疑人在侦查阶段认罪，公安证据意识有所放松，收集、固定的证据相对薄弱。这不仅给检察院、法院审查、认定证据带来一定障碍，还可能导致被告人在审判阶段翻供，影响审判程序顺利进行。[①]

[①] 参见王兆忠《认罪认罚从宽制度改革的逻辑展开与实践发展》，载周玉主编《武汉司法体制改革实践与研究》（2017年第3辑），武汉出版社2017年版，第27页。

八 存在问题与解决思路

本轮认罪认罚从宽制度改革虽然被认为取得了重大成果，也被寄予了很高期望，但是结合改革过程中出台的各种各层级规范性文件与改革试点的司法实践可以发现，第一轮刑事速裁程序改革试点中出现的问题只得到了部分解决，本轮改革仍然存在若干重大法治风险与失败风险。

（一）暗度陈仓的认罚机制

在改革之初，我们强调借鉴辩诉交易的合理因素的基础上构建我国认罪认罚从宽制度。不知道是否由于决策者对"交易""协商"等概念有所忌讳，所以才创造了"认罚"这一词，并以暗度陈仓的方式引进了检察机关与被追诉人（及其辩护人、值班律师）之间的协商机制。这种技术处理方式似乎强调了中国的"认罚"与西方的"辩诉交易"是不一样的制度，但由此也引起了一系列问题。

第一，"认罚"理论基础薄弱，容易造成人们思想上的混乱。由于"认罚"是决策者创造的新概念，学界与实务界对此研究不足、理解不透、认识不统一。在改革实践中，由于认罚理论基础薄弱，司法实践的办案人员无法得到理论的指导，只能自己不断地摸索，在这个过程中难免会造成一些思想上的混乱。例如：什么是认罚？为什么认罚能够从宽处罚？承认认罚的合法性是否意味着允许进行辩诉交易？

第二，"认罚"这一法律概念的内涵始终模糊不清。《认罪认罚办法》使用了"同意量刑建议"的表述，《刑事诉讼法》使用了"愿意接受处罚的"表述，但是严格而言均不严谨科学。例如，"同意量刑建议"与量刑建议协商到底是什么关系？此问题始终没有得到彻底的回答。"认罚"是一个审前的诉讼行为，在审前并不存在"处罚"，被追诉人如何去接受？作为改革所创造的一项新机制，如果其基本内涵都不能科学确定，我们就有理由怀疑立法的科学性以及新制度能否符合法治原则。

第三，正式规范性文件基本上回避"协商"这一用语，这在实践与制度层面都造成重大困扰。在实践层面，回避"协商"概念在避免争议的同时，亦使得实践中普遍存在的量刑协商处于名不正言不顺的尴尬地位。由于"量刑协商"不能光明正大地存在，量刑协商的实践仅仅处于低级形态：一方面，办案人员往往只能保守地进行协商；另一方面，被追诉人及其律师没有太多讨价还价的能力与权利，时常会面临"不要拉倒"的局面。在制度层面，由于"量刑协商"没有被正式承认，协商规则无从建立。如此便造成一个难以打破的恶性循环：一方面实践中的协商活动缺少规则的制约，无法保证协商活动合法合理；另一方面制度构建无从下手，协商活动只能在无规则的环境下运行。

针对上述问题，首先需要我们从理论上对"认罚"进行法理分析，对其规范内涵进行合理界定。同时，结合我国认罪协商的实践以及国外认罪协商的不同模式，构建出既符合现代法治精神，又符合我国司法实践需求的认罪协商机制。

（二）前途未卜的从宽机制

对于被追诉人而言，本轮认罪认罚从宽制度改革最重要的是"从宽机制"的进一步完善。本轮改革中，有关"从宽机制"的改革特征体现在以下三个方面：其一，增加了侦查机关撤案和检察机关认罪认罚不起诉两种"司法转处"措施。其二，致力于降低审前羁押率，减少"关多久判多久"的刑罚异化现象。其三，将"认罚"新增为法定量刑情节，而且"认罪认罚"原则上可以使被告人获得量刑上的优惠。但综合有关规范性文件和改革试点实践来看，以上三个改革"举措"都面临着或大或小的失败风险。

首先，撤案、不起诉的实践少有听闻。从理论逻辑而言，"审前分流"应该是本轮认罪认罚从宽改革的关键词，即从构建分流机制、减少进入审判程序案件总量为抓手，完善认罪认罚从宽制度。[①]《认罪认罚办法》亦规定了（公安机关）撤案和（检察机关）不起诉两类审前分流机制，但在实践中这两类措施的适用非常少见，而且前者还受到许多学者的质疑。由于规定了比较复杂的程序，耗时较长，办案人员在实践中也不愿意选择适用。从这个意义上说，构建新的审前分流机制的改革意图面临着失败的风险。其中的主要原因在于，审前分流机制应当是一种相对常态化（有一定的适用范围）的机制，而《认罪认罚办法》所规定的撤案、不起诉则是非常特殊（适用范围非常狭窄）的机制。

其次，降低审前羁押率成为"不可能完成的任务"。与目前"够罪即

---

① 魏晓娜：《完善认罪认罚从宽制度：中国语境下的关键词展开》，《法学研究》2016年第4期，第89页。

捕"、审前羁押率高的司法现实相比，本轮改革比较明显地体现出降低审前羁押率、提高取保候审与监视居住适用率的政策主张①，"适用取保候审、监视居住而不适用逮捕"亦被认为是对被追诉人从宽处理的一个举措。然而，实践证明，本轮改革对于降低审前羁押率并没有明显的提高。在改革之前，"够罪即捕"是常态，检察机关或者法院一般只有预计被追诉人会被判处缓刑等非监禁刑时，才会做出取保候审、监视居住的决定。从《认罪认罚中期报告》公布的数据②来看，本轮改革表面上降低了审前羁押率，然而非羁押强制措施的适用率与非监禁刑适用率接近，可见，非羁押强制措施的适用率取决于非监禁刑适用率的司法现实并没有得到改变。整体而言，本轮改革虽然在名义上降低了审前羁押率，但对审前羁押的问题而言，这只是一个"治标而不治本"的结果。我们不能被表象所蒙蔽，而需要清醒地认识到，本轮认罪认罚从宽制度改革并没有从制度上解决审前高羁率的问题。

最后，从宽的刑罚规则逐渐脱离"认罚"的框架。认罪从宽是我国几千年刑法制度与文化所一直保留的重要内容。在认罪认罚从宽制度改革之前，我国刑法与相关司法解释就有许多"坦白从宽"的规则。严格而言，应当称"坦白可以从宽"规则，因为被追诉人认罪并不必然会被从轻处罚。由于现有刑事法律规范已经为从宽量刑奠定了良好的法律基础，本轮认罪认罚从宽制度改革才一直强调要"依法从宽"。然而，不可否认的是，本轮认罪认罚从宽制度改革在原有的刑事法律规范基础之上，增加了"认罚"这一量刑情节，这也是"从宽"改革中重要的特色。因此，无论是实践还是制度探索，但要回答"认罚"给量刑规则带来什么变化这一问题。然而，目前的探索似乎令人失望。

例如，改革试点实践普遍采取的"认罪认罚越早，处罚越轻"的做法，其实在逻辑上是有问题的。按照目前分工负责原则，认罚最早只能发

---

① 《刑事速裁办法》规定："适用速裁程序的案件，对于符合取保候审、监视居住条件的犯罪嫌疑人、被告人，应当取保候审、监视居住。"《认罪认罚办法》规定："人民法院、人民检察院、公安机关应当将犯罪嫌疑人、被告人认罪认罚作为其是否具有社会危险性的重要考虑因素，对于没有社会危险性的犯罪嫌疑人、被告人，应当取保候审、监视居住。"
② 《认罪认罚中期报告》指出："认罪认罚案件犯罪嫌疑人、被告人被取保候审、监视居住的占42.2%，不起诉处理的占4.5%；免予刑事处罚的占0.3%，判处三年有期徒刑以下刑罚的占96.2%，其中判处有期徒刑缓刑、拘役缓刑的占33.6%，判处管制、单处附加刑的占2.7%，非羁押强制措施和非监禁刑适用比例进一步提高。"

生在审查起诉阶段，所谓"在侦查阶段即认罪认罚"指的只能是在侦查阶段认罪。因此，所谓"认罪认罚越早，处罚越轻"本质上还是原来的"认罪越早，处罚越轻"。换言之，虽然改革正式使"认罚"成为一个新的量刑情节，但改革试点实践并没有跳脱原有的量刑框架，并没有将其独立出来，而仅是将它视为"坦白可以从宽"规则变成"坦白应当从宽"规则的条件。可见，虽然改革引进了"认罚"的新范畴，但我们仍然在旧有的"认罪从宽"旧范畴中探索规则的完善与实践的创新；我们实用主义地追求"认罚"所能带来的效率提高的收益，却对其可能带来的制度冲击却视而不见。

（三）危机四伏的从快机制

从快，或者说提高司法效率，是国家推动认罪认罚从宽制度改革的最主要目的。第一轮刑事速裁改革与本轮认罪认罚从宽制度改革的试点实践，从某种程度上提高了司法效率，这也是目前改革被认为是"成功的"的主要原因之一。然而，"公正是司法的生命线"，无论我们如何强调效率，无论所谓的"案多人少"矛盾有多严重，我们都不能牺牲司法公正。正因如此，中央一直强调改革要实现更高层次的公正与效率的统一。然而，在改革过程中构建的从快机制没有完全地实现"更高层次的公正与效率的统一"，并在不同层面引发了新的问题，这些新的问题可能会对认罪认罚从宽制度改革形成新的挑战，甚至是危机。

首先，"更高层次的公正与效率的统一"没有真正地被提上改革的议程。在本轮改革中，无论是制度设计、试点实践还是媒体宣传，落脚点都在于改革如何促进司法效率。诸如"5分钟完成一个案件的审判程序"的事迹被大肆宣传，但在"5分钟"内如何实现公正与效率的统一，特别是"更高层次"的统一，无论在制度上还是试点实践中，我们都很难找到答案。

其次，提高司法效率不能简单地等同"从快"。面对司法资源的有限性，通过改革提高司法效率，本身无可厚非，但是我们必须反思一个问题："提高效率"是否完全等于"加快"？假如我们可以大幅度压缩审前羁押率，将相应的司法资源投入法律援助制度，纵使可能会延长办案时间，但这是否也应该是节约司法资源、实现"更高层次的公正与效率的统一"的重要方法？

再次，认罪认罚从宽制度改革，使法庭庭审进一步简化，这就不可避免地提高了审前程序的重要性以及检察机关的功能。随着改革的深入推进，我国可能在认罪认罚从宽制度中形成事实上的检察官主导机制。这种机制的形成，与目前我国司法机关的权力配置模式以及"以审判为中心的诉讼制度"之间是否存在冲突、是否符合法治的要求等，都需要我们仔细研究与回答。

最后，"从快机制"的构建伴随人权保障不足、体制性障碍难以突破等风险。具体而言，改革中的种种现象表明，各部门各自为政、各管一段的局面没有改变；被追诉人权利保障水平不够且迁就于司法水平的现实没有改变；改革实用主义的倾向没有改变。例如，为加快审前程序的同时保障案件质量，客观上可能需要检察机关提前介入侦查阶段，甚至形成检察指导侦查的警检一体化模式，但这无疑不符合我国当前刑事诉讼三部门"各管一段"的体制，也可能会因为削弱公安机关的地位而受到反对。三部门各管一段的工作机制与思维模式，使实践中难以做到彻底的"全流程简化"。在人权保障方面，被追诉人认罪自愿性一直以来是影响我国刑事诉讼人权保障水平的重大问题。在认罪认罚从宽制度改革中，提高律师参与被视为是解决这一问题的良方妙药。然而，若我们认为建立"值班律师"制度就万事大吉，那就有自欺欺人之嫌。"值班律师"对于"辩护律师全覆盖"而言只是万里长征的第一步。况且实践表明，即便是保障程度较低的值班律师制度也面临着落实效果参差不齐、个别地方不积极等问题。另外，虽然降低羁押率问题被提上改革日程，但无论从制度构建还是从司法现实来看，审前羁押问题并没有得到本质的改变，那种"原则上羁押"的便利办案的思维没有受到动摇。

除以上问题外，更本质的问题可能是："从快机制"与"认罪认罚机制"不能完全等同化，也就是说，改革试点过程中虽然实施了若干提高办案效率的机制或者措施，但这些机制或者措施并不是"认罪认罚从宽"机制。从某种意义上说，将"司法效率提高"作为"改革取得成功"的原因，是一种认识上的错误。这种观点没有正确认识，或者不愿意真正地说出改革与效率提高的因果关系。在认罪认罚从宽制度改革实践中，我们可以粗略地归纳司法效率得以提升的重要原因。

其一，各试点城市较大幅度地压缩了审前期限，包括侦查期限与审查起诉期限。而之所以能做到这一点，主要是因为案件简单以及"司法责任制"的落实。对于被追诉人自愿认罪且案情比较简单的案件，本来就不应该耗费太多的时间与司法资源。例如，当场抓获的"醉驾"案件，现场的"吹气""验血"基本上就完成了取证工作，剩下的程序包括审查起诉程序更多的是"书面工作"。这类案件在认罪认罚从宽改革之前不能够快速处理的原因不在于"人少"，而主要在于层层行政审批制度。认罪认罚从宽改革在审前程序加大力度落实"司法责任制"（也可以说是承办人责任制），使案件承办人掌握了实质的处置案件的权力，大部分案件都不需要向领导汇报、不需要等领导批示，在省略了层层的行政审批手续的同时大大地提高办案效率。

其二，在法庭审判中，各试点城市大力推行"当庭审判"，落实"审理者裁判，裁判者负责"的司法责任制。法庭审判程序因此省去了冗长的院庭长行政审批手续，以及不必要的审判委员会讨论案件的程序。

其三，大量地使用促进司法效率的技术性措施，特别是科技手段，如电子卷宗、远程视频讯问、视频开庭等。这些措施的推行其实并不需要借助"认罪认罚从宽改革"的名义。特别是在我国司法实践中，被告人认罪率一向非常地高，因此即使没有"认罚"改革，我们都可以通过上述方法提高司法效率。同时必须指出的是，"认罚"改革减少了法庭审判的"量刑程序"，但却增加了审查起诉阶段的"量刑协商"等环节，因此从逻辑上而言，这种制度设计并不能保证效率得到真正提高。

第三章 "认罚"的理论构建与制度创新

在经过两年的刑事案件速裁程序试点改革和两年的认罪认罚从宽试点改革之后,① 全国人大常委会于2018年通过了《关于修改〈中华人民共和国刑事诉讼法〉的决定》,正式将认罪认罚从宽制度写入了法律。由此,认罪认罚制度改革从一场局部性的试点改革升级为全国性的全面改革。无论在修法前的试点改革阶段,还是在修法后的全面改革阶段,讨论与争议从来没有停止,有关"认罪认罚从宽制度"的文献亦呈现出爆炸式的增长,但法学界和法律实务界对于认罪认罚从宽制度的基本内涵仍存在不同的认识。② 随着认罪认罚从宽制度的构建和实践有了新发展,有必要从理论的角度重新对认罪认罚从宽制度加以审视。③ 当前,理论研究的问题症结在于许多文献都落入了"对策法学"的范畴,④ 但对于"认罚"这个由实务界创造出来的新范畴,学术界仍没有完成基础理论构建。基础理论的薄弱造成了理论研究与规则构建过程中的一些失误。一些争论、观点或者做法没有全面认识"认罚",而只是单纯地延续了"认罪"的理论与规则,或者虽然强调了"认罚"的特殊性,但没有立基于科学的理论基础,

---

① 对于认罪认罚改革实践的理论分析,可参见刘灿华《"认罚"制度改革的实践图景与理论展开》,《治理研究》2019年第5期,第122页以下。
② 参见孙长永《认罪认罚从宽制度的基本内涵》,《中国法学》2019年第3期,第204—205页。
③ 参见陈卫东《认罪认罚从宽制度的理论问题再探讨》,《环球法律评论》2020年第2期,第24页。
④ 有学者指出:"在刑事诉讼法学的研究方面,法学者往往将自己定位为'立法专家',以发现立法问题、提出改进对策、推动司法改革作为研究的归宿,而很少有人去反思法学家们究竟做出了怎样的理论贡献。"参见陈瑞华《论法学研究方法》,法律出版社2017年版,第322页。

甚至脱离了"认罚"的法理与制度框架。例如,对于"认罚可以从宽"的理解与适用,许多观点没有脱离原有的"认罪可以从宽"的观念,没有全面认识到"认罚"给"可以从宽"带来的法律适用与法律解释结论上的变化。又如,对于法院"一般应当"接受量刑建议,虽然看到了认罚给"量刑建议"带来的变化,但是似乎走向了另一个极端,没有考虑如何以符合司法规律的方式将"认罚"与其他刑事诉讼基本制度、法治基本原则相融合。

作为一个在改革中形成的新概念、新范畴,"认罚"之于"认罪认罚从宽制度"具有相对独立性。然而,这种相对独立性常常被有意或者无意地忽视,导致学术界的精力往往集中在"如何构建认罪认罚的相关程序规则"这个问题上。大部分学术文献误以为"认罚"本身已经是一个清晰的概念,误以为"认罚"的基础理论已经不再需要探讨,因此,将研究重点放在"构建认罪认罚程序规则"上。在这种学术氛围下,认罚的基础理论构建工作始终没有受到刑事诉讼法学界足够的重视。事实上,在对"认罪认罚从宽制度"进行理论研究或者规则构建之前,我们有必要对"认罚"的法理进行更加细致的分析,形成符合法理的、区别于"认罪"的理论体系,并在此基础上提出关于现行法律条文的解释方案、适用建议以及未来的规则改革方向。

第一节 认罚的法理分析

一 "认罚"的词源分析

与以往的刑事诉讼制度改革相比,认罪认罚从宽制度改革的一个特色是,本次改革创造了一个新的法律概念——认罚。因此,对"认罚"进行理论构建,必须首先从法理上回答一系列基础性问题:这一概念是从哪里来的?为什么要选择使用"认罚"这个词语而不使用理论上已经存在的其他概念或者借用外国法的概念?"认罚"这个概念的含义是什么?

根据法理学的一般理论,法律概念有两个来源,一是来源于日常生活中的概念，由法律人将其转化为法律概念，二是来源于法律人的创设。①在本轮改革之前，"认罚"既不是一个法律概念，也不是一个学术概念，甚至不是一个既存于汉语之中的词语，因此，"认罚"明显属于法律人所创设的概念。有鉴于此，对"认罚"概念本身进行历史考察，将有利于我们发现其含义，探寻其法理。

（一）"认罚"的来源与演变

"认罚"虽然是一个新的词语，但并非决策者凭空想象、创造出来的，而是来源于生活和司法实践。2014年6月27日，全国人大常委会通过了《关于授权最高人民法院、最高人民检察院在部分地区开展刑事案件速裁程序试点工作的决定》（以下简称"《刑事速裁试点决定》"），决定在北京市等18个城市开展为期两年的刑事案件速裁程序试点工作。同年8月22日，最高人民法院、最高人民检察院、公安部和司法部根据《刑事速裁试点决定》联合印发《关于在部分地区开展刑事案件速裁程序试点工作的办法》（以下简称"《刑事速裁试点办法》"）。适用速裁程序的两个条件②是："对指控的犯罪事实没有异议"和"同意人民检察院提出的量刑建议"，这其实就是"认罪认罚"概念的雏形。

作为一个新的词语，"认罚"最早出现在党的政策文件之中。在刑事速裁程序试点工作施行几个月后，党的十八届四中全会于2014年10月23日通过《中共中央关于全面推进依法治国若干重大问题的决定》（以下简称"《全面推进依法治国决定》"），提出了"完善刑事诉讼中认罪认罚从宽制度"的改革任务，但既没有解释什么是"认罚"，也没有提出具体的改革办法。在认罪认罚从宽制度改革方案出台之前，最高人民法院于2015年2月发布了《人民法院第四个五年改革纲要（2014—2018）》，提出要"完善刑事诉讼中认罪认罚从宽制度，明确被告人自愿认罪、自愿接受处罚、积极退赃退赔案件的诉讼程序、处罚标准和处理方式，构建被告人认

---

① 参见张文显主编《法理学》（第五版），高等教育出版社2018年版，第113页。
② 根据《刑事速裁试点办法》，对危险驾驶、交通肇事、盗窃、诈骗、抢夺、伤害、寻衅滋事、非法拘禁、毒品犯罪、行贿犯罪、在公共场所实施的扰乱公共秩序犯罪情节较轻、依法可能判处一年以下有期徒刑、拘役、管制的案件，或者依法单处罚金的案件，满足下列四个条件的，可以适用速裁程序：（1）案件事实清楚、证据充分的；（2）犯罪嫌疑人、被告人承认自己所犯罪行，对指控的犯罪事实没有异议的；（3）当事人对适用法律没有争议，犯罪嫌疑人、被告人同意人民检察院提出的量刑建议的；（4）犯罪嫌疑人、被告人同意适用速裁程序的。

罪案件和不认罪案件的分流机制，优化配置司法资源"。其中，虽然没有明确"认罚"的含义，但从具体表述来看，"认罚"指的是"自愿接受处罚、积极退赃退赔"的情形。

唯有通过正式的立法程序，"认罚"才能从一个政策概念上升为法律概念。《全面推进依法治国决定》提出的"认罚"概念，在性质上仍然属于政策概念。根据党中央的决策部署，特别是根据中央全面深化领导小组第26次会议于2016年7月23日审议通过的《关于认罪认罚从宽制度改革试点方案》（以下简称"《认罪认罚方案》"），全国人大常委会于2016年9月3日通过了《关于授权最高人民法院、最高人民检察院在部分地区开展刑事案件认罪认罚从宽制度试点工作的决定》（以下简称"《认罪认罚决定》"），授权最高人民法院、最高人民检察院在北京等18个城市开展刑事案件认罪认罚从宽制度试点工作，同时授权最高人民法院、最高人民检察院会同有关部门制定试点办法。至此，"认罚"正式成为一个法律概念。

然而，《认罪认罚决定》仍然没有直接规定"认罚"的具体含义。该决定第一条规定："犯罪嫌疑人、刑事被告人自愿如实供述自己的罪行，对指控的犯罪事实没有异议，同意人民检察院量刑建议并签署具结书的案件，可以依法从宽处理。"据此，我们可以认为，"认罪"指的是"犯罪嫌疑人、刑事被告人自愿如实供述自己的罪行，对指控的犯罪事实没有异议"，"认罚"指的则是"犯罪嫌疑人、刑事被告人同意人民检察院量刑建议并签署具结书"。换言之，《认罪认罚决定》以间接的方式确定了"认罚"概念的基本内涵，同时比较巧妙地回避了"认罚"的定义问题。然而，上述条文并非严格的关于法律概念的条文，而只是关于"认罪认罚从宽制度"的描述，且是留有余地的描述，即没有将认罪认罚从宽制度的外延局限于上述条文的内容，在法律适用与法律解释上均存在一定的弹性空间。

认罪认罚从宽制度试点改革结束之后，全国人大常委会于2018年12月修改《刑事诉讼法》，正式将认罪认罚从宽制度纳入其中。修订后的《刑事诉讼法》第15条规定："犯罪嫌疑人、被告人自愿如实供述自己的罪行，承认指控的犯罪事实，愿意接受处罚的，可以依法从宽处理。"与《认罪认罚决定》中的表述相比，"认罪"的法律含义没有发生变化，但是"认罚"的法律含义发生了较大的变化。具言之，由原来比较具体的"同意人民检察院量刑建议并签署具结书"转变为比较抽象的"愿意接受处罚",即在法律用语上回到了《人民法院第四个五年改革纲要（2014—2018）》的规定上。对比两种表述方式，"同意人民检察院量刑建议并签署具结书"是一种更加专业化的表达，而"愿意接受处罚"则是一种更加生活化的表达，"同意人民检察院量刑建议并签署具结书"侧重于对客观行为的描述，而"愿意接受处罚"侧重于对主观心理状态的描述。

从立法技术上看，"愿意接受处罚"只是"认罚"的同义反复，在形式上具有包容性，[①]但显得比较保守，且对司法实践缺乏应有的指引意义。2019年10月，最高人民法院、最高人民检察院、公安部、国家安全部和司法部联合发布了《关于适用认罪认罚从宽制度的指导意见》（以下简称"《指导意见》"），首次就"认罚"概念本身进行了详细解释："认罪认罚从宽制度中的'认罚'，是指犯罪嫌疑人、被告人真诚悔罪，愿意接受处罚。'认罚'，在侦查阶段表现为表示愿意接受处罚；在审查起诉阶段表现为接受人民检察院拟作出的起诉或不起诉决定，认可人民检察院的量刑建议，签署认罪认罚具结书；在审判阶段表现为当庭确认自愿签署具结书，愿意接受刑罚处罚。"与《刑事诉讼法》的规定相比，《指导意见》一方面增加了"真诚悔罪"的主观要件，另一方面明确了"认罚"在侦查、审查起诉和审判三个阶段的具体表现，除了在侦查阶段使用"愿意接受处罚"这种表述之外，在审查起诉与审判阶段都使用了其他更为具体的表述。然而，《指导意见》虽然进一步解释了"认罚"的内涵，但仍有许多没有解决的问题。例如，为什么要增加"真诚悔罪"这一"要件"？在侦查阶段，"表示愿意接受处罚"具体指的是什么？

（二）"认罚"的语言构造：一"认"两义

与"认罚"相比，"认罪"作为一个词语，其历史更为悠久。从造词法的角度来看，"认罚"这一新词语参照了"认罪"的语言结构与语言特征，并借用了"认"这一汉字，使"认罪认罚"这一词语显得简洁、对仗，具有语言形式上的美感。类似的词语或成语在汉语中比较常见，如"知己知彼""真心真意""忧国忧民""不偏不倚""亦步亦趋""任劳任怨"等。这些"ABAC式"的词语或成语的特点在于，第一个汉字和第三个汉字相同，且含义也相同。然而，在"认罪认罚"这个词语中，虽然第一个字和第三个字都是"认"字，但它们的含义是不同的。从这个角度

[①] 参见孙长永《认罪认罚从宽制度的基本内涵》，《中国法学》2019年第3期，第214页。

讲,"认罪认罚"这一新词虽然在形式上参照了传统成语的某种造词法,具有形式上的"美",但其实已经在一定程度上偏离了传统汉语的造词规则,违背了实质上的"美"。

从语言学的角度看,鉴于"认罪"与"认罚"均指代某类法律行为,因此,二者均是某一个句子的简称。在我国的刑事法律中,"认罪"的含义比较清晰,指的"犯罪嫌疑人、刑事被告人自愿如实供述自己的罪行,承认指控的犯罪事实",因此,"认罪"之"认"是"承认"之义。而作为一个新的法律概念,"认罚"的法律定义仍没有定型。如上所述,"认罚"有"同意人民检察院量刑建议并签署具结书""愿意接受处罚"等含义,据此可以认为,"认罚"之"认"是"认可"之义,即对法律处罚结果之认可。

"承认"与"认可"不仅在语义上存在区别,而且在法律性质上存在质的差异。"承认"指的是对某个事实的承认,是一种事实判断,而认可是对法律适用的认可,是一种专业判断与规范判断。[①] 这些差别决定了在进行制度构建与理论构建时需要有不同的思路与方法。我们虽然可以借用"认罪"这个词语中的"认"字,但不能将"认罪"的制度规则、制度经验、理论话语与理论体系硬套在"认罚"之上。从下文的分析可知,目前的制度构建、司法实践与理论研究都在这一问题上犯了或大或小的错误。

(三)"认罚"的语义分析

从司法实践的表现形态来看,"认罚"在不同场景中有多层含义。那种将"认罚"解释为"愿意受罚"[②]的概括过于抽象,忽略了不同情景下"愿意受罚"可能具有的不同含义。

第一,"认罚"表达的可能是"愿意接受法律制裁"的抽象意愿。在判决生效之前,被追诉人可能并不清楚自己会面临什么样的法律制裁,但表示"愿意接受法律制裁"。此种"意思表示"主要体现了某种抽象的认罪悔罪心理活动。在具体案件中,即便被追诉人表示"愿意接受法律制裁",但也有可能不同意、不接受检察机关的量刑建议或者法院的量刑判决。

---

① 参见刘方权《迈向中国式控辩协商——刑事速裁程序的未来走向》,载卞建林、杨松主编《推进以审判为中心的诉讼制度改革》,中国人民公安大学出版社、群众出版社2017年版,第511页。
② 参见陈卫东《认罪认罚从宽制度研究》,《中国法学》2016年第2期,第53页。

第二,"认罚"表达的可能是被追诉人表示接受一个未来的刑罚处罚决定,而该决定的内容是具体的或相对具体的。与第一种情形相似,被追诉人面临的法律制裁也是不明确的,但其是具体的、可预期的,即被追诉人对某一个刑罚预期表示认可。例如,当被追诉人被告知可能被判处三年有期徒刑时,被追诉人表示接受。被追诉人的刑罚预期既可能来源于检察机关的量刑建议,也可能来源于法院的量刑承诺。目前,我国法律中并没有关于法院量刑承诺的规定,但在认罪认罚从宽制度改革之前,我国的司法实践已经比较普遍地采用了法院提出量刑承诺的做法,一个典型例子是"预缴罚金从宽处理"。所谓"预缴罚金从宽处理",是指法官在作出一审判决之前作出承诺,如果被告人在一审判决之前提前缴纳某个数额的罚金,法官就将从轻处罚,假如被告人按照法官的指示提前缴纳罚金,法官便会遵守这一承诺,在主刑上从轻处罚。"预缴罚金"实质上是在判决未作出之前就进入执行阶段,这一做法不但缺乏法律的明确规定,且与《刑事诉讼法》第259条的规定相违背,但从概念上看,此种现象可以被列入"认罚"的范畴。从比较法的角度看,由法官作出量刑承诺,并非一种罕见的制度安排。例如,在德国,正式的认罪协商是在法官与被告人之间进行的,而根据德国的刑事诉讼法,在认罪协商的过程中,法官可以作出某种程度的量刑承诺,即在综合考虑案情和量刑情节的基础上,指出可能判处之刑罚的上限和下限。

第三,"认罚"表达的可能是行为人表示认可、接受一个确定的刑罚处罚决定。例如,行为人对于一审刑事判决中的量刑结果表示认可,不再提出上诉,或者在刑事执行阶段,行为人表示认可判决、不申诉,自觉接受改造。

(四)小结

通过对"认罚"概念演变历史的分析,我们可以发现,目前理论混乱或者实践失误的根源之一在于,我们对"认罚"这一新概念仍然没有科学的法律定义。其一,在对认罚"下定义"时,我国法律、司法解释或者规范性文件往往使用具有弹性的描述性规定,而没有采取明确的定义式规定。其二,从词源上看,虽然我们参考"认罪"这一词语创造了"认罚",但"认罚"之"认"的含义与"认罪"之"认"的含义具有本质上的差别,这给理论混乱埋下了一定的隐患。其三,在不同场景中,我们可能会使用内涵不同的认罚概念,因此会产生"一个概念具有不同内涵"的现象。对于一个新的法律概念，在其产生时，我们可以为了某种便利而借用表达不同含义的汉字；对于一项新的法律制度，在试点改革时，我们可以采用某种模糊的策略。然而，进入全面改革阶段以后，我们有必要根据司法规律与改革目的，结合我国既有的刑事诉讼制度，明确"认罚"的规范含义。

二 "认罚"概念的规范分析

"认罚"作为一个词语所可能表达的含义，与"认罚"作为一个法律概念所具有的含义，是两个不同范畴的问题。当"认罚"作为一个词语所可能表达的某种含义已经或者应当被其他法律概念所涵盖，作为一个法律概念的"认罚"就不能再包括此种含义。基于此种考虑，本书认为，"认罚"是指被追诉人对检察机关提出的处罚方案的认可。处罚方案主要包括两项内容：第一，是否提起公诉？第二，如果提起公诉，如何向法院提出法律适用的建议（包括定罪建议和量刑建议）？针对目前司法实践中存在的问题以及理论争议，有若干问题需要得到进一步的说明。

（一）侦查机关不能独立开展"认罚"活动

在侦查阶段，如果检察机关没有提前介入①，那么犯罪嫌疑人"愿意接受处罚"的意思表示并没有独立的法律意义，而只是"认罪"的一部分。一方面，犯罪嫌疑人自愿认罪，就意味着其接受"将被处罚"的结果；另一方面，"认罚"机制的引入并没有给侦查制度带来实质性的改变，犯罪嫌疑人在侦查阶段表示"愿意接受处罚"不会引起有实质意义的程序性后果。

需要指出的是，即便认为"认罪认罚从宽"是刑事诉讼的一项基本原则，也不意味着我们必须将"认罪认罚"这一概念写进关于侦查、审查起诉和审判各个阶段的规则。那种认为"有关侦查程序的法律条文中必须有'认罚'这一法律概念"的观点不仅仅是对"认罚"的误解，更是一种形式主义的体现。存在这种误解的根本原因在于没有弄清楚"认罚"与"认罪"的区别。"认罪"仅涉及犯罪嫌疑人、被告人关于犯罪事实的认识，

---

① 为行文简便，这里的"提前介入"，包括检察机关提前介入公安机关的侦查活动，和检察机关自行侦查两种情形。

因此，在侦查、审查起诉和审判阶段，均可以成立"认罪"。然而，"认罚"涉及对刑事处罚等法律适用的判断，这既非侦查阶段的任务，也非公安机关可以行使的权力。此外，如果认为在侦查阶段可以成立"认罪认罚"，那么，当犯罪嫌疑人在侦查阶段表示"愿意接受处罚"，但在审查起诉阶段无法与检察官达成量刑协议时，侦查阶段中的"认罪认罚"能否仍然成立？进而，法院能否因为被告人在侦查阶段的"认罪认罚"而对其"从宽处理"？

认罪认罚从宽制度是由一系列具体法律制度、诉讼程序组成的集合性法律制度。① 主张在侦查阶段可以成立"认罪认罚"，主要是为了实现"认罪认罚越早，从宽越多"的量刑规则。有学者强调侦查阶段可以适用认罪认罚从宽制度，并指出："从法理上讲，只要是自愿、真实的认罪认罚，当然是越早越好。因为越早，犯罪事实发现得就早，挽回或减少犯罪危害后果的机会就大，侦查破案、收集证据的难度、阻力就小。体现这一原理最集中、最典型的就是自首制度。……如果确认认罪认罚从宽制度不适用于侦查阶段，那是否意味着自首制度应该废除？"② 然而，一方面，"认罪认罚从宽制度适用于侦查阶段"本身就是一种笼统的说法。本书并不反对"认罪认罚从宽制度适用于侦查阶段"，但认为，在侦查阶段适用的是"认罪认罚从宽制度"中的认罪制度。上述学者观点所举例的"自首制度"即是"认罪"制度之一，与"认罚"制度无关。在我国目前的诉讼体制下，如果检察机关不介入侦查阶段，那么，"认罚制度"并没有得以运作的平台，因此，除非构建检察机关普遍介入侦查阶段的规则，否则"认罚规则"在侦查阶段无从建立。另一方面，要以法治思维与法治方式而非形式主义的方式去落实"认罪认罚越早，从宽越多"的量刑规则。"认罪"与"认罚"是两种不同的"量刑情节"，因此，必须首先考虑"认罪"对量刑的影响，而后才能考虑"认罚"对量刑的影响。也就是说，应首先确定基于认罪而可以减少多少刑罚（或者"基准刑"），而后再确定基于认罚可以减少多少刑罚（或者"基准刑"）。不能因为我们已将"认罪""认罚"两个概念放在一起使用，就笼统地将"认罪认罚"作

---

① 参见顾永忠《关于"完善认罪认罚从宽制度"的几个理论问题》，《当代法学》2016年第6期，第131页。
② 顾永忠：《关于"完善认罪认罚从宽制度"的几个理论问题》，《当代法学》2016年第6期，第136页。

为单一的量刑情节来看待。

（二）认罚与定罪建议的关系辨析

在认罚案件中，量刑建议是检察机关与被追诉人的合意的体现，产生此种合意的前提是检察机关与被追诉人之间就定罪建议也形成了合意。换言之，认罚的内容包括被追诉人对定罪建议的认可。所谓定罪建议，是指检察机关在起诉书中关于定罪问题的认定，包括以下几个内容：其一，认定被告人的行为是否构成犯罪，其中包括对正当防卫和紧急避险等违法阻却或责任阻却情形的认定；其二，认定被告人的行为是否触犯某个具体的罪名，或者触犯数个罪名；其三，认定被告人的行为属于既遂、未遂还是中止，另外，对于共同犯罪案件，还需认定被告人属于主犯还是从犯，等等。量刑建议是在法定刑范围内被作出的，而"定罪"是决定法定刑的前提，因此，若无在定罪问题上的一致意见，检察机关就无法与被追诉人就量刑建议达成一致意见。检察机关不能脱离罪名及其法定刑而直接与被追诉人就具体的量刑建议进行协商。例如，若关于构成盗窃罪还是侵占罪这一问题尚未达成共识，则检察机关不能跳过罪名上的分歧，直接和被追诉人达成"判处二年有期徒刑"的量刑建议的合意（协议）。

在传统的认罪案件中，被追诉人关于定罪问题的辩解既不会影响"认罪"的成立，也不会产生特别的程序性法律后果。例如，对于犯罪事实本身没有异议，但检察机关认定被追诉人的行为构成盗窃罪，而被追诉人主张构成侵占罪，在这种情况下，成立"如实供述"，即"认罪"，可以适用简易程序。在认罪认罚从宽制度试点改革的过程中，一些文献或者地方性实施细则仍然强调被追诉人对定罪问题的异议不影响"认罪认罚"。例如，《天津市高级人民法院、天津市人民检察院、天津市公安局、天津市国家安全局、天津市司法局关于开展刑事案件认罪认罚从宽制度试点工作的实施细则（试行）》就规定："对犯罪事实没有异议，仅对罪名认定提出异议的，不影响'如实供述'的认定。"又如，《西安市刑事案件认罪认罚从宽制度试点工作实施细则（试行）》进一步规定："仅对罪名提出异议的，不影响认罪认罚从宽制度适用。"这类做法显然没有意识到"认罚改革"给认罪制度带来的变化。有观点认为，如果被追诉人对指控的事实没有异议，虽然不认可指控的罪名，但同意检察机关依指控罪名所拟出的量刑建议,则可以适用认罪认罚从宽制度,罪名由法院依法判决。① 上述实施细则中的规定及相关学术观点将"定罪"与"量刑建议"相割裂,延续了传统认罪案件中的"办案思维",没有充分认识到"认罚"所带来的程序性变革,其得出的结论背离了法律的基本原理与逻辑,偏离了认罚的法理,具有明显的纯粹实用主义色彩。

实践中有一种特殊情形,即被追诉人承认事实、否认有罪(如认为其行为属于正当防卫),但在控辩协商中表示服从法院裁判。有学者认为,这仍然属于认罪认罚案件,被告人应当获得迅速审判的程序性收益和(或)从宽处理的实体性收益。② 这种见解显然是不能成立的。首先,既然控辩之间就"是否构成犯罪"这一重要问题没有达成一致意见,那么,就不应允许控辩双方达成"认罪认罚"的协议。其次,既然控辩之间存在重大分歧,那么,法庭审理就需要对此进行重点调查,对这类案件就不允许进行所谓的"迅速审判"。最后,法官如果最终认定被告人行为不构成正当防卫或者构成防卫过当,那么,即便没有"认罪认罚",也可以基于被告人当初承认事实而酌情考虑予以从宽处理。

学术界有不少观点主张,应将"定罪建议"作为"认罪"而非"认罚"的内容。有学者指出,认罪指的是"被告人对检察院指控的犯罪事实和罪名给予了认可",而认罚指的是"被告人对检察院提出的量刑建议不持异议"。③ 也有学者主张,"认罪"要求被追诉人承认指控的罪名,同时也指出,在适用刑事速裁的案件中,"认罪"必须包括承认指控的罪名,但在适用简易程序和普通程序审理的案件中,"认罪"则不需要包括承认指控的罪名。④ 还有学者指出,应当从实体法、程序法和证据法三个维度对认罪认罚从宽制度中的"认罪"进行解释,并认为"认罪"在不同诉讼阶段以及不同审判程序中具有不同的要求。⑤ 从语言表述上看,鉴于同样

---

① 参见鲜铁可、肖先华《认罪认罚从宽制度中检察机关听取意见机制探讨》,载胡卫列等主编《认罪认罚从宽制度的理论与实践——第十三届国家高级检察官论坛论文集》,中国检察出版社2017年版,第756页。
② 参见黄京平《认罪认罚从宽制度的若干实体法问题》,《中国法学》2017年第5期,第185页。
③ 参见陈瑞华《"认罪认罚从宽"改革的理论反思——基于刑事速裁程序运行经验的考察》,《当代法学》2016年第4期,第4页。
④ 参见赵恒《认罪及其自愿性审查:内涵辨析、规范评价及制度保障》,《华东政法大学学报》2017年第4期,第43页。
⑤ 参见孙长永《认罪认罚从宽制度的基本内涵》,《中国法学》2019年第3期,第208页。

有个"罪"字，所以，认为"对定罪建议的认可"属于"认罪"的内容，似乎更加符合逻辑，但这种观点是不能成立的。

首先，将"对定罪建议的认可"纳入"认罪"的范畴，将造成法律适用的混乱。在认罪认罚从宽制度改革之前，"认罪"仅指被追诉人对指控犯罪事实的"承认"，被追诉人关于犯罪事实的法律性质（即有关定罪问题）的异议并不影响"认罪"的成立。在被追诉人承认了检察机关所指控的犯罪事实这一前提下，但就实施的犯罪行为构成甲罪还是乙罪，构成一罪还是数罪，构成未遂还是既遂等问题与检察机关意见存在分歧，并不影响"认罪"的成立。有意见指出，被追诉人"若不接受司法机关认定的罪名，则不能认定为认罪认罚从宽中的'认罪'"，但"对此种情形的'认罪'依法按照坦白给予从宽处理"。① 这无疑是认为，在同一个刑事法律制度下有两个不同的"认罪"概念，这在方法论与解释学上都存在无法克服的逻辑缺陷，因此不是理想的解决方案。在认罪认罚从宽制度改革之前，学术界、实务界与有关法律规范对"认罪"概念都有了基本的共识，法律体系中也有比较成熟的规则体系，若为了顺应认罪认罚从宽制度的改革而贸然更改"认罪"的内涵，或者人为制造两个认罪概念，则恐怕会造成法律体系、理论研究和司法实践的混乱，因此，"对定罪建议的认可"不应该加入"认罪"的内涵。

其次，"定罪"本身就是一种处罚，将"对定罪建议的认可"纳入"认罚"范畴，不存在法律与逻辑上的障碍。根据我国《刑法》规定，在某些案件中，可以对犯罪分子只宣告有罪（定罪），但免予刑事处罚。这同样是一种处罚结果，因为"宣告有罪但免予刑事处罚"是对犯罪行为的否定评价和对犯罪人的谴责，同样具有刑事制裁的实质内容。② 因此，"对定罪建议的认可"本质上是对一项处罚内容的认可，应纳入"认罚"概念之中。

综上，"对定罪建议的认可"是认罚的重要组成部分。据此，需要重新理解《刑事诉讼法》第201条中"起诉指控的罪名与审理认定的罪名不一致"的含义。当人民法院认为起诉指控的罪名不准确时，法律后果不仅

---

① 参见蒋安杰《认罪认罚从宽制度若干争议问题解析（上）——专访最高人民检察院副检察长陈国庆》，《法制日报》2020年4月29日第9版。
② 参见张明楷《刑法学》（第五版），法律出版社2016年版，第502页。

仅是"不采纳人民检察院指控的罪名和量刑建议",还包括应该宣告"认罚无效",并根据具体的情况作出不同的处理。

(三)认罚行为与认罚审查行为的区分

在法院审理阶段,要区分"认罚审查行为"与"认罚行为"两种不同性质的刑事诉讼活动。《指导意见》指出,认罚"在审判阶段表现为当庭确认自愿签署具结书,愿意接受刑罚处罚"。这种理解既混淆了"认罪"与"认罚",也混淆了"认罚"的审查行为与"认罚"行为本身。一方面,如上所述,"愿意接受刑罚处罚"是"认罪"的附带效果,不是"认罚"的内容。在控辩双方达成量刑建议合意后,法院不能再审查抽象的"愿意接受刑罚处罚"的意思表示,而应当对具体的"量刑建议合意"进行司法审查。另一方面,在庭审中,"当庭确认自愿签署具结书"是法官审查认罪认罚自愿性、合法性的一部分,即属于认罚审查行为的范畴,它并不是"认罚"的本体内容。在庭审过程中,我国存在着非正式的认罚行为——罚金提前缴纳,但在现行法律制度下,审判阶段中的认罚行为只能表现为检察机关在审判程序中与被告人达成量刑建议协议。这可能有两种情形:其一,在审判程序开始之前,检察机关与被告人没有达成量刑建议合意,被告人没有签署具结书,但在庭审过程中,检察机关与被告人达成了量刑建议合意;其二,根据《刑事诉讼法》第201条第2款,由于法院认为原来的量刑建议明显不当,所以检察机关与被告人重新达成量刑建议合意。

(四)认罚与"真诚悔罪"关系之澄清

《指导意见》指出:"'认罚',是指犯罪嫌疑人、被告人真诚悔罪,愿意接受处罚。"相较于《刑事诉讼法》之规定,《指导意见》增加了"真诚悔罪"这一"构成要素"。《指导意见》还指出:"'认罚'考察的重点是犯罪嫌疑人、被告人的悔罪态度和悔罪表现,应当结合退赃退赔、赔偿损失、赔礼道歉等因素来考量。犯罪嫌疑人、被告人虽然表示'认罚',却暗中串供、干扰证人作证、毁灭、伪造证据或者隐匿、转移财产,有赔偿能力而不赔偿损失,则不能适用认罪认罚从宽制度。"与上述规定相类似,有学者强调,犯罪分子退赃退赔是"认罚"的应有之义,因为认罪认罚从宽制度需要体现犯罪嫌疑人的悔罪性,而积极主动退赃退赔、弥补损失正是悔罪性的表现。① 本书认为，在犯罪嫌疑人、被告人不真诚悔罪的案件中，确实应当慎用认罪认罚从宽制度，但上述有关规定与观点缺乏严谨的程序法思维，在表述上存在一定缺陷，容易让人产生误解。真诚悔罪虽然是在司法实践中适用认罪认罚从宽制度的条件之一，但其本身并非"认罚"的内容。

首先，对于犯罪嫌疑人、被告人是否"悔罪"，需要综合各方面的因素来判定。除退赃退赔、赔偿损失、赔礼道歉等因素外，"认罪认罚"本身也可以是悔罪的一个体现。因此，在概念上，不能将"悔罪"定位为"认罚"的要素。在司法实践中，即使办案人员只有在考察被追诉人其他悔罪表现之后才能决定是否适用认罪认罚从宽制度，但这也只表明，被追诉人的其他悔罪表现是适用认罪认罚从宽制度的前提，而不能说明其他悔罪表现是"认罚"的内涵。更重要的是，即使被追诉人不认罚，我们也不能得出被追诉人不悔罪的结论。"不认罚"在法律上的意义其实就是被追诉人与检察机关就法律适用问题没有达成一致意见，这与悔罪没有必然的联系。对法律适用问题的理解并不属于悔罪的范畴，其代表的只是被追诉人及其律师的法律水平，而且在个案中，并不能绝对地认为检察官的法律水平一定高于被告人或其律师的水平。检察机关行使的是起诉权，并非裁判权，对其准确性的质疑本来就是辩护权的要义所在，因此，不应当得出"被追诉人不真诚悔罪"等不利于被追诉人的结论。

其次，在没有其他悔罪表现的情况下，单纯的认罪认罚能够在个案中成为从宽处理的理由。一方面，我国《刑法》第 67 条关于坦白、自首可以从轻处罚的规定，并没有要求犯罪嫌疑人、被告人有其他悔罪表现；另一方面，在一些个案中，特别是在证据比较薄弱、认罪认罚成为关键证据的案件中，即便没有其他悔罪表现，也可以适用认罪认罚从宽制度。此外，在司法实践中，真正因为感到懊悔而认罪的被追诉人可能仅占少数，一般人往往只是因为趋利避害的人性而选择诉讼策略，② 因此，要在一般案件中证明被追诉人真诚悔罪往往是不可能完成的任务。

最后，上述规定及学术观点的最大缺陷在于，其没有注意到"认罪"

---

① 参见陈卫东《认罪认罚从宽制度研究》，《中国法学》2016 年第 2 期，第 53—54 页。
② 参见张建伟《协同型司法：认罪认罚从宽制度的诉讼类型分析》，《环球法律评论》2020 年第 2 期，第 49 页。

与"认罚"的区别。"认罪"可以是被追诉人的单方面意思表示，但是，"认罚"活动类似于合同，是检察机关与被追诉人之间互动的过程，因此，不存在依据被追诉人单方面意思表示即成立认罚的情形。换言之，如果被追诉人"暗中串供、干扰证人作证、毁灭、伪造证据或者隐匿、转移财产，有赔偿能力而不赔偿损失"，那么，检察机关就不能启动认罚程序，不能接受被追诉人的认罚表示，进而就不存在认罚。如果被追诉人在与检察机关达成量刑建议合意之后实施上述行为，则检察机关或者法院应当告知被追诉人原有合意无效，不适用认罪认罚程序。检察机关或者法院不能在被追诉人不知情的情况下单方面认定量刑建议无效，更不能在"认罚无效"的情况下，仍然适用相关的程序，变相剥夺被追诉人的合法权益。

（五）认罚引发的刑事处罚规则改革

"可以从宽处理"既是认罪认罚的法律后果，亦是一项新的刑事处罚规则。刑事处罚规则本身并不属于认罚的内涵，但是，探讨这项规则的内容，特别是探讨其与认罚的关系，可以让我们更清楚地了解其内涵，并认识到认罪与认罚的重要区别。

实践中容易犯的一种错误是，在讨论"认罪认罚"的法律后果时，容易将"认罚"视为一项纯粹的量刑情节，而忽视其特殊的程序法内涵。例如，《指导意见》指出："可以从宽不是一律从宽，对犯罪性质和危害后果特别严重、犯罪手段特别残忍、社会影响特别恶劣的犯罪嫌疑人、被告人，认罪认罚不足以从轻处罚的，依法不予从宽处罚。"这项规定表面上合情合理合法，但误以为"认罪认罚"与"认罪"一样，仅是一项量刑情节。

首先，从理论上而言，"认罚"本质上不是一项量刑情节，而是一项被追诉人与检察机关达成合意的特殊程序性制度。对于被追诉人而言，合意达成的前提是检察机关愿意提出从宽处理的处罚方案，如果处罚方案中不包含从宽处理的元素，合意就无法达成，就不存在所谓的"认罪认罚"。换言之，"认罪认罚可以从宽"不应当被理解为"认罪认罚可以不从宽"，而应当被解释为"如果不从宽就不适用认罪认罚制度"。

其次，在司法实践中，如果检察机关认为案件存在"不足以从轻处罚"的理由，那么，该案就不能适用认罪认罚从宽制度。在这种情形下，应当保障被追诉人的知情权，公安机关、检察机关不能以隐瞒法律后果的方式骗取被追诉人的口供之后，再以"后果特别严重"为由拒绝从宽处罚。这一"法理"在一些地方试点的实践中得到体现。例如,《山东省高级人民法院、山东省人民检察院、山东省公安厅、山东省国家安全厅、山东省司法厅关于在济南、青岛地区开展刑事案件认罪认罚从宽制度试点工作的实施细则》曾规定,犯罪嫌疑人、被告人犯罪性质恶劣,作案手段残忍,社会危害严重,认罪不足以从宽处罚的,不适用认罪认罚从宽制度。借鉴此规定,《指导意见》的相关规则应当被修改为:"对犯罪性质和危害后果特别严重、犯罪手段特别残忍、社会影响特别恶劣的犯罪嫌疑人、被告人,认罪认罚不足以从轻处罚的,不适用认罪认罚从宽制度。公安机关、检察机关应当明确告知犯罪嫌疑人、被告人不适用该制度及其法律后果。"

最后,需要补充说明的是,在《刑法》没有修改的前提下,由《刑事诉讼法》单独规定量刑规则,并不违反法治原则。可能有人会疑虑,如果将《刑事诉讼法》中的有关规定解释为"认罪认罚必须从宽",会否突破《刑法》的规定?本书认为,虽然有所突破,但仍是符合法治原则的做法。一方面,《刑法》和《刑事诉讼法》均属于"法律",二者就犯罪与刑罚问题作出规定,均符合罪刑法定原则。《刑法》与《刑事诉讼法》的分工并非绝对,不能认为关于"量刑情节"与"量刑规则"的条文只能由《刑法》制定。另一方面,《刑事诉讼法》就一些"实体法"内容作出突破,并非首次。现行《刑事诉讼法》中有关犯罪人与被害人之间可以达成刑事和解及"刑事和解从宽处理"等规则就已经突破了《刑法》的有关规定。退一步而言,即使《刑事诉讼法》规定"认罪认罚必须从宽",其也只是《刑法》第67条"认罪可以从轻处罚"的下位规则,并没有对《刑法》作出实质性的修正。

(六) 认罚与刑事和解

在认罪认罚从宽试点改革实践中,一些地方在制度上或者个案中将刑事和解作为适用认罪认罚从宽制度的条件之一。也有学者在理论上区分狭义的认罚与广义的认罚,而所谓的广义认罚比狭义的认罚增加了"民事赔偿和解"的要求。在此基础上进一步指出,《认罪认罚办法》的特别规定优先适用于既有的刑事法律规定,即在认罪认罚从宽制度语境下,刑事和解制度中的"刑事成分"已被虚化，仅存民事赔偿和解。[①] 换言之，被追诉人认罪认罚且达成刑事和解的案件不再适用刑事诉讼法刑事和解的有关规定，直接适用认罪认罚从宽制度。然而，这种观点在逻辑上与制度适用上都是行不通的。

首先，从逻辑上而言，"认罚"与"刑事和解"是两个不同概念、两种不同诉讼行为，其法律后果虽然相似但毕竟是不一样的。因此，我们不能人为地创设一个所谓广义的认罚概念将二者合二为一。

其次，从制度上而言，认罪认罚从宽制度与刑事和解制度的基本价值与制度功能是不一样的，强行嫁接二者只会造成制度适用的混乱。纵使民事赔偿和解可能有实现案结事了、量化认罚从宽的功能[②]，但是这些功能脱离"认罚"范畴，即单凭刑事和解制度也能发挥，无须将其嫁接在认罪认罚从宽制度中。

最后，在一些案件中，可能同时符合认罪认罚制度和刑事和解制度的适用条件，这里就涉及制度适用冲突或者"法条竞合"问题。解决这一问题的方法是制定相应的竞合规则，而不是强行地将两项制度合二为一。"合并"看似解决问题，实际上却制造了更大的麻烦：当两项制度不发生竞合的情况下，认罪认罚从宽制度将不能适用。从这个角度而言，所谓"广义"的认罚概念，消解的不是刑事和解制度的"刑事成分"，而是消解了认罪认罚从宽制度本身。对于此问题，上海市的规定提供了一个比较好的解决方案。根据上海市的规定："审理认罪认罚案件，应当综合案件情况，统筹把握从宽幅度，防止各量刑情节的简单加减。兼有多个从轻、从宽情节的，从宽的刑罚量一般不得多于基准刑的二分之一；对于积极赔偿被害人损失、取得被害人谅解且已履行完毕的案件，从宽的刑罚量可适当增加；对于犯罪情节轻微，不需要判处刑罚的，可以免于刑事处罚。"从此规定也可以看出，认罚与民事赔偿和解两个概念可以并列，认罪认罚从宽制度与刑事和解两项制度可以共存，现实中并不存在制度上适用的难题或者缺陷，将二者糅合在一起完全是多余的。

[①] 参见黄京平《认罪认罚从宽制度的若干实体法问题》，《中国法学》2017年第5期，第191、193页。

[②] 参见黄京平《认罪认罚从宽制度的若干实体法问题》，《中国法学》2017年第5期，第193—194页。

三 "认罚"的核心要义

在确定"认罚"的法律含义之后,我们还需要进一步探讨的基础性问题是:作为司法改革的一项内容,"认罚"到底给中国刑事诉讼法律制度及法学理论带来了什么样的重大变革?这其实是涉及"认罚"核心要义的问题。理论界与实务界均有共识的是,"认罚"给中国刑事诉讼法律制度带来的最大变革在于,其引进了"控辩协商"的元素。然而,仍然存在着许多没有形成共识的问题。例如,从本质上看,这种"控辩协商"在我国《刑事诉讼法》中属于什么性质?从程度上看,这种改革到底"走到多远",是否已经达到美国等国家的辩诉交易制度的程度?有学者指出,只有"借助认罪认罚从宽处理程序引入辩诉交易制度,才算得上是一项新的司法改革内容"[①]。在改革过程中,以辩诉交易制度为代表的境外认罪协商制度无疑为完善我国认罪认罚从宽制度提供了重要参考,但是不能简单地认为认罪认罚从宽制度改革就是引入了辩诉交易制度。我们需要结合法律条文与司法实践,从理论上解释"交易"或者"协商"元素是如何融入我国刑事诉讼制度的,并从中窥探"认罚"的核心要义。

(一)协商的内容

"认罚"是被追诉人对检察机关提出的处罚方案的认可,其中,主要是对定罪建议与量刑建议的认可。从逻辑上看,这种认可既可以是被追诉人单方面的认可,也可以是控辩协商后的认可。从字面上看,"认罚"似乎意味着由检察机关提出处罚方案,犯罪嫌疑人、被告人只能选择接受或者拒绝,但这种理解既不符合改革的初衷,也不符合中国的司法实践。

1. 定罪建议与协商

基于罪刑法定原则,罪名确定等定罪问题需要严格遵守法律的规定,不存在控辩协商的余地。但是,对于被追诉人所实施的危害行为的刑法意义,控辩双方可能会有不同理解。例如,对于某一行为是犯罪既遂、犯罪未遂还是犯罪中止,是正当防卫还是防卫过当,是构成抢夺罪还是抢劫罪等问题,控辩双方可能存在意见分歧。如果分歧无法得到解决,双方就不能进一步就量刑建议进行协商。为了消除分歧,达成共识,控辩双方在审

---

① 张建伟:《认罪认罚从宽处理:中国式辩诉交易?》,《探索与争鸣》2017年第1期,第71页。

前阶段必须就定罪建议的有关问题进行某种形式的讨论。这种讨论在形式上与协商没有太大的区别，但控辩双方就定罪问题进行的任何形式的协商及所达成任何形式的合意，对人民法院都没有约束力，人民法院只能根据行为事实与《刑法》而非控辩合意对定罪问题作出判决。

2. 量刑建议与协商

与定罪问题只有"唯一"答案不同，由于绝大多数犯罪的法定刑会存在一定的量刑幅度，因此，量刑问题的答案不具有唯一性，控辩双方有协商的余地。在法律上能否允许控辩双方协商并形成合意，则属于刑事政策的选择问题。既然《刑事诉讼法》在规定认罪认罚从宽制度时并没有明确使用"协商"这一概念，那么，我们如何判断《刑事诉讼法》做出了怎样的政策选择呢？

从法律文本的表述来看，我国对"控辩协商"采取了模糊策略，这反映了政策上的谨慎以及法律观念上的障碍。在试点改革时期，国家法律、政策性文件、规范性文件、司法解释等，均未使用"协商"一词，但个别城市的规范性文件明确了协商的"合法性"。例如，上海市高级人民法院、上海市人民检察院联合制定的《刑事案件认罪认罚从宽制度试点工作实施细则（试行）》明确规定，"办理认罪认罚案件，要坚持协商一致原则"。在全面改革时期，修改后的《刑事诉讼法》并没有引入"协商"的概念，且从《刑事诉讼法》第173条的条文表述来看，认罪认罚程序属于"听取意见程序"，而非认罪协商程序。[①]《指导意见》第33条第一次在适用于全国范围的规范性文件中使用了"协商"的概念，即"犯罪嫌疑人认罪认罚的，人民检察院应当就主刑、附加刑、是否适用缓刑等提出量刑建议。人民检察院提出量刑建议前，应当充分听取犯罪嫌疑人、辩护人或者值班律师的意见，尽量协商一致"。此规定没有直接使用"量刑协商"概念，但承认了控辩双方就量刑问题进行协商的合法性。不过，其中所谓的"尽量协商一致"，是否意味着，在协商不一致的情况下，检察机关也可以提出量刑建议？在协商不一致的情况下，如何能让被追诉人签署认罪认罚具结书？由此可见，《指导意见》仍反映了决策者对于"控辩协商"的高度

[①] 参见闫召华《听取意见式司法的理性构建——以认罪认罚从宽制度为中心》，《法制与社会发展》2019年第4期，第56页。

戒备心理,依旧延续了"暗度陈仓"式的改革思路。①

从司法实践的现实情况来看,量刑协商已经成为"公开的秘密"。"创设独具特色的量刑协商程序,促进控辩双方从对抗走向合作"被认为是改革的一个重要成果,②但由于法律没有明确规定,所以在实践中,控辩双方的协商明显不足,一些地方甚至认为,对于检察机关提出的量刑建议,被追诉人要么同意,要么不按认罪认罚案件办理,这使"认罚"异化为迫使被追诉人同意量刑建议的制度。③

关于"认罚"是否意味着允许"控辩协商",理论上也是有争议的。反对意见指出,在被追诉人签署具结书的过程中,虽然有控辩协商的成分,但不意味着被追诉人拥有讨价还价的权利。④虽然检察机关应听取被追诉人的意见,双方可就认罪认罚达成合意,但被追诉人只有接受或者不接受的权利,没有讨价还价并提出反建议的权利。⑤还有学者指出,对被追诉人的主动认罪认罚进行从宽处罚的程序机制,包括交易协商供给机制和法定职权供给机制。在前一种机制下,刑罚优待是控辩双方在一定证据基础上讨价还价的结果;在后一种机制下,刑罚优待则是检察官依职权申请、法官依职权确定的制度。在我国,认罪认罚从宽制度改革应当采取后一种机制,即不能引入协商程序。⑥相反的观点则认为,认罪认罚从宽制度改革标志着具有中国特色的认罪协商制度改革正式展开,⑦完善认罪认罚从宽制度的重点是建立认罪认罚协商从宽制度,⑧或者说,完善认罪认

---

① 参见刘灿华《"认罚"制度改革的实践图景与理论展开》,《治理研究》2019年第5期,第128页。
② 参见胡云腾主编《认罪认罚从宽制度的理解与适用》,人民法院出版社2018年版,第277页。
③ 参见胡云腾主编《认罪认罚从宽制度的理解与适用》,人民法院出版社2018年版,第280页。
④ 参见北京市高级人民法院刑一庭《刑事案件认罪认罚从宽制度综述》,《人民法治》2017年第1期,第12页。
⑤ 参见鲜铁可、肖先华《认罪认罚从宽制度中检察机关听取意见机制探讨》,载胡卫列等主编《认罪认罚从宽制度的理论与实践——第十三届国家高级检察官论坛论文集》,中国检察出版社2017年版,第754页。
⑥ 参见左卫民《认罪认罚何以从宽:误区与正解》,《法学研究》2017年第3期,第170页。
⑦ 参见叶青、吴思远《认罪认罚从宽制度的逻辑展开》,《国家检察官学院学报》2017年第1期,第9页。
⑧ 参见顾永忠、肖沛权《"完善认罪认罚从宽制度"的亲历观察与思考、建议——基于福清市等地刑事速裁程序中认罪认罚从宽制度的调研》,《法治研究》2017年第1期,第58页。

罚从宽制度的核心是构建中国式认罪协商程序。① 也有学者强调，控辩双方的协商只能适用于案件事实清楚、证据确实充分的案件，双方只能就量刑问题——犯罪嫌疑人自愿认罪而获得的可能优惠——进行协商，不能就定罪问题——罪名、罪数——进行协商或者交易，还要防止检察机关在事实不清、证据不足的案件中试图以认罪认罚之名，减轻或者降低其证明责任。②

本书认为，认罚的核心要义是协商式量刑建议，"协商"是"认罚"的本质要求，无"协商"即无"认罚"。从协商的内容来看，既包括量刑信息的协商，也包括量刑建议的协商。从协商的过程来看，包括被告人接受检察官的量刑建议、检察官接受被追诉人的意见而提出量刑建议、控辩双方通过反复讨论而达成双方都可接受的量刑建议等情形。"检察机关提出量刑建议，被追诉人只能被动表示认可"的情形，与传统的办案模式没有本质区别，因此不需要新的"认罚"机制予以解决，更不能产生认罚的法律效果。对于"协商"，可能需要在法治理念上实现转变。一方面，"协商"既不是洪水猛兽，也不等同于讨价还价，它只是刑事辩护在审查起诉阶段的一种特殊形态；另一方面，在观念上，不能将"协商"等同于美国的辩诉交易制度。许多国家规定了与美国的辩护交易制度不相同的刑事协商制度，因此，我国当然可以也应当构建一种符合我国国情与刑事司法制度的协商制度。

（二）认罚与量刑建议的两种模式

通过"认罚"引入"协商式量刑建议"，是量刑制度特别是量刑建议制度改革的延续。在我国，量刑建议制度本身仍没有得到《刑事诉讼法》的全面承认，其仍然属于司法改革的一项阶段性成果。

2000年前后，一些地方检察机关进行了量刑建议的试验改革，被认为取得了较好的成效。2005年7月，最高人民检察院正式下发《人民检察院量刑建议试点工作实施意见》，量刑建议制度正式在全国各地检察院施行。随后，最高人民法院、最高人民检察院、公安部、国家安全部、司法部联合发布《关于规范量刑程序若干问题的意见（试行）》（以下简称"《量刑程序意见》"），建立了相对独立的量刑程序，并规定了量刑建议制度。至

---

① 参见胡铭《认罪协商程序：模式、问题与底线》，《法学》2017年第1期，第170页。
② 参见陈卫东《认罪认罚从宽制度研究》，《中国法学》2016年第2期，第54页。

此，量刑建议改革不再是检察机关单方面推动的改革，而是得到了比较全面的接受。但2012年修改后的《刑事诉讼法》并没有明确规定量刑建议制度，2018年修改后的《刑事诉讼法》也仅在与认罪认罚相关的条文中规定了"量刑建议"，没有正式承认"量刑建议"是刑事诉讼的一项基本制度。

量刑建议制度改革，在理论上和实践上都有重要意义。从刑事法学理论上而言，量刑建议制度的推行，相应地产生了"建议刑"这一范畴。目前，我国刑法学中已经出现法定刑、处断刑、宣告刑与基准刑的概念，量刑建议制度的推行，在理论上就顺理成章地产生"建议刑"这一概念。不过目前刑事诉讼法学界似乎没有人提出这一概念，而我国刑法学界由于往往缺少刑事诉讼法研究的自觉，因此也没有提出相应的概念。从司法实践与制度构建角度而言，量刑建议是量刑程序改革、构建量刑程序的重要支柱。通过量刑建议，使法庭的量刑活动具有两造对抗的结构，使量刑过程变得更加公开、抗辩和透明，[①] 并形成独立或者相对独立的量刑程序。这就改变了以往法庭调查注重定罪问题、忽视量刑问题，量刑往往由法官单方面直接裁判的局面，从而有效地限制、规范法官在量刑问题上的裁量权。

尽管"量刑建议"具有重要意义，但是对其在法律上的效力不能过高的期望。首先，量刑建议权属于公诉权的一部分，是一种司法请求权，不具有终局效力，检察机关提出的量刑建议对法院的量刑裁判不具有必然的约束力，而只是法院裁判的一个参考。其次，量刑建议不具有启动量刑程序的效力。根据《量刑程序意见》，我国实行的是相对独立的量刑程序，而非独立的量刑程序，因此所谓的"量刑程序"由法官主导，并不需要检察机关来启动。再次，量刑建议没有限定量刑裁判范围的效力。检察机关提交的量刑建议书所载明的量刑事实、量刑证据，对法官裁判活动有重要作用，但是法官可以依职权自主调查新证据、认定新的量刑事实。此外，除检察机关提出的量刑建议外，被害人（或者附带民事诉讼原告人）及其诉讼代理人、被告人及其辩护人均可以发表量刑意见，量刑建议和量刑意见都是法院进行量刑裁判的依据。最后，宣告刑（量刑裁判）不受建议刑

[①] 参见陈瑞华《论量刑程序的独立性——一种以量刑控制为中心的程序理论》，《中国法学》2009年第1期，第168—169页。

（量刑建议）的限制。《量刑程序意见》只是对法院作出了"说理"的要求，即人民法院的刑事裁判文书中应当说明是否采纳公诉人量刑建议的理由。

在适用认罪认罚从宽制度的案件中，检察机关提出量刑建议的方式、量刑建议的法律后果都发生了重大变化，从而形成了一种新的模式。本书将传统的量刑建议模式称为"职权式的量刑建议"，而将认罪认罚从宽制度下的量刑建议模式称为"协商式的量刑建议"。

1. 量刑建议的职权模式

根据前期改革和《量刑程序意见》所建立的量刑建议制度，遵循的是职权模式，即检察机关按照传统公诉权的运行方式，依职权单方面向法院提出量刑建议。

（1）量刑建议职权模式的主要特征

第一，检察机关是否提出量刑建议不具有强制性。量刑建议及量刑程序虽然经历了多年的改革，但是改革成果并没有被2012年《刑事诉讼法》所吸纳，而《量刑程序意见》只是规定"对于公诉案件，人民检察院可以提出量刑建议"。因此，虽然检察机关提出量刑建议已经成为公诉案件的一种常态，但这并没有法律强制力，检察机关即使不提出量刑建议也不会有任何不利的程序性法律后果。

第二，检察机关根据自身搜集的量刑信息提出量刑建议。检察机关提出量刑建议，也需要"以事实为根据，以法律为准绳"。检察机关根据案件的具体情况收集与量刑有关的"事实材料"（证据）和法律规范（如刑法有关从轻、减轻处罚的规定；司法解释有关量刑的指导意见等），形成量刑信息，并根据量刑信息提出量刑建议。在此过程中，检察官基本上是凭自身职权完成这项任务。实践中，有关量刑事实材料，主要来自侦查机关移送的案卷笔录；必要时检察机关还需要进行一些补充调查工作。

第三，由于主客观的原因，检察机关提出的建议刑，一般具有比较大的幅度。客观上，《量刑程序意见》明确要求"量刑建议一般应当具有一定的幅度"。主观上，由于量刑建议对于法官没有绝对的约束力，为了提高法院的采纳率，检察官倾向于提出相对宽的量刑建议幅度。

第四，在庭审阶段，量刑建议是控辩双方的主要辩论对象之一。实践中大部分案件的被告人已经认罪，因此控辩双方的主要争论主要在于量刑。如果没有量刑建议这一"靶子"，控辩双方可能各说各话、没有交集，从而影响庭审效率，法官量刑裁判亦可能无的放矢，让人难以预测。有了"量刑建议"这一载体，被告人及其辩护人可以有针对性地采取辩护策略，特别是提出量刑建议书没有提及的从轻、减轻情节，使被告人获得比建议刑更宽缓的刑罚。

第五，职权式的量刑建议对法院只有弱约束力，即法院有绝对的自由裁量权去决定是否接受该量刑建议。法理上而言，量刑建议属于行使公诉权的表现之一，它仅仅是一种"建议"，对于法院而言并没有约束力，只有提醒法院审慎量刑的功能以及作为检察机关一审后是否提出抗诉的参照[①]。从制度功能与定位而言，量刑建议虽然能更好地规范法官的量刑活动，但《量刑程序意见》规定法院只有说明是否采纳量刑建议的义务，并没有采纳量刑建议的义务。

（2）量刑建议职权模式的不足

首先，量刑建议具有一定的局限性，具体表现为量刑信息的不完整性、量刑信息的不准确性、量刑方案的不确定性、检察官的不中立性等[②]。特别是为提高量刑建议的有效性，检察机关需要更积极地调查量刑事实，但自量刑建议制度推行以来，侦查机关和检察机关都没有做到这一点，[③] 其工作的重心还是保证定罪证据能够达到法定的标准。

其次，从制度的运行效果来看，在当前我国律师辩护率持续偏低、律师量刑辩护效果不理想的情况下，大部分案件的量刑程序（庭审程序）都是围绕着量刑建议来开展法庭调查和法庭辩论，法官很少会积极主动依职权在量刑建议范围以外进行调查，[④] 因此，一方面，被告人及其辩护人如果无法提供新的有力的量刑信息，则法院有非常高的概率会直接接受检察机关的量刑建议，表面上达到了"规范法院自由裁量权"的改革目的；另一方面，由于量刑辩护效果不佳，以增加量刑程序对抗性为目的的改革难以说是获得成功的。

2. 量刑建议的协商模式

在适用认罪认罚从宽制度办理的案件中，检察机关向法院提交的量刑建议体现的并非检察机关的单方面意志，而是控辩双方的合意。这种新型

---

① 参见朱孝清《论量刑建议》，《中国法学》2010年第3期，第6—7页。
② 参见陈瑞华《量刑程序中的理论问题》，北京大学出版社2011年版，第168页以下。
③ 参见陈瑞华《论量刑信息的调查》，《法学家》2010年第2期，第17页。
④ 参见陈瑞华《量刑程序中的理论问题》，北京大学出版社2011年版，第182页以下。

的量刑建议机制获得了与以往不同的意义与特征，形成了一种新模式，本书称为量刑建议的协商模式。

（1）量刑建议协商模式的主要特征

与职权模式相比，协商模式具有以下特征。

第一，检察机关提出量刑建议，是认罪认罚从宽制度的核心内容，具有强制性。这里的"强制性"是指，控辩双方如果想适用认罪认罚从宽制度，就必须达成量刑建议的合意。体现控辩双方合意的量刑建议，是认罪认罚从宽案件与传统案件的本质区别，也是启动相关审判程序（包括刑事速裁程序等）的关键条件。

第二，检察机关在控辩双方合意的基础上提出量刑建议。检察机关提出的量刑建议必须获得被追诉人的认可。这种认可不是简单地对某个"数字"（刑罚的量）的认可，还包括对量刑建议所依据的量刑信息（包括量刑事实和量刑法律）的认可。因此，《刑事诉讼法》第173条所规定的检察机关听取意见的范围或者说控辩双方协商的对象包括建议刑与量刑信息两个方面，前者属于"法律适用"的范畴，后者则既涉及法律问题——适用哪些与量刑相关的法条，也涉及事实问题——影响量刑的事实有哪些。

第三，检察机关提出的建议刑应尽量精确具体。《认罪认罚办法》对量刑建议的精准性提出了比较高的要求，[①]《指导意见》则进一步要求，"办理认罪认罚案件，人民检察院一般应当提出确定量刑建议"。在认罪认罚的情况下，由于被追诉人放弃了诸多诉讼权利，所以，必须增强其法律后果的可预见性，唯有如此，才能保障权利放弃的自愿性与明智性。一个宽泛的优惠承诺很容易异化为欺骗被追诉人以使其放弃权利的工具。

第四，协商式的量刑建议对法院具有较大的影响力。《刑事诉讼法》第201条规定，在认罪认罚案件中，人民法院一般应当采纳人民检察院的量刑建议。可见，认罪认罚从宽制度改革赋予了量刑建议一定的法律约束力，量刑建议权已经并非单纯的司法请求权。就控辩双方的主观意愿而言，说服法院采纳量刑建议是控辩双方在庭审阶段的共同努力目标。在实践中，一些认罪认罚案件中的被告人或其辩护人会在庭审过程中发表不同

[①] 《认罪认罚办法》的具体要求是："量刑建议一般应当包括主刑、附加刑，并明确刑罚执行方式。可以提出相对明确的量刑幅度，也可以根据案件具体情况，提出确定刑期的量刑建议。建议判处财产刑的，一般应当提出确定的数额。"

于量刑建议的辩护意见。此类辩护意见既可能旨在否定控辩双方的"合意",也可能只是一种投机取巧式的辩护策略。两种情形均不属于量刑建议协商模式的正常状态,前者意味着"认罚"已经不复存在,后者则不能当然地否定"认罚"。对此,法院需要在仔细查明后,作出不同的认定。

在理论上提出"协商式量刑建议模式"这一命题,不是为了标新立异,而是为了明确改革本质。一方面,"认罚"不仅是关于"认罪制度"的改革,而且是关于量刑建议制度的改革。通过"认罪认罚从宽制度改革",量刑建议的功能得到强化,量刑建议制度的内容得以扩充。完善量刑建议制度成为认罪认罚从宽制度改革的一项重要制度性成果。另一方面,"协商式量刑建议模式"的提出有利于更好地解释现行的法律规则,更好地提出法律适用与法律改革的建议,新的模式要求我们转变诉讼观念并制定有别于职权模式的程序规则。暗度陈仓式的改革不仅不利于提高改革的透明度,而且容易造成思想混乱、理论混乱、规则混乱与实践混乱。

(2)量刑建议协商模式的法律风险与实践问题

从目前改革实践来看,量刑建议的协商模式在运行过程中存在若干法律风险与实践难题,需要我们认真应对。

第一,量刑建议的制度性要求与量刑技能之间存在落差。协商性量刑建议模式要求检察官提出的量刑建议具有最大限度的准确性,如此才能保证最终能被法官所接受,从而保障被追诉人的信赖利益和其他合法权益。这对办案检察官的量刑技能提出了很大的要求。由于协商性量刑建议模式出现的时间比较短,目前制度性要求与办案人员的实际能力之间还存在一些差距。

第二,检察机关量刑建议权与法官裁量权之间存在矛盾。修改后的《刑事诉讼法》明确赋予了量刑建议对法官裁量权的约束力,这种规定在学界与实务界都会引起不小的反响。"量刑建议是否分割了审判权"这种逝去的争论将不可避免地卷土重来,学界需要高度重视。实践中一些法官对于这种制度性安排产生了一定程度的抵触情绪,需要提出可行的解决之道。

第三,协商性量刑建议可能造成量刑建议差异化,即"同案不同建议"的情况。一方面,随着司法责任制在认罪认罚从宽案件得到落实,具体承办案件的检察官获得了完全的(或者主要的)量刑建议权,这就意味着,相似的两个案件可能会由不同的检察官独立地提出量刑建议,由此产生"因人而异"的不同量刑建议,造成不公平的现象;另一方面,由于量刑建议是控辩双方协商的结果,不同的检察官、不同的被追诉人、不同的值班律师或者辩护律师有不同的协商能力与协商技巧,这对于最终的量刑建议可能具有决定性的作用,因此在相似的案件中很有可能造成"因能力而异"的量刑建议。

第四,在缺乏有效辩护的前提下,认罚的过程可能异化为被追诉人单纯地接受检察机关量刑建议的过程。在缺乏有效辩护的前提下,职权模式的量刑建议还需要接受法官的实质审查,而协商模式的量刑建议可能就长驱直入成为判决书的内容。因此,协商模式的量刑建议机制更加需要律师的参与,否则"认罚"就会沦落为被追诉人无奈、无知地接受量刑建议的过程。

第二节 认罪协商的域外经验

从制度本质来看,"认罚"应当被理解为是中国特色的认罪协商制度。在进行制度构建或者完善的过程中,有必要借鉴世界各国的认罪协商制度,特别是从中总结出可以为我国借鉴的成功经验,以及需要警惕的元素。纵观世界各国刑事诉讼法律制度,认罪协商已经属于一项比较普遍的制度,但具体规则因各国的法律制度与法律传统又有所不同。对此,我们既可以参考借鉴运行有效的法律规则,也可以学习认罪协商制度改革的成功经验。

一 "发源地":美国辩诉交易

在论及认罪协商的场合,人们很自然地想起美国的辩诉交易制度。尽管有如美国学者指出的那样,辩诉交易没有什么值得称赞的地方,但它毕竟胜利了,并以非暴力的方式悄无声息地夺取了刑罚的领地,并征服了仍有抵触情绪的陪审团[①]。不仅如此,美国辩诉交易制度在不同程度上影响

[①] 参见乔治·费希尔《辩诉交易的胜利——美国辩诉交易史》,郭志媛译,中国政法大学出版社2012年版,第6页。

了世界各国的刑事诉讼法律制度。

（一）美国辩诉交易的基本框架

美国辩诉交易，在学理上可以分为隐性的辩诉交易和显性的辩诉交易。前者是指被告人作出有罪答辩是因为他知道依法将会得到一个较轻的量刑，即被告人没有具体和检察官达成形式上的协议。显性的辩诉交易是指被告人在检察官作出某种承诺之后才作出有罪答辩，双方是在协商后才达成认罪协议。① 通常我们所说的辩诉交易，是指显性的辩诉交易，下文也主要对此种交易进行分析。

美国辩诉交易可以分为两大类：一类是量刑交易；另一类是指控交易。

量刑交易，是指被告人以认罪答辩来交换检察官在量刑方面的承诺。由于检察官没有最终的量刑权，所以检察官只能承诺帮助被告人争取宽大处理或者承诺一些诸如保释之类的特殊解决办法。通常的做法是检察官向法官建议一个较轻的刑罚，而法官接受该量刑建议。但这种形式的交易对于被告人而言存在一定的风险性，因为法官有可能不接受检察官的量刑建议——虽然这种情形很少发生②。

指控交易，是指被告人以认罪答辩交换检察官降格指控或减少指控。降格指控，即检察官降低指控的犯罪事实的严重程度，主要是指将重罪降为轻罪，如将一级谋杀罪降至二级谋杀罪甚至误杀罪等。减少指控，是指在被告人涉嫌犯数罪的情况下，检察官仅指控其中之一或者几种罪名，其他罪行不予指控。例如，被告人涉嫌犯数项盗窃罪，但检察机关仅指控其中一项盗窃罪，以换取被告人的认罪答辩。③ 由于在指控内容上检察官有自由裁量权（无须法官同意），而指控内容决定了审判范围，因此在指控交易中，被告人在审判前就能确定其将获得相应的利益。

被告人选择有罪答辩，意味着放弃沉默权和正式庭审（包括陪审团审和法官审）的权利；法官不再对案件事实进行实质性的审判而直接根据辩诉协议进入量刑环节。当然，如果法官认为双方协议违法、违反了正义和

---

① 参见［美］拉费弗、伊斯雷尔、金《刑事诉讼法》，卞建林、沙丽金等译，中国政法大学出版社2003年版，第1034页。
② 参见［美］拉费弗、伊斯雷尔、金《刑事诉讼法》，卞建林、沙丽金等译，中国政法大学出版社2003年版，第1035页。
③ 参见徐美君《司法制度比较——以英、美、德三国为主要考察对象》，中国人民公安大学出版社2010年版，第235页。

公正原则时,可以拒绝接受辩诉协议①。

(二) 美国辩诉交易的基本规则

对于辩诉交易,《美国联邦刑事诉讼规则》等文件规定了法官审查认罪答辩与辩诉协议是否合法以及法官是否接受的规则。

1. 有罪答辩

辩诉交易中一般包含被告人的有罪答辩。在美国刑事诉讼中,答辩是指被告人在法庭中向法官做出无罪、有罪,或者(在法院允许下)不辩护也不认罪的意思表示。不辩护也不认罪的答辩在刑事诉讼中效果等同于有罪答辩,但相关的民事赔偿诉讼中,其不可作为被告人有罪的证据。但在辩诉交易中,检察官一般只接受认罪答辩,而不接受不辩护也不认罪的答辩。

2. 有罪答辩的司法审查

不论是否存在辩诉交易,法官都需要审查和决定是否批准有罪答辩,根据《美国联邦刑事诉讼规则》,法官在审查时需要遵守以下三个规则。

首先是告知和询问被告人。在法官接受认罪答辩之前,被告人必须在公开的法庭上宣誓,同时法官应当亲自告知被告人,并确保被告人理解以下内容:

(A) 公诉方有权在涉及伪证罪或者虚假陈述罪的指控中使用被告人经过宣誓而做出的任何证言;

(B) 被告人有作无罪答辩的权利,或者假如已经做出无罪答辩,则有权利坚持该答辩;

(C) 被告人有获得陪审团审判的权利;

(D) 被告人在庭审和其他程序的任何阶段有获得辩护人帮助的权利,并且在有必要时由法院指派一名辩护人;

(E) 在正式审判中被告人有对证人进行交叉询问、不被强迫自证其罪、提出证据和质证、强制证人出庭的权利;

(F) 如果法院接受有罪答辩,那么被告人放弃了上述诉讼权利;

(G) 被告人承认的每项指控的性质;

(H) 任何可能的最高刑罚,包括监禁、罚金和刑满释放后接受监督的

---

① 参见徐美君《司法制度比较——以英、美、德三国为主要考察对象》,中国人民公安大学出版社 2010 年版,第 235 页。

时间；

（I）任何强制的最低刑罚；

（J）任何可能的财产没收；

（K）法院判决恢复原状或者追回财产的权力；

（L）法院判决特定赔偿的义务；

（M）在决定刑罚时，法院有义务参照量刑指南确定的范围并确定具体刑期，但法官的量刑也可能偏离量刑指南或者其他基于18U.S.C.§3553（a）确定的量刑因素；

（N）辩诉协议中规定的被告人放弃上诉和间接攻击权利的条款；以及

（O）如果被定罪，非美国公民的被告人可能会被驱逐出境并且未来拒绝公民资格和限制入境。

其次是审查答辩是否自愿。法官要在公开审理中亲自讯问被告，确认答辩是自愿做出，而不是强迫、威胁或者其他允诺的结果（未在辩诉协议中载明的允诺）。

最后是审查答辩的事实基础。在做出针对有罪答辩的判决之前，法官必须决定答辩是否有事实基础，即法官不能接受没有事实基础的认罪答辩。

3. 辩诉协议及其审查规则

《美国联邦刑事诉讼规则》第11条（c）规定了辩诉协议的规则以及对辩诉协议的司法审查规则。

关于辩诉协议，《美国联邦刑事诉讼规则》第11条（c）（1）规定：公诉人可以与辩护人，或者被告人（被告人自我辩护时）协商形成辩诉协议；法院不得参加辩诉协商。如果被告人对被指控犯罪，或者轻一点的犯罪或者其他相关犯罪做出认罪答辩或者不辩护也不认罪的答辩，辩诉协议中可以具体载明公诉人将会：（A）不会提起或者将会撤销其他的指控；（B）向法院提出量刑建议，或者同意不反对被告人向法院提出量刑的请求。量刑建议或者请求的内容可以包括：具体的刑罚或者量刑范围；量刑指南的一项具体条款，或者特定的政策或者量刑因素适用或者不适用（本项建议或者请求对法院没有约束力）；或者（C）同意一项具体的量刑或者量刑范围是对本案适当的处置；或者量刑指南的一项具体条款，或者特定的政策或者量刑因素适用或者不适用（本项建议或者请求在法院批准辩诉协议时对法院产生约束力）。

第 11 条（c）（2）规定了辩诉协议的开示规则，即当被告人提出认罪答辩，控辩双方应当在公开的法庭上开示辩诉协议。除非法院基于正当原因允许控辩双方在非公开的庭审中开示辩诉协议。

第 11 条（c）（3）规定了法官对辩诉协议的司法审查规则。首先，在第 11 条（c）（1）（A）或者（C）项所载明的辩诉协议的内容范围内，法院可以接受协议、拒绝，或者等待审阅判决前调查报告之后再做出决定。其次，在第 11 条（c）（1）（B）项所载明的辩诉协议的内容范围内，法院必须明确告知被告人如果法院没有采纳公诉方的量刑建议或者接受被告人请求时，被告人没有权利撤回认罪。

第 11 条（c）（4）和（5）规定了辩诉协议的批准与拒绝及法官的相应义务。首先，如果法院接受辩诉协议，应当通知被告人，辩诉协议中商定的有关处置将会在判决和量刑中体现。其次，如果法官拒绝 11（c）（1）（A）或者（C）项辩诉协议所明确载明的内容，法院必须在公开的庭审上做以下事项并记录在案（基于正当原因可以不在公开的庭审上）：（A）通知控辩双方法院拒绝了辩诉协议；（B）亲自劝告被告人法院不需要遵循辩诉协议并且给予被告人以撤回答辩的机会；并且（C）亲自劝告被告人如果不撤回答辩，那么对被告而言，法院可能将以一种比辩诉协议所计划的内容更为不利的方式来处置案件。

（三）美国辩诉交易的启示

理解美国辩诉交易制度，需要注意若干制度性前提。

其一，美国刑法采取了"碎片化"的犯罪罪数（竞合）理论和数罪并罚情形下对所判刑罚简单相加的处理原则，以至于经常出现一名被告人被判决犯有数个、十几个、几十个罪名并被科以几十年甚至上百年自由刑的情况[①]。这便使检察官与被告人有进行减少指控的法律空间。与美国不同，在我国，基于罪刑法定原则以及竞合规则，罪名和罪数的认定需要严格按照刑法规定来确定，数罪并罚的情形较少而且采取限制加重原则，因此不存在进行罪名交易和罪数交易的法律空间，而仅存在一些量刑协商（交易）的法律空间。

其二，检察机关进行交易的目的，是促使被告人在答辩程序中作有罪

---

① 参见顾永忠《关于"认罪认罚从宽制度"的几个问题》，载卞建林、杨松主编《推进以审判为中心的诉讼制度改革》，中国人民公安大学出版社、群众出版社 2017 年版，第 395—396 页。

答辩。只有在法庭中作的认罪答辩才具有证据意义和法律效力。被告人在审前作有罪供述而在法庭中作无罪答辩的,审前有罪供述就基本上失去了法律上的意义。而在我国,审前供述具有重要的法律与现实意义。审前认罪,而在法庭中作无罪辩护,就被视为是"翻供"行为,而"翻供"将可能带来一系列的不利后果。

其三,如果被告人不认罪就采取陪审团审判,而陪审团的结果对于控辩而言都具有不确定性。这就促使美国的检察官和被告人达成认罪协议,以避免出现对本方不利的结果出现,确保自身利益的最大化。而在我国,众所周知的现实是,即便被告人坚持无罪而适用普通程序审理,也很难获得无罪判决,或者说这种希望是非常渺茫的。

在考虑是否借鉴甚至引进美国式的辩护交易制度之时,我们需要对辩诉交易的理论基础有充分的认识。这些基础包括:思想基础——实用主义哲学观;文化基础——契约观念;制度基础——当事人主义诉讼形式;共生基础——沉默权和证据开示制度。[①] 与中国的情况作简单对比我们可以发现,在中国刑事诉讼活动中,的确存在着一种实用主义哲学观,这种实用主义为认罪认罚从宽制度改革也奠定了思想基础。然而契约观念在我国刑事诉讼活动中很难形成,因为检察机关、侦查机关与被追诉人"打交道"时,一般会有居高临下的观念,而没有控辩平等的观念,因此也很难形成契约观念。至于当事人主义诉讼形式、沉默权和证据开示制度等制度性基础,在我国更是非常缺乏。

从借鉴美国辩诉交易制度构建我国认罪认罚从宽制度的角度而言,美国辩诉交易制度有以下几点值得我们重视[②]。

一是被告人能获得律师为其辩护的保障,如果被追诉人没有能力聘请律师,就由公设辩护人办公室为其提供法律援助。公设辩护人办公室由政府出资并独立运行,遍及全美各地。

二是控辩双方达成的辩诉协议必须经过法官的严格审查,重点是审查被告人认罪并与检察官达成协议的自愿性、明智性及是否具有认罪的事实基础、是否获得律师的有效帮助,审查之后法官有权拒绝接受辩诉协议。

---

① 参见汪建成《辩诉交易的理论基础》,《政法论坛》2002年第6期,第14页。
② 参见顾永忠《关于"认罪认罚从宽制度"的几个问题》,载于建林、杨松主编《推进以审判为中心的诉讼制度改革》,中国人民公安大学出版社、群众出版社2017年版,第395—396页。

即使法官接受辩诉协议，也是在参考联邦量刑指南的基础上进行量刑。

三是赋予被告人对于已达成认罪协议的反悔权和上诉权。在法官对辩诉协议作出确认前，被告人可以撤销认罪，并且之前所做的认罪表示在此后的审判中不得作为其不利的证据或推论。对于在确认协议有效后法院所作出的判决，被告人可以以一审程序错误、律师帮助无效、检察院隐瞒了证据等理由提出上诉。

四是切实保障被告人获得公正审判的权利。对于被告人不认罪的案件以及达成认罪协议后又反悔撤销认罪的案件，切实保障被告人获得陪审团审判的权利。

五是对于自愿认罪的被告人在量刑时充分考虑给予优惠，并且认罪越早量刑优惠越大。

此外，在借鉴美国辩诉交易制度时，需要特别注意的是，法官在实践中虽然对辩诉协议的支持度很高，但这并不意味着法官的作用被架空。在美国刑事诉讼中，法官参与侦查、起诉与审判全过程，法官在正式审判之前对审前诉讼行为的司法审查有力地保障了人权与司法公正。这些司法审查活动（包括审前对逮捕的决定、预审等）既可以过滤一些不构成犯罪或者不须审判的案件，也可以在发现非法证据时作出及时处理。正是法官在审判前活动的高度参与，才保障了"没有法官参与"的辩诉交易一般不会出现不自愿认罪的情况，进而出现一般能为法官所接受的结果。

二 "借鉴地"之一：英国认罪从宽与协商制度

英国[①]与美国在法律制度、法律文化上具有很大的相似性，两个国家都实行当事人主义的刑事诉讼模式，都非常尊重当事人的自愿选择，刑事诉讼程序有许多相同或者相似的做法。从这个角度而言，美国似乎具备孕育出辩诉交易或者认罪协商的条件，然而相对而言，英国法律对于认罪协商的态度是非常保守的，这种有所保留的借鉴态度与我国认罪认罚从宽制度的改革原则比较相似，因此也值得我们研究与关注。

（一）认罪协商制度的基础：无须量刑建议的认罪从宽制度

与美国相似，根据英国法律规定，被告人作出认罪答辩的，案件就直

[①] 本书涉及的英国法律制度，仅指英格兰与威尔士地区的法律。

接进入量刑阶段而省略审判程序,法官可以根据法律规定在量刑上给予犯罪人一定的优惠。在此过程中,与美国不同的是,检察官不能向法院提出量刑建议,而是由相关量刑指南明文规定了因认罪可以获得的优惠,即实现了从宽的明文化、法定化。

在美国辩诉交易制度中,实行的是从宽幅度的协商化、交易化。虽然美国有《量刑指南》等规则,但被告人实际上能获得的量刑优惠很大程度上取决于被追诉人与检察官之间讨价还价。但在英国,被告人因为认罪所能获得的量刑优惠,并非控辩双方能协商的对象,而是由"法律"直接所规定,即实现了"从宽"的法定化。从宽的法定化,限制了检察官在量刑活动中的权限的同时,亦使量刑情节局限于"认罪",即"认罚"没有量刑上的意义。

在英国,实现从宽法定化的载体并不是刑事法律,而是由量刑委员会(The Sentencing Council)发布的量刑指南,具体是指《认罪答辩量刑减让精准指南》(*Reduction in Sentence for a Guilty Plea: Definitive Guideline*)(以下简称英国《认罪量刑指南》)。最新版的《认罪量刑指南》于2017年6月1日起施行,该指南延续过去"认罪越早、减让越多"的原则,并规定了三级量刑减让规则(《认罪量刑指南》第 D 条)。

最高量刑减让幅度	适用条件(最早表示认罪的时间)
三分之一	程序的第一阶段(一般是指第一次聆讯)
四分之一	第一阶段之后
十分之一	庭审第一天起

上表的量刑减让规则针对的是自由刑的减让,除此之外,从宽还体现为刑种的变化。具体包括由监禁刑减轻为社区刑以及由社区刑减轻为罚金刑(《认罪量刑指南》第 E1 条)。

针对上述量刑减让规则,《认罪量刑指南》规定了若干种例外情况。

第一,虽然被告人没有在程序的第一阶段认罪,但有证据表明被告人因不能理解被指控的犯罪而没有更早地认罪时,法官仍然可能给予最多三分之一的量刑减让。但法官要区别这种情形:被告人仅仅是想"等等看",即根据程序的进展情况而选择认罪的时机,而并非不能理解被指控的犯罪。

第二，在启动了牛顿聆讯（Newton hearing）或特殊理由聆讯（special reasons hearing）案件①中，假如被告人的供述被推翻，则被告人只能获得上述优惠的一半。假如在上述聆讯中，有证人出庭作证的，法官可以进一步地减少量刑优惠。因为在这种情况下，司法效率因为被告人的主张而降低，而被告人的主张却最终被证明不能成立。

第三，被告人否认了检察官指控的犯罪，但表示承认较轻的犯罪或者其他犯罪，而法庭最后认定了被告人曾经承认的轻罪或者其他犯罪，则上述量刑减让规则同样适用。

第四，《1968年枪支法》第51A条针对若干种犯罪所规定的最低刑罚不能因为认罪的量刑减让而被突破。也就是说，即使被告人认罪，最后的刑罚也不能低于此法中所规定的最低刑罚。

第五，对于某几类特定犯罪，最后的刑罚不得低于正常刑罚的80%。这些犯罪包括贩卖毒品和入室盗窃的累犯、非法持有攻击性武器等。

第六，针对谋杀罪规定了特殊的规则。谋杀罪的法定刑为终身监禁刑，法官要小心考虑是否因为认罪而减轻处罚。一般而言，当法官认为判处终身监禁是合适的，则不能因被告人的认罪而减轻处罚。当综合考虑所有因素而认为可以减轻处罚时，适用如下规则：法官首先根据其他减轻因素而确定起刑点（"基准刑"），然后根据认罪而进行减刑——若被告人在程序的第一阶段认罪时，最多可减少刑罚之六分之一且不超过5年；若被告人在第一阶段之后认罪的，最多可减少刑罚之十二分之一。

（二）辩诉交易的表现形式

由于量刑从宽的法定化，英国检察官只能向法庭提出量刑事实而非量刑建议，因此检察官不能就量刑问题和被告人协商或者交易。另外，虽然同为英美法系国家，英国对辩诉交易比较排斥，并没有完全移植美国的辩诉交易制度。但在实践中，辩诉交易也是存在并被法官与法律所允许的。

被法庭所接受的辩诉交易形式主要有两种：一是被告人提出对一项较轻犯罪作有罪答辩，检察官表示接受。二是检察官同意可以放弃指控起诉

---

① "牛顿聆讯"适用的条件是：被告人认罪，但对检察官提出的、影响量刑的事实提出异议。法官在"牛顿聆讯"中通常要求证人出庭作证以决定采信检察官还是被告人。"特殊理由聆讯"的适用条件是：在可能判处强制许可或者吊销驾照的案件中，被告人指出由于存在特殊的从轻情节，法庭需要考虑不判处上述处罚。法官一般需要要求证人作证以判断是否存在从轻情节。

书中的一项或者几项罪状，被告人则对余下罪状进行有罪答辩。前者类似于美国的降格指控，后者类似于美国的减少指控。

对于检察官是否同意被告人提出的对一项较轻的罪行答辩有罪，《皇家检察官法》规定，只有预期法官能够通过与犯罪严重程度相符合的量刑时才能接受此种答辩。从规则上说，法官也可以不接受这种认罪答辩而将案件交付审判。但在实践中，无须进行陪审团审判所节省的时间和金钱很容易就能说服法官和检察官接受这种答辩。此外，不接受这种认罪答辩的话，也会面临败诉的风险。在 Hazeltine 案中，被告人 H 对蓄意造成严重身体伤害的答辩无罪，但对非法伤害罪答辩有罪，答辩没有被接受，而最后陪审团宣告无罪。①

此外，实践中还存在一种量刑事实的答辩交易——被告人愿意在某种特定事实的基础上作有罪答辩。例如，经过协商之后，检察官同意指控被告人"无视后果地攻击被害人"，而不是"蓄意地攻击被害人"。这种协议可能会对量刑程序造成影响。②但是这种协议不被法官所接受，法官应当在事情真相的基础上进行量刑，而且在这种情况下被告人不能因此而撤回有罪答辩。③

（三）英国认罪答辩与辩诉交易制度的启示

第一，重视被告人认罪答辩的自愿性与真实性，检察官和法官都需要审查认罪的自愿性。检察官虽然承担指控犯罪的职责，但对于被告人的认罪也有审查认罪自愿性的职责，而不能为了起诉而简单地接受犯罪嫌疑人的认罪。

第二，在实践中，有罪答辩与辩诉交易有如孪生兄弟相伴而生，英国最终也只好接受事实上存在的辩诉交易。法官和学者对于该制度比较消极甚至反对的主要原因有三个：首先，辩诉交易将影响事实真相的查明。通过辩诉交易，检察官可能改变指控的事实，从而使真相无法查明。其次，辩诉交易缺乏透明度，协商和交易通常不具有公开性，被追诉者往往参与

---

① 参见［美］斯普莱克《英国刑事诉讼程序》（第九版），徐美君、杨立涛译，中国人民大学出版社2009年版，第349页。
② 参见［美］斯普莱克《英国刑事诉讼程序》（第九版），徐美君、杨立涛译，中国人民大学出版社2009年版，第353页。
③ 参见［美］斯普莱克《英国刑事诉讼程序》（第九版），徐美君、杨立涛译，中国人民大学出版社2009年版，第473—474页。

度很低。最后，辩诉交易可能影响被追诉人认罪答辩的自愿性，因为它可能使被告人陷入两难境地：要么选择认罪获得较轻的量刑，要么选择正式审判而可能获得更重的刑罚。① 有鉴于此，虽然英国最终接受了辩诉交易，但对检察官的行为作出了比较严格的限制和约束，因此被称为"严格规制的辩诉交易模式"②。

第三，通过从宽的法定化——"逐级量刑减让制度"，可以取代量刑建议和量刑交易型的辩诉交易。与美国基本无底线的交易不一样，英国对于认罪可能获得的量刑优惠有明确的规则与底线，因此量刑交易变得不可能，同时被告人对于认罪可能获得的量刑减让需要有理性的期待，不能期望能够通过辩诉交易获得超出法律规定的优惠。通过辩诉交易制度，美国检察官获得了比较广泛的量刑建议权，但在英国，鉴于从宽的法定化，检察官无须进行量刑协商因此也没有获得实质的量刑建议权力，量刑的权力仍然牢固掌握在法官手中。

第四，认罪与悔罪表现并没有直接关系，二者属于不同的从宽处罚情节，因此需要分别评价。根据《认罪量刑指南》的规定，认罪能减轻处罚的原因有三个：（1）通常能减轻犯罪对被害人的影响；（2）被害人和证人能免于出庭作证；（3）符合公共利益，因为它节省了调查和庭审的时间与金钱。其中悔罪并没有成为认罪从宽处罚的理由。

三 "借鉴地"之二：德国认罪协商

德国刑事诉讼法具有强烈的职权主义色彩，强调法官有义务认定实质的事实真相，并以此作为裁判的事实基础。同时，德国刑法责任原则亦要求刑罚以犯罪行为的罪责为基础。换言之，关于事实的认定以及刑罚的裁量，德国法律都规定有严格的原则与具体的规则，具有明显当事人主义特征的辩诉交易制度因而难以与德国的刑事法律制度相兼容。但是自20世纪70年代以来，德国刑事诉讼司法实践一直存在着与辩诉交易制度相类似的认罪协商活动。尽管相关实践存在巨大的争议性，德国立法机关还是在2009年将认罪协商规则写入刑事诉讼法。

---

① 参见郑曦《英国被告人认罪制度研究》，《比较法研究》2016年第4期，第112页。
② 参见杨先德《英国辩诉交易最高减让三分之一量刑》，《检察日报》2016年11月1日。

2009年的法定化并没有使有关认罪协商制度合理合法性的争议趋于平息。相反，由于德国有较发达的违宪审查制度，一些反对认罪协商制度的学者转而寄希望于宪法法院能够通过宣告违宪的方式来废除该制度。在沉默一段时间后，德国宪法法院于2013年作出一个关于认罪协商制度是否违反宪法的重要判决。在判决中宪法法院似乎采取了一种折中的办法，即有条件地支持了认罪协商制度：一方面明确认罪协商制度并不违反德国《基本法》，另一方面却指出认罪协商未来仍然有违宪可能性。

（一）"认罪协商法"通过之前的实践与争议

在很长一段历史时间内，德国传统刑事诉讼法律制度并没有"协商"存在的余地。基于传统职权主义诉讼模式的要求，德国法院有义务认定犯罪事实真相，并根据刑法相关裁量规则判处刑罚。20世纪70年代末，美国比较法学家 John H. Langbein 曾经赞扬德国是没有"辩诉交易"的国度[1]。但在1982年，一名德国律师 Hans - Joachim Weider 以笔名"Detlef Deal"发表论文[2]指出，在德国刑事司法实践中，存在秘密的协商或者交易。此文一出，立刻引起德国法学界广泛且持久的争议。

在2009年之前，"认罪协商"实践常常是秘密地、不留痕迹地进行，即检察官、法官都不会在卷宗中记载协商的事实与内容。实践中的协商或者"交易"一般包括三种[3]：（1）在审判程序开始之前，主要由检察官与辩护律师或者犯罪嫌疑人本人进行协商，协商的内容主要是：犯罪嫌疑人履行一定的义务，司法机关根据德国刑事诉讼法第153a条、第153b条等规定，作出停止程序的决定（包括检察院作出的附条件不起诉和法院作出的停止程序等决定）。（2）在审判程序开始之前，主要由检察官与辩护律师或者被告人本人进行协商，协商的内容主要是：检察官向法官申请刑事处罚令，被告人接受刑事处罚令所确定的法律后果而不向法官提出异议，即变相地承认了犯罪。需要说明的是，法官收到刑事处罚令申请后，不需要经过庭审而只进行审查，而且大部分案件中法官都会直接同意检察官的申请。同时，检察官能申请的刑罚一般仅限于罚金，但如果被告人有辩护

---

[1] See John H. Langbein, "Land without Plea Bargaining: How the Germans Do It", 78 *Michigan Law Review* (1979), p. 204.

[2] Vgl. "Detlef Deal", Der strafprozessuale Vergleich, 2 Strafvertediger, 545 (1982).

[3] 参见［德］约阿希姆·赫尔曼《协商性司法——德国刑事程序中的辩诉交易？》，程雷译，《中国刑事法杂志》2004年第2期，第117—121页。

人且刑罚缓期执行的,也可以判处一年以下自由刑。(3)在法官准备庭审过程中或者进入审判程序后,主要由法官在法庭外,与辩护律师或者被告人本人进行协商,协商的内容主要是:被告人向法官承认犯罪,同意简化审判程序(主要是证据调查程序),法官承诺从轻处罚。审判程序、法官判决等一般会遵照协商内容进行,但至少在表面上并不会体现协商的存在。

前两种协商属于"控辩协商",第三种协商属于"审辩协商"①。控辩协商一般是检察院与犯罪嫌疑人及其辩护律师在既有制度运作的过程中进行的协商,通常是假借附条件不起诉、刑事处罚令等制度的名义而进行的"辩诉交易"。由于这种做法是在既有制度框架内实施的,因此争议并非很大。争议比较激烈的是"审辩协商",即进入审判程序后法官与辩护律师、被告人进行的"交易"。由于审辩协商缺乏法律明文规定,加之没有像控辩协商那样有一个合法的"外衣",因此其合法性存在许多疑问。本书讨论的对象也主要是"审辩协商"这一类型。

关于法官参与的认罪协商实践,德国学者之间存在不同的意见。赞同者认为认罪协商实践是现代刑事司法不可缺少的部分,它有利于提高效率,而且离开认罪协商,现代刑事司法系统就会崩溃。同时从各国的司法实践来看,被告人和国家之间的合作让不同模式的现代刑事司法都获得了实益。②

但持反对意见的学者占多数。反对意见主要包括:第一,认罪协商实践不正当地提高了庭审法官的权力,使法官集以下四种诉讼职责于一身,成为刑事诉讼的全能主宰者:指挥庭审、提出证据、定罪量刑以及与辩护律师进行认罪协商。③ 这种在世界范围内可能是独一无二的安排使认罪协商凌驾于宪法原则,特别是破坏了法官的中立性。④ 第二,认罪协商与法官的事实真相查明义务不可协调。在认罪协商的案件中,法官裁判的作

---

① 参见李昌盛《德国刑事协商制度研究》,《现代法学》2011年第6期,第149页。
② See Susanne Kobor, Bargaining in the Criminal Justice Systems of the United States and Germany, Peter Lang GmbH, 2008, P. 157
③ 参见[德]许乃曼《论刑事诉讼的北美模式》,茹艳红译,《国家检察官学院学报》2008年第5期,第23页。
④ See Maike Frommann, "Regulating Plea – Bargaining in Germany – Can the Italian Approach Serve as a Model to Guarantee the Independence of German Judges?", 5 No. 1 *Comparative Law*, 204 (2009).

出,并非以追求真实发现为基础,而是以假想性事实及被告愿意承受的某种处分为基础,审判也就变成一个无实质内容的形式。① 有学者指出,认罪协商确立一项新的"同意原则",它将取代作为传统法律的基石的"真实与正义"原则。② 第三,认罪协商侵犯了被告人的供述自由。德国刑事诉讼法第136a条保护被告人的供述自由,即国家不得用虐待、欺诈等方法损害被指控人意思决定和意思活动之自由;禁止以刑事诉讼法不准许的措施相威胁,禁止许诺法律未规定的利益。在认罪协商的案件中,法官以从轻处罚的承诺换取被告人的认罪供述,但这往往意味着被告人不认罪则可能会获得相对更重的刑罚,而这就体现出一种被法律所禁止的威胁。换言之,在认罪协商的情况下,被告人很可能不是出于意思自由而进行认罪供述,而是出于对更重刑罚的恐惧而被迫认罪。许乃曼教授也指出,如果法院通过刑罚的扣减、报价来要求被告人作出供述,那么刑事诉讼法所保护的供述自由将变成一场闹剧。③ 第四,认罪协商缺乏透明度,违反公开原则。认罪协商往往是在法官办公室或者法院会议室甚至在法院的走廊里进行,法官也不对认罪协商的情况进行记录,因此整个协商过程事实上是秘密进行的,缺乏透明度。④ 第五,认罪协商与刑法责任原则相冲突。根据德国刑法第46条的规定,刑罚的基础是行为人的罪责;法院在量刑时,应权衡对行为人有利和不利的情况,具体的量刑情节包括:行为人的动机和目的、行为所表露的思想和行为时的意图,违反义务的程度、行为的方式和行为结果、行为人的履历、人身与经济情况以及行为后的态度,特别是行为人为了补救损害所作的努力。有疑问的是,被告人和执法机关的合作是否属于上述量刑情节之一。在认罪协商程序中,被告人的认罪也许是出于自责悔罪,但更可能是基于理性的算计而并没有忏悔改正的意愿。此外,行为人的罪责是根据行为人的行为来判断的,而在认罪协商过程中,被告人往往会尽力隐瞒其部分罪行,法院因此就不能准确地判断行为人在

---

① 参见张丽卿《刑事诉讼制度与刑事证据》,元照出版公司2003年版,第169页。
② See Thomas Weigend, "The Decay of the Inquisitorial Ideal: Plea Bargaining Invades German Criminal Procedure", in John Jackson et al. eds., *Crime, Procedure and evidence in a Comparative and International Context*, 2008, p. 56.
③ 参见徐美君《德国辩诉交易的实践与启示》,《法学家》2009年第2期,第120页。
④ 参见黄河《德国刑事诉讼中协商制度浅析》,《环球法律评论》2010年第1期,第127页。

犯罪中的罪责，亦不能够在个案中落实责任原则。①

（二）"认罪协商法"通过之前的法院判例

德国联邦最高法院和宪法法院对于下级法院所进行的认罪协商实践一直持不反对态度。但为了避免下级法院在实践中滥用认罪协商，德国联邦最高法院和宪法法院在一系列判决中，以具有宪法位阶的公正审判原则和罪责原则为基础，逐渐发展出若干认罪协商规则，以暂时填补立法的空白。根据学者的概括，德国联邦最高法院和宪法法院在判决中形成的认罪协商规则主要包括以下内容②。

第一，法院可以与诉讼参与人在审判期日外进行接触与协商，促使参与者提出适当的声请，但是协商的重要内容和结果必须在审判期日揭示，并在笔录中记载，以符合言辞原则和公开原则。

第二，法院不得承诺一个确定的刑罚，但可以承诺量刑的上限。协商过程中的认罪供述可以作为从宽处罚的根据，但是必须符合刑法罪责原则的要求。量刑"剪刀差"，即法院根据一般程序判处的刑罚与法院根据认罪协议所判处的刑罚之间的差额，不得高到抵触刑罚裁量规范，以避免被告人承受过重的心理压力，亦避免法院作出逾越罪责原则的刑罚优惠。有关罪名的宣告不得协商，即有关犯罪性质（触犯的罪名、轻重罪）、既未遂、正共犯和罪数等问题只能根据事实认定而不能协商。

第三，法院在审判外接触诉讼参与人时，协商行为应当有所节制，以避免形成主观偏见，同时在其建议不被采纳时，不得以不利益威胁被告人。若上诉法院发现原审法院存在主观偏见或者威胁供述的情况，应当宣告认罪协商违法无效。

第四，认罪供述不能免除法官的调查义务，法院必须调查认罪供述的可信度。在合义务地从事实与法律角度审查可信度之前，法院不得贸然接受协商结果。特别是，如果发现供述与事实可能不符，法院必须调查其他证据。此外，协商中的认罪供述不能是毫无内容的形式认罪，即被告人不能只说"我有罪"而没有进一步供述犯罪的任何细节。认罪供述至少要具体到能够让法官审查其是否与卷宗证据材料相符合。

---

① See Thomas Swenson, "The German 'Plea Bargaining' Debate", 7 *Pace Int' l L. Rev.* 405 (1995).
② 参见[德]柯尔纳《德国刑事追诉与制裁——成年刑法与少年刑法之现状分析与改革构想》，许泽天、薛智仁译，元照出版社2008年版，第181—183页。

第五，协商程序中必须保证所有诉讼参与人，包括法官、陪审员、检察官、被告人及辩护人，都有表达意见的机会，同时视情形还包括共同被告人和附加诉讼人。

第六，关于认罪协商能否包括被告人放弃上诉权的问题，联邦最高法院显示出摇摆不定与矛盾的心情：一方面，法官在协商中不得参与关于放弃上诉的讨论也不能促使被告人放弃；放弃上诉权与从宽处罚相联结的约定，更是不被允许。另一方面，允许被告人自由选择放弃上诉权，相关协议在一定条件下是有约束力的，前提是法官履行了加重告知义务，即法院需要特别告知上诉权人可不理会先前的协商内容（主要是检察官、辩护律师在协商中意图促使被告人放弃上诉权），可以自由提出上诉。

第七，基于公平审判原则而来的信赖保护，法院需要受认罪协议所约束，除非在协商后发现法院迄今所不知悉的重大新状况，例如根据新事实或证据使原本所认定的轻罪变为重罪等。

（三）"认罪协商法"的主要内容

2009年，德国议会通过了《刑事诉讼认罪协商规则法》，该法对《刑事诉讼法》的若干条文进行了修改，正式将认罪协商引进德国的刑事诉讼法。修法后，认罪协商的主要内容规定在德国《刑事诉讼法》的第257c条当中，主要内容①如下。

第一，在适当的案件中，法院可以根据以下各款的规定，就嗣后的程序进程和结果进行协商。第244条第2款的规定②不受影响。

第二，协商的标的仅限于：能够成为法院判决及其附属裁定的（犯罪的）法律后果；在据以采取措施的认识查明程序中其他涉及程序的措施；诉讼参与人的诉讼行为。任何协议均应包含（被告人的）认罪供述。定罪问题和矫正及保安处分不得协商。

第三，法院应当宣布协议可能包含的内容。在综合考虑案情和量刑情节的基础上，法院也可以指出刑罚的上限和下限。诉讼参与人应当有发表意见的机会。被告人和检察官同意法院的提议时，协议即成立。

第四，在法律上或者事实上有重要意义的情形被忽略或者新出现，并

---

① 本条文及本文有关德国刑事诉讼法条文的翻译，主要参考了宗玉琨译注《德国刑事诉讼法典》，知识产权出版社2013年版。
② 第244条第2款规定了法官的查明义务：为查清真相，法院依职权应当将证据调查涵盖所有对裁判具有意义的事实和证据材料。

由此导致法院认为协议中的刑罚幅度与行为或者责任不相适应时，法院不受协议所约束。如果被告人在嗣后诉讼中的行为与法院作预测时所根据的行为不相符的，亦同。在上述情形下，被告人的认罪供述不得使用。法院应当不延迟地通知（诉讼参与人）其将背离协议。

第五，法院应当告知被告人，根据第四款法院可以背离协议的前提条件和后果。

此外，"认罪协商法"增加了其他配套性的条文。例如，《刑事诉讼法》第267条第3款规定："如果诉讼中存在协商，那么应当在判决理由中对此进行说明。"第273条第1a款规定："在笔录中应当将根据第257c条进行的协商的过程、内容以及结果记录下来。……如果没有进行协商，笔录中也应当对此进行记录。"第302条规定："如果判决前（根据第257c条）作出协议，则该协议不得包括放弃上诉的内容。"第35a条规定："如果判决前（根据第257c条）作出协议，则相关人员应当被告知，其在任何情况下均可以自由决定是否提出法律救济。"

整体来看，"认罪协商法"将联邦宪法法院和联邦最高法院一些判决中所确定的认罪协商规则进行了法典化。新的立法一方面规定法院拥有启动协商、承诺刑罚的权力，另一方面对于法官的协商也进行了若干限制。此外，立法机关还小心翼翼地规定了协议的效力，即在什么情况下对法官有约束力，什么情况下失效，同时也规定了法官相应的告知义务。①

（四）"认罪协商法"通过之后的宪法判例

虽然"认罪协商法"明文要求认罪协商案件中法官不得要求被告人放弃上诉权，但实践中上诉率很低，上级法院特别是联邦宪法法院因此鲜有机会对交易协商实践及相关法律规定的合宪性进行审查。直到2013年，由于三起上诉到宪法法院的诉讼案件，宪法法院终于有机会对2009年的"认罪协商法"发表自己的看法。

在三个案件中，申请人均基于认罪协议而被定罪，但又以原审法院没有遵守《刑事诉讼法》第257c条的规定、有罪判决违宪等原因提出宪法诉讼。②

---

① See Thomas Weigend & Jenia Iontcheva Turner, "The Constitutionality of Negotiated Judgments in Germany", 15 No. 1 *German Law Journal*, 91-92 (2014).
② 本文有关宪法法院判决中案情、裁判理由，如无特别说明，均来源于德国宪法法院公布的宪法判决：BVerfG, Urteil vom 19. 3. 2013 - 2 BvR 2628/10; 2 BvR 2883/10; 2 BvR 2155/11。

第一个案件的申请人属于一个犯罪团伙（共涉及至少259个犯罪）的成员，其因共同商业诈骗和帮助、教唆非法银行交易等行为被判处六年有期徒刑。在该案一审过程中，法庭审理开始及起诉书宣读后，法院和诉讼参与人即达成协议。根据协议，检察官停止针对被告人的另一个案件的刑事侦查。此外，法院没有履行刑事诉讼法第257c条第5款的告知义务。

第二个宪法诉讼申请由两名被告人提出。在该案中，两名被告人被认定实施了27个商业诈骗和1个非法银行交易行为，并被分别判处三年六个月和三年四个月的有期徒刑。在本案中，辩护律师、法官和检察官在庭审休息时间达成了认罪协议。但是，法院并没有履行刑事诉讼法第257c条第5款的告知义务。

对于上述两个案件，联邦最高法院认为，法院不告知相关信息对于判决并没有任何实质影响，因此并不支持三名被告人的上诉。

第三个案件的申请人与同案被告人（两人均是柏林警察）被指控犯有加重抢劫罪和毁坏财物罪。申请人被一审法院判处两年有期徒刑，缓期执行。本案一审过程中，法官向被告人指示有关抢劫罪的三种可能判决：第一种可能是被告人被宣告无罪；第二种可能是，在完整的刑事诉讼程序后，被告人因一个或者两个抢劫罪被判处刑罚，且一个抢劫罪至少三年有期徒刑；第三种可能是，被告人认罪，免去证据调查程序，法官考虑抢劫行为性质上是否属于轻微，以及可能会判处一个并合刑罚且缓期执行。被告的律师警告说，如果被告不接受法官的提议，他们很可能就在法庭上直接被逮捕。十分钟后，两名被告人承认起诉书的指控，但没有提供任何进一步的细节。法庭上也没有进行其他调查，证人也没有出庭。法院基于被告人的认罪和起诉书直接判决，履行了刑事诉讼法第257c条第5款的告知义务。

在上述三个案件中，申请人都认为一审过程中的认罪协商行为违法违宪，因此根据认罪协议所作的有罪判决应当予以撤销。第一、第二个案件的申请人同时请求宪法法院判定刑事诉讼法第257c条违反宪法。针对上述三个案件，宪法法院最后合并作出一个判决。判决内容及裁判理由主要包括以下几个方面。

1. 现行认罪协商制度符合宪法（德国《基本法》）规定

第一，认罪协商必须符合刑事法治基本原则。

宪法法院强调，原审法院裁判以及刑事诉讼法第257c条必须符合刑法和刑事诉讼法的基本原则。其中涉及的原则主要包括刑法罪责原则、公平审判原则、无罪推定和不自证己罪原则等。

首先，罪责原则是刑法的基本原则之一，具有宪法性地位。德国《基本法》第一条规定的人性尊严、第二条规定的人格权、第20条规定的法治原则等，皆是罪责原则的宪法根源。在刑事诉讼中，若无法查清犯罪的事实真相，那么罪责原则将无法真正得以落实，因此查清事实真相，就成为刑事诉讼程序的中心任务。

其次，公平审判原则保障被告人行使各种程序性权利以及防止政府机构的不当侵犯。对于立法机关而言，首要任务就是为被告人设置这些程序性权利。而某项程序性法律是否侵犯公平审判权利，必须对相关法律进行全面评估。全面评估既要考虑被告人的权利是否得到切实保障，也要考虑刑事司法制度的运行需要，包括诉讼迅速原则的要求。如果全面评估的结果显示，法治原则的强制性要求没有得到满足，或者被告人基于法治原则所应有的不可缺少的权利被剥夺时，有关法律就违反了公平审判原则。

最后，无罪推定原则和不得强迫自证己罪原则，根源于法治原则而具有宪法地位。基于这两项原则，被告人必须有权利可以在毫无限制的环境下自主决定其在刑事诉讼中是否与国家机关合作，以及合作的程度。换言之，认罪协商的法律规则与司法实践均不得违反无罪推定和不得强迫自证己罪原则。

第二，"认罪协商法"没有违反德国《基本法》。

虽然宪法法院承认认罪协商制度确实存在违宪、反法治等法律风险，但是宪法法院最终裁决"认罪协商法"的规定符合宪法的要求。

宪法法院指出，虽然法院与诉讼参与人之间的认罪协商，暗含了宪法性要求不被遵守的风险，但是《基本法》的要求并非先验地禁止立法机关为了简化刑事诉讼程序而规定认罪协商制度。然而，为了符合宪法的要求，立法机关必须明确认罪协商的法律条件，规定防范违宪风险的有效措施。在检讨"认罪协商法"是否规定足够的预防措施前，必须明确的是，"认罪协商法"规定的"认罪协商"并非一个新的程序，而仅仅是在已有的刑事诉讼程序中添加了新的内容。换言之，认罪协商的新规定并没有试图改变原有的刑事诉讼制度及其基本原则，因此整体上不存在违宪的问题。具体而言，基于以下几个理由，**宪法法院**认为"认罪协商法"的规定满足了宪法的要求。

其一,"认罪协商法"明确规定,即便在认罪协商的情形下,法院仍然有义务依职权查明事实真相。一方面,法院不能将被告人的认罪供述作为查明事实真相的唯一依据;另一方面,法院仍然需要根据自己的调查认定事实真相。而对于被告人为了达成协议所做的有罪供述,法院仍然有审查是否属实的义务。此外,认罪协商本身不能改变法院对事实的法律评价,特别是不能改变行为属于轻罪还是重罪的法律性质。

其二,"认罪协商法"对刑事诉讼过程中的认罪协商活动进行了详细规制。所谓认罪协商的"非正式方法"因而是被禁止的。此外,"认罪协商法"将认罪协商活动限制在庭审之后,因此禁止审前环节的"打包式解决方法",即检察官不能在法官审理之前,以承诺终止某项犯罪的侦查作为被告人承认其他犯罪指控的"对价"。

其三,在"认罪协商法"中,透明度与详细记录是两项重要的规制方法。这两项措施保证了大众、检察官及上诉法院能够对认罪协商的司法实践实施有效的监督。法官若在庭审过程中违反以上两项要求,则认罪协商因违法而无效。如果法庭根据违法的认罪协商行为作出判决,则该判决很可能亦属违法。在这个过程中,检察官的监督非常重要。宪法法院强调,检察官不仅仅要拒绝违法的认罪协商,同时也要对基于违法认罪协商的判决提起抗诉。

其四,为了保证法官的中立性,"认罪协商法"对协商的效力进行了限制。具体而言,"认罪协商法"规定了法院在什么条件下可以违反承诺以及违反承诺的后果,同时也规定了法官的告知义务。此项制度是为了使被告人能够自主地决定他(她)是否认罪。如果法官违反了告知义务,那么有关认罪的意思表示和判决将被认定为是基于该违法行为而作出的。

2. 三个案件的认罪协商及有罪判决不符合《基本法》和"认罪协商法"的要求

宪法法院虽然认为"认罪协商法"符合德国《基本法》的要求,但同时也指出三个案件的原审判决不同程度地违反了法律。

首先,认罪协议因违反法官告知义务而无效。

德国《刑事诉讼法》第257c条第5款规定了法官在认罪协商中的特殊告知义务。据此,只有当被告人获知量刑承诺对法官仅有有限的约束力时,才足以认为认罪协商活动符合了公平审判原则。宪法法院指出,前两个案件的原审法院没有履行该项义务,违反了公平审判原则,因此相关的认罪协议是无效的。同时，法官没有履行告知义务，就损害了被告人的基本权利，被告人的认罪供述就难以被认为是自由的，而基于侵犯被告人人权所作出的认罪协商及判决就属于违法。宪法法院也强调，联邦最高法院针对两个案件的判决也忽视了"认罪协商法"第257c条第5款的制度功能。也就是说，即使法官的告知行为不会实际影响被告人的决定，法官亦不能偷懒或者忽视其法定义务。

其次，认罪协议因违反事实真相查明义务和罪责原则而无效。

宪法法院认为，在第三个案件中，原审法院判决违反了事实真相查明义务和罪责原则。第一，原审法院的判决很大程度是基于未被证实的有罪供述，而且除了被告的有罪供述外，法院并没有进一步地调查事实真相。尤其是在本案中，被告人的供述仅仅是认同起诉书的指控，这并不足以认定事实真相。第二，更重要的是，本案中的量刑"剪刀差"过大。一方面，过大的量刑"剪刀差"违反了量刑中的责任原则，即罪刑相适应原则；另一方面，过大的量刑"剪刀差"在心理上给被告人产生不当的压迫感，无法保证被告人认罪的自愿性，侵犯了不自证己罪的权利。这其中就涉及一个问题：什么程度的量刑"剪刀差"是被允许的？宪法法院指出，这不是一个能得出精确答案的数学题。但在本案中，原审法院承诺被告人非常低的刑罚（两年有期徒刑），并且可以缓期执行；若不认罪，法院依普通程序审理可能判处三年以上有期徒刑且不得缓期执行。对此，宪法法院认为两个预期刑罚之间的差距过大。更严重的是，从原审法院的量刑承诺来看，原审法院有改变事实性质认定之嫌疑，因此宪法法院认定其判决违宪。根据《刑法》第250条第3款规定的法定刑，原审法院有协商过程中实际上告诉被告人：如果其认罪，行为属于情节较轻的抢劫，而若其不认罪，则属于情节较重的抢劫（持枪抢劫）。而以改变犯罪性质为内容的协商是不被德国法律所允许的。

3. 立法机构必须紧密关注认罪协商实践的未来发展趋势

在案件审理过程中，宪法法院指派一位大学教授进行了一项问卷调查，共有190位法官和68位检察官、76位律师参与了问卷调查。问卷调查结果显示下级法院在认罪协商过程中经常违反法律规定。例如，54.4%的法官认为，没有必要记录不成功的协商过程；只有61.7%的法官表示总是会审查认罪供述的真实可靠性；27.4%的法官表示在协商中曾经有被告人公开表示放弃上诉权。对此，宪法法院认为：法律实施，具体来说即认罪协商的实践经常违反宪法要求的情况，目前还不足以导致法律本身的违宪，但是立法机构必须紧密关注认罪协商实践的未来发展趋势。

首先，有关实证研究和证人证言表明，法院、检察院和被告人在进行认罪协商时，往往忽视或者违反法律有关的明文规定，上诉法院也经常没有履行监督认罪协商法律执行情况的职责。虽然实践中存在的问题还比较严重，但我们不能简单地得出"'认罪协商法'的保护机制不足以保证认罪协商活动符合宪法要求"，或者"'认罪协商法'违反宪法"等结论。

其次，法律的执行过程中出现违宪行为不足以推定法律本身违反宪法。只有当法律的自身缺陷必须导致违宪执法时，才能认定该法律违宪。也就是说，当法律的结构性缺陷决定了法律实施的不足时，才能够认定有关法律违反宪法。对于"认罪协商法"而言，只有当其存在结构性缺陷，即缺乏相应保护机制，或者其规定的保护机制太脆弱，并由此促进非法的、非正规的认罪协商实践的大量出现时，才能认为"认罪协商法"违宪。

最后，根据现有证据，法院目前还不能认为"认罪协商法"存在上述缺陷。认罪协商实践中存在的问题，是由于多种原因导致的，不能归咎于法律的缺陷。虽然有关实证研究、三个案件的申请人指出了认罪协商实践中存在的违法行为，但这并不足以证明问题是由法律规定的结构性缺陷所导致的。有关研究同时也忽视了这样一个事实：根据法治精神，实践需要遵守法律，而非法律遵守实践。另外，"认罪协商法"实施时间并不长，而在此之前，认罪协商已经发展了几十年，几十年形成的实践惯性（特别是违反宪法的认罪协商行为）是难以马上改变的。因此，需要改变的是实践的惯性，而"认罪协商法"正是实现蜕变的"工具"。

但另一方面，宪法法院特别指出，即使目前不能认为违宪的实践是由于"认罪协商法"的结构性缺陷所导致的，立法机关依然需要持续地关注认罪协商实践的发展情况。如果认罪协商的实践继续大规模地违反法律规则、如果"认罪协商法"规定的实体性和程序性保障机制不足以纠正法律执行过程中的缺陷，并因此使宪法的要求不足以被满足时，立法机关必须针对走入歧途的实践采取恰当的措施。否则，"认罪协商法"可能被认为是违反宪法的。

（五）德国认罪协商制度的启示

1. 认罪协商制度符合现代司法规律

认罪协商制度在各国都存在着激烈的争议和正反两方面截然不同的意见，但同时我们也无法否认，现代刑事诉讼法的顺利运作已经无法离开认罪协商，认罪协商制度的产生和在世界范围内逐渐普及是符合现代司法规律的。

首先，现代刑事诉讼法律规则给刑事司法系统的运作增添了昂贵成本。一方面，近几十年来，特别是在"二战"以后，随着法治的发展特别是人权保护在刑事诉讼法中得到越来越高的重视，刑事诉讼规则越趋复杂，辩护权的积极行使往往在客观上拖慢刑事诉讼效率，普通程序处理刑事案件所需时间相应地就越来越长；另一方面，近年来各国犯罪率整体来说并没有下降，刑事司法系统需要处理越来越多的案件。这两方面因素客观上要求各国将更多的人、财、物等资源投入刑事司法系统。但是众所周知，现实中这是不可能完成的任务，"案多人少"已经成为各国刑事司法制度所面对的共同问题。

其次，降低法治成本需要以法治的方式实现。面对沉重的案件压力，各国都在想办法加快刑事司法处理案件的速度。然而，效率的提高可能会对公平审判造成一定的威胁，因此各国在进行相关的制度设计时特别注意法治原则的遵守以及人权保障的要求。例如，无论如何追求效率，都不能侵害被告人的沉默权以及不得自证己罪原则。比较常见的提高效率的制度安排是扩大检察官的不起诉权，通过不起诉的方式减少进入法院的案件数量。德国的刑事处罚令制度也有类似的制度功能。但是这些制度往往只能处理一些与我国治安处罚案件相当的轻微犯罪案件。大量普通刑事案件办理效率的提高都有赖于被告人自愿放弃部分或者全部辩护权，而被告人自愿放弃辩护权的制度安排就是认罪协商制度，如美国90%以上的刑事案件就是通过辩诉交易机制处理。纵观目前各国的刑事法律机制，由于没有能够为刑事司法系统"减负"的"最优方案"，认罪协商制度就成为现代法治精神所能容忍的"次优方案"。因此，纵然认罪协商制度与传统德国刑事法律理念有相冲突之处，德国立法机关及德国宪法法院先后认可了认罪协商制度的合法合宪性。

既然认罪协商制度是符合现代刑事司法规律的，那么对于我国司法实践中出现的认罪协商实践探索，我们应当采审慎支持的态度。鉴于相关实践的自发性和某种程度的无序性,我国在进行认罪认罚从宽制度改革时不得不认真考虑构建合理的、法治化的认罪协商机制。也有学者指出:"在认罪认罚从宽制度推行的过程中,引入控辩双方的协商机制几乎是不可回避的一项改革措施。"① 但需要注意的是,既然认罪协商制度是以法治方式降低刑事司法成本的措施,那么该制度存在的前提必须是存在法治化的和人权保障程度高的、规则复杂的、成本高的刑事司法制度。但现实情况是,我国目前的刑事司法制度并不完全满足上述条件,如被告人没有保持沉默的权利、证人不出庭、证据排除规则不完善等不符合现代法治精神的情况依然存在,又如,"审判中心主义"的改革并没有取得重大进展,辩护权的行使客观上并没有给刑事司法效率造成实质影响。换言之,我国刑事司法法治化的目标并没有完全实现,现实中的刑事司法成本因此不能完全视为是法治的成本。和其他国家一样,我国司法机关也面临着"案多人少"的情况,但影响我国刑事效率的原因往往不在于复杂的刑事司法程序本身,更不在于辩护权的行使,而在于侦查法治化程度整体上不高、侦查检察审判能力不足、司法行政化(特别是司法机关内部层层报批)影响司法效率、一些案件证据没有达到法定定罪标准但因法院不敢宣告被告人无罪而造成久拖不判的现象,等等。因此,若在认罪认罚从宽制度改革方案中追加"认罪协商制度"的构建,我国必须同步加快推进和落实其他旨在实现刑事司法法治化的改革措施,特别是"审理者裁判"和"审判中心主义"等改革,并确保相关改革取得实质性的进步,否则认罪协商乃至认罪认罚从宽制度的改革就缺乏合理性。

2. 认罪协商规则需符合现代法治的要求

德国立法机构和宪法法院虽然最终接受了认罪协商制度,但同时也意识到认罪协商制度及其实践运作存在反法治的风险,因此德国立法机构制定了比较详细的规则,宪法法院在判决中亦再三强调认罪协商实践必须严格遵守相关法律规则。目前我国司法实践中的认罪协商与德国早期的认罪协商有点类似,都是在没有法律明文规定的前提下进行的探索。而德国认罪协商制度发展史给我国最大的启示在于,必须将认罪协商从一种"潜规则"法治化为一种公开透明、公正合理的明规则。就具体的规则建构而言,德国通过立法和宪法法院判决所确立的认罪真实性的程序保障机制、

---

① 陈瑞华:《认罪认罚从宽制度的若干争议问题》,《中国法学》2017年第1期,第45页。

认罪自愿性的程序保障机制和认罪协商的法律监督机制等三个方面的内容值得我国参考。

（1）认罪真实性的程序保障机制

在认罪协商案件中，被告人认罪往往有利于法官认定事实真相，但也存在例外。如果被告人认罪不真实，那么程序的从简、法官从快结案的个人意愿往往导致法官在没有查明事实真相的前提下作出判决。不真实的认罪主要表现为两种情况：一种是被告人虚假认罪，即被告人没有实施犯罪行为但出于某种原因而"认罪"。另一种情况是被告人承认部分罪行，即被告人只向司法机关承认其实际实施犯罪行为的一部分，而隐瞒了剩余罪行，借此结束诉讼程序、逃避部分处罚。无论是何种情形，基于不真实的认罪而进行的认罪协商都会造成司法不公，也无法实现查明事实真相的刑事诉讼目的。因此，法治化的认罪协商制度必须包含保障认罪真实性的程序机制。德国在这方面的做法主要体现在以下两个方面。

首先，德国《刑事诉讼法》第257c条规定，认罪协商案件中，《刑事诉讼法》第244条第2款规定的法官查明义务不受影响。因此，当被告人期待以认罪供述换取从宽处罚时，法院不能"睁一只眼、闭一只眼"地把认罪供述当作事实真相；相反，法院必须审查认罪供述的真实性，必要时应该调查其他证据来佐证认罪供述的真实性。[①] 德国联邦最高法院的一贯判例认为，查明事实真相是一种全面的案情查明，查明的范围涵盖法院获知的或者应当获知的、须运用一定证据加以证明的情况。即使法院认为，根据现有证据可以对案情事实形成确信可靠的心证，法院也不能忽视可供使用的其他证据。[②] 因此在认罪协商案件中，除被告人的认罪供述外，法院一般还需要收集其他证据。在一些案件中，如果被告人做出全面完整的、可信的供述，法院则不收集另外的证据。如在性侵害案件中，出于保护被害人的目的，法院往往在获得全面可靠认罪供述后不再要求被害人出庭作证。然而，只要被告人的认罪供述缺乏细节，或者仅仅是为了使法院作出妥协而承认最低限度的事实，法院就需要收集额外的证据。[③] 当然，

---

① 参见林钰雄《协商程序与审判及证据原则》（下），《月旦法学教室》2004年第26期，第83页。
② 参见宗玉琨译注《德国刑事诉讼法典》，知识产权出版社2013年版，第194页译注1。
③ 参见［德］托马斯·魏根特《德国刑事诉讼程序》，岳礼玲、温小洁译，中国政法大学出版社2004年版，第166—167页。

如果法院发现被告人根本没有犯罪，更有义务收集证据查明事实真相。

其次，法院和被告人达成认罪协议后，如果发现认罪供述与事实真相不符合时，认罪协议没有法律约束力。在被告人虚假认罪即没有实施犯罪行为而认罪的情形下，法院当然不能受协议的约束而判处罚。而在被告人隐瞒部分罪行的情况下，虽然从法理上说法官关于刑罚的承诺实际上构成了被告人某种信赖利益，法官不能随便违背承诺，但是被告人信赖利益的保护要以认罪供述符合事实真相为前提。换言之，在认罪协商案件中，事实真相的查明义务高于被告人的信赖利益。

(2) 认罪自愿性的程序保障机制

德国刑事诉讼法规定犯罪嫌疑人和被告人有沉默权，而我国刑事诉讼法规定犯罪嫌疑人和被告人有如实回答讯问的义务。虽然有这样的制度性差别，但德国和我国刑事诉讼法都规定了不得强迫自证己罪原则，因此司法机关不能强迫犯罪嫌疑人、被告人与其进行"认罪协商"。司法机关向犯罪嫌疑人、被告人发出"认罪协商"的要约时，犯罪嫌疑人、被告人往往会面临着"认罪从轻处罚"和"不认罪相对从重处罚"的选择困境，如果缺乏相应的保障机制，这种困境可能就变异为司法机关强迫犯罪嫌疑人、被告人自证己罪的制度性手段。在德国，有关认罪自愿性的保障机制主要体现在以下几个方面。

第一，犯罪嫌疑人、被告人没有认罪协商的义务。因此，犯罪嫌疑人、被告人不认罪只意味着案件会循正常的刑事诉讼程序进行。在该程序中，犯罪嫌疑人、被告人的程序性权利依然得到有效的保障。此外，除了"认罪从轻处罚"和"不认罪相对从重处罚"两种选择外，犯罪嫌疑人、被告人也能拥有被宣告无罪的希望。

第二，犯罪嫌疑人、被告人在辩护律师的帮助下，有和司法机关进行协商的权利和能力。由于犯罪嫌疑人、被告人往往缺乏法律知识、协商技巧和能力，再加上其自身不利因素（如正在被羁押）等原因，犯罪嫌疑人、被告人实际上难以真正地与司法机关进行平等的协商，而只能被动地接受司法机关提出的认罪条件。而在德国司法实践中，认罪协商一般是在司法机关和辩护律师之间直接进行，律师获得司法机关的承诺后才与犯罪嫌疑人、被告人沟通。在这种过程中，律师的直接参与有利于保障犯罪嫌疑人、被告人的权利不受侵害，同时能够运用其法律知识和谈判能力获得更优惠的量刑承诺。

第三，根据宪法法院的判决，法官量刑承诺需要符合刑法罪责原则的要求。如上所述，宪法法院在判决中指出，过大的量刑"剪刀差"违反了量刑中的责任原则，同时在心理上给被告人产生不当的压迫感，无法保证被告人认罪的自愿性，违反了不得强迫自证己罪原则。虽然宪法法院在判决中没有明确指出何种程度的量刑"剪刀差"属于法律允许，但是在认罪协商案件中重申罪责原则可以在一定程度上防止司法机关在认罪协商过程中滥用其刑罚裁量权。

第四，德国刑事诉讼法明确规定了法官承诺效力的有限性以及法官告知义务。据此，犯罪嫌疑人、被告人对于法官承诺可以有较为明确的法律预期。正如宪法法院在判决中指出的那样，虽然法官履行"认罪协商法"第257c条第5款的告知义务在具体案件中可能不会对犯罪嫌疑人、被告人是否认罪构成实质影响，但是该款具有保障公平审判、保障犯罪嫌疑人、被告人自由供述的制度性功能，即保障犯罪嫌疑人、被告人能够在获得所有信息、形成合理的法律预期的情形下决定是否与司法机关进行认罪协商。因此，法官不能单纯地从实用主义的角度随意决定是否履行告知义务。

（3）认罪协商的法律监督机制

在"认罪协商法"通过之前，德国认罪协商的司法实践经常是秘密进行的，缺乏相应的法律监督机制以防止权力的滥用。德国在立法过程中以及宪法法院在判决中也注重改变这种局面。

首先，"认罪协商法"通过增订一些条文保障认罪协商的公开透明，以符合言辞和公开审理原则。第257c条第3款规定法院需在庭审中告知协议的内容，诉讼参与人在法庭上有发表意见的权利。此外，《刑事诉讼法》第267条第3款规定法院判决中需说明认罪协商的内容；第273条第1a款规定法庭笔录中应当将根据第257c条进行的协商的过程、内容以及结果记录下来，如果没有进行协商，笔录中也应当对此进行记录。

其次，"认罪协商法"明确规定了认罪协商的法律救济机制。在"认罪协商法"制定之前，被告人在认罪协商时经常被要求放弃上诉权。对此做法存在正反两方面的意见。赞成者认为，绝大部分认罪协商案件的被告人都不上诉，因此放弃上诉权对被告人不会造成实际影响且有利于提高效率。反对者则认为，上诉权是被告人的基本权利，不得在协商中加以侵犯。如上所述，在立法之前，德国最高法院在判决中对此问题态度比较暧昧。"认罪协商法"则明确要求司法机关在协商过程中不得要求被告人放弃上诉等救济权利。根据新增订的《刑事诉讼法》第35a条和第302条等规定，协议不得包括放弃上诉的内容，而且即使存在认罪协议，被告人在任何情况下均可以自由决定是否提出法律救济。

最后，宪法法院在判决中强调检察官和上级法院在认罪协商中的法律监督。虽然认罪协商需要经检察官同意，但是宪法法院在判决中特别强调检察官仍然要对认罪协商的合法性进行监督，若认罪协议违法，检察官有义务提出抗诉。而上级法院在审理上诉案件时，也需要特别审查原审法院的认罪协议在程序上和实体上是否符合法律的要求。

诚然，德国的认罪协商制度并非十全十美。例如，无论是"认罪协商法"还是宪法法院的判决，都没有强调被害人在认罪协商程序中的地位和权利保障。被害人如果在刑事诉讼中无法以"附加诉讼人"的身份参与，那么就没有权利参与也不能影响认罪协商。在德国，被害人作为附加诉讼人，有机会针对认罪协议发表自己的意见，但没有权利去否决认罪协议。虽然被害人对于认罪协商和法院的量刑决定不应该拥有否决权，但是在认罪协商程序中，被害人的权利地位太脆弱，[①] 不得不说是德国制度的一个短板，因此我国在制度设计时需要以此为鉴，注重加强认罪协商过程中被害人利益的保护。

第三节　认罪协商的中国争论

在开展刑事速裁程序试点过程中，许多基层司法机关将"犯罪嫌疑人、被告人同意公诉机关的量刑建议"的规定理解为量刑协商，进而构建了检察机关与被追诉人之间的某种形式的认罪协商机制。例如，在福清市适用刑事速裁程序的案件，犯罪嫌疑人在值班律师或者辩护人的帮助下，可以跟检察机关就刑罚种类、刑期、认罪认罚从宽幅度以及刑罚执行方式等进行量刑协商。控辩双方达成一致意见的，检察机关就按照协商结果拟

---

① See Thomas Weigend & Jenia Iontcheva Turner, "The Constitutionality of Negotiated Judgments in Germany", 15 No.1 *German Law Journal*, 100 (2014).

定明确、具体的刑罚种类及刑期向人民法院提出量刑建议①。在一些地方，控辩双方达成一致意见后，要求被追诉人签订《认罪协商承诺书》。例如，根据北京市朝阳区人民检察院推出的认罪协商机制，如果犯罪嫌疑人与检察官达成协议，并签署认罪协商承诺书，检察官提起公诉时将提出比同类犯罪行为正常量刑建议减轻10%—20%幅度的建议。②

在刑事案件速裁程序试点经验的基础上，我国开启了新一轮的认罪认罚从宽制度改革。然而，在刑事速裁程序试点中出现的"量刑协商""认罪协商承诺书"等并没有被写入《认罪认罚决定》和《认罪认罚办法》。《认罪认罚办法》只使用了"同意量刑建议，签署具结书"的表述。其中，"同意量刑建议"与"量刑协商"相似；"具结书"与"认罪协商承诺书"相似。不过这只是理论上的一种可能的解释。考虑到"刑事协商"在我国理论与实务界的巨大争议，无论是"同意量刑建议"，还是"具结书"，都可能被解释为与"协商"无关的制度。与此同时，语言的选择从某种角度上反映了决策者仍然不愿意正式承认认罪协商制度。

认罪协商的中国争论，可分解为两个相互关联的问题。一个问题是，国外的认罪协商制度是否能为中国刑事诉讼法制度所接受？另一个问题是，在目前的认罪认罚从宽制度改革中，认罪认罚是否意味着允许协商？如果认为国外的认罪协商制度能够在中国刑事诉讼法制度中落地生根，那么肯定也会赞同在认罪认罚从宽制度中开展控辩协商。如果认为国外的认罪协商制度不能在中国刑事诉讼法律制度中找到栖身之地，那么在后一个问题上大多亦持反对意见，但也有可能认为认罪认罚从宽制度改革可以在一定程度上允许协商。从学术史的角度而言，认罪认罚从宽制度改革前后，我国理论界对于认罪协商的争论并没有停止，在许多问题上其实还没有达成共识。

一 认罪协商的不同意见

对辩诉交易制度，我国学界有截然相反的观点，反对与赞成辩诉交易

---

① 参见郑敏、陈玉官、方俊《刑事速裁程序量刑协商制度若干问题研究——基于福建省福清市人民法院试点观察》，《法律适用》2016年第4期，第24页。
② 参见黄洁《北京朝阳检察推认罪协商机制》，《法制日报》2016年2月14日。

反对辩诉交易的学者认为，辩诉交易需要在特定条件下才能正常运行，多数国家特别是大陆法系国家采取了非常谨慎的态度，辩诉交易不符合中国的法律精神和司法实践，我国也不存在实施辩诉交易制度的内存机制和压力，没有必要采取辩诉交易；辩诉交易不利于鼓励犯罪分子认罪，也不是解决刑讯逼供、超期羁押等问题的方法；如果采取辩诉交易，将会冲击我国的侦查、起诉和审判制度，对程序法治造成破坏并容易造成冤案、加剧司法腐败现象。[1]

赞成观点则认为，辩诉交易具有一定的普遍性与实效性，我国刑事诉讼活动中实际存在着辩诉交易。通过引进辩诉交易制度，可以在我国形成新的诉讼观。但是在借鉴国外合理做法引进辩诉交易制度时，需要进行必要的规制，包括限制适用范围、限制适用条件、限制交易内容、规范交易形式、加强司法审查和健全救济机制等。[2]

虽然我国实务界的主流政策是反对"交易"，但"协商""交易"已经成为公开的秘密。例如，在办理贪腐案件中，办案人员为了获取被追诉人的有罪供述以及积极配合，常常允诺降低指控、从宽处理或者其他利益。[3] 认罪协商既然成为司法惯例，理论的纯粹反对就变得毫无意义，相反可能会造成更大的问题：一方面，理论的反对理由可以转化为反对立法的理由，从而使法律中难以规定认罪协商制度；另一方面，司法实践却以各种形式、各种名义来实施认罪协商，却不会受到法律的约束。而这并不符合"权力关进制度的笼子里"的要求，更容易滋生腐败和权力滥用现象。

二 认罪认罚与协商

在认罪认罚与协商的关系这一问题上，有共识的是，认罪认罚从宽制

---

[1] 参见孙长永《珍视正当程序，拒绝辩诉交易》，《政法论坛》2002年第6期，第44页以下；张建伟：《辩诉交易的历史溯源及现实分析》，《国家检察官学院学报》2008年第5期，第10页。
[2] 参见龙宗智、潘君贵《我国实行辩诉交易的依据和限度》，《四川大学学报》（哲学社会科学版）2003年第1期，第123页以下；龙宗智《正义是有代价的——论我国刑事司法中的辩诉交易兼论一种新的诉讼观》，《政法论坛》2002年第6期，第6页。
[3] 参见张建伟《认罪认罚从宽处理：内涵解读与技术分析》，《法律适用》2016年第11期，第7页。

度借鉴了辩诉交易制度的某些成分，但是关于这是否意味着推行认罪认罚从宽制度就需要引进控辩协商机制，则有不同的意见。

反对的意见认为，认罪认罚从宽制度没有可协商性、交易性。[1] 另外也有反对意见指出，虽然该制度要求检察机关听取被追诉人的意见并就认罪认罚达成双方的合意，但被追诉人只有接受或者不接受的权利，没有讨价还价提出反对建议的权利。[2] 也有相似观点认为，被追诉人在签署具结书的过程中虽然有控辩协商的成分，但不意味着被追诉人拥有讨价还价的权利。[3] 左卫民教授指出，对被追诉人主动认罪认罚进行从宽处罚的程序机制，包括交易协商供给机制和法定职权供给机制。在前一种机制下，刑罚优待是控辩双方在一定证据基础上讨价还价的结果；在后一种机制下，刑罚优待则是检察官依职权申请、法官依职权确定的制度。在我国，认罪认罚从宽制度改革应当采取后一种机制[4]，即不能引入协商程序。

赞成的学者认为，认罪认罚从宽制度改革标志着具有中国特色的认罪协商制度改革正式展开[5]，完善认罪认罚从宽制度的重点是建立认罪认罚协商从宽制度，[6] 或者说完善认罪认罚从宽制度的核心是构建中国式认罪协商程序。[7] 其中所谓"中国特色""中国式"，指的是我国不能全部照搬国外的认罪协商制度，特别是美国的辩诉交易制度。例如，有学者指出，控辩双方的协商只能适用于案件事实清楚证据确实充分的案件，双方只能就量刑问题——犯罪嫌疑人自愿认罪而获得的可能优惠——进行协商，不能就定罪问题——罪名、罪数——进行协商或者交易，也要防止检察机关在事实不清证据不足的案件中试图以认罪认罚之名，减轻或者降低其证明

---

[1] 参见周嘉禾、吴高庆《认罪认罚从宽制度中律师的主要职能和作用》，《公安学刊》2016年第6期，第79页。

[2] 参见鲜铁可、肖先华《认罪认罚从宽制度中检察机关听取意见机制探讨》，载胡卫列等主编《认罪认罚从宽制度的理论与实践——第十三届国家高级检察官论坛论文集》，中国检察出版社2017年版，第754页。

[3] 参见北京市高级人民法院刑一庭《刑事案件认罪认罚从宽制度综述》，《人民法治》2017年第1期，第12页。

[4] 参见左卫民《认罪认罚何以从宽：误区与正解》，《法学研究》2017年第3期，第170页。

[5] 参见叶青、吴思远《认罪认罚从宽制度的逻辑展开》，《国家检察官学院学报》2017年第1期，第9页。

[6] 参见顾永忠、肖沛权《"完善认罪认罚从宽制度"的亲历观察与思考、建议——基于福清市等地刑事速裁程序中认罪认罚从宽制度的调研》，《法治研究》2017年第1期，第58页。

[7] 参见胡铭《认罪协商程序：模式、问题与底线》，《法学》2017年第1期，第170页。

责任①。

在本书看来，无论是赞成或者反对认罪协商，总能找到相应的理由。但需要注意的是，我们不能因为反对美国的辩诉交易制度而全盘否定"刑事协商"或者"认罪协商制度"。虽然我国理论界谈及"刑事协商"时，一般会联想到美国辩护交易制度，但它并非认罪协商的唯一模式。那种认为我国引进协商程序就是将辩诉交易制度与认罪认罚从宽制度进行程序上的对接、通过反对引进美国辩诉交易制度来反对中国构建刑事协商程序的观点②，就犯了"以偏概全"（以美国辩诉交易制度概括所有认罪协商制度）的错误。

事实上，认罪协商制度在不同国家、不同法系以不同形式、不同程度地存在着。美国式的辩诉交易制度基本上只存在于美国。这说明了，认罪协商既有令人不可抗拒的一面，也有令人无法放心的一面。是否在刑事诉讼制度中构建认罪协商机制，取决于一国基于其司法现实情况所做的政策性选择。选择了认罪协商，并不意味着选择了美国式的辩诉交易，更不意味着选择了魔鬼、买卖了正义，而拒绝认罪协商，也不意味着正义就必然得到守护。既然我国选择"认罪认罚政策"，开展"认罚"改革，那么构建某种形式的认罪协商机制是符合逻辑、符合现实的选择。

第四节 认罚的规则构建

"协商式量刑建议模式"虽然已经确立，但其要想获得最终的成功，关键在于建立一套完善的程序规则。在试点改革时期，控辩双方的协商程序不规范、缺乏具体的程序规范、没有可供参照的规则等问题困扰着司法实践，与此同时，那种认为程序可有可无的思想观念仍然发生着惯性作用。③ 进入全面改革阶段以后，虽然现行《刑事诉讼法》第173条规定了

---

① 参见陈卫东《认罪认罚从宽制度研究》，《中国法学》2016年第2期，第54页。
② 参见左卫民《认罪认罚何以从宽：误区与正解》，《法学研究》2017年第3期，第165页以下。
③ 参见张建伟《认罪认罚从宽处理：中国式辩诉交易？》，《探索与争鸣》2017年第1期，第76—77页。

认罚的"实施程序",第174条规定了认罚的"签署程序",第201条规定了认罚的"确认程序"等,但是,有关法律条文或者程序机制并没有构建出完整的协商式量刑建议模式,甚至对于最基本的"协商"概念,法律都没有作出明确规定。构建科学的量刑协商机制,还需要进一步深化改革。

一 功能定位

从比较法的角度而言,境外认罪协商的主要制度功能有三项:一是合法地"诱惑"犯罪嫌疑人、被告人放弃沉默权;二是被告人向法官正式表示认罪;三是简化诉讼程序,特别是审判程序。而在我国现有的刑事诉讼制度下,认罪协商的制度性功能可能仅限于简化诉讼程序。

首先,我国并没有沉默权的规定,认罪协商不具有引诱犯罪嫌疑人、被告人放弃沉默权的功能。现行《刑事诉讼法》规定"不得强迫任何人证实自己有罪"的同时,规定了"犯罪嫌疑人对侦查人员的提问,应当如实回答"。从内容上看,这两个规定似乎存在一定的冲突和矛盾,但立法机关却认为并不矛盾,理由是刑事诉讼法"要求犯罪嫌疑人如果你要回答问题的话,你就应当如实回答,如果你如实回答,就会得到从宽处理",讯问中宣传法律关于如实供述自己罪行可以从轻处罚的规定,通过思想工作让犯罪嫌疑人交代罪行、争取从宽处理,不属于强迫犯罪嫌疑人证实自己有罪。[1] 从制度上而言,"不得强迫任何人证实自己有罪"的权利与"如实回答"的义务之间不存在必然的矛盾。前者强调的是认罪的自愿性,后者强调的是认罪的真实性。但由于被告人没有沉默权,"如实回答"义务还包括"必须回答"的义务,而在侦查人员看来,犯罪嫌疑人如果作无罪供述,则往往被认为是"不如实回答"(即便犯罪嫌疑人真的无罪),犯罪嫌疑人将面临一系列不利后果,进而架空了"不得强迫任何人证实自己有罪"的权利。前述所谓二者不矛盾的说法,其实隐含了有罪推定的精神。有学者则试图通过解释的方式将沉默权的内容纳入"不得强迫任何人证实自己有罪"的权利与"如实回答"的义务当中。即将二者的内容与关系解释为:"侦查人员讯问犯罪嫌疑人时,应当告知犯罪嫌疑人如实供述自己罪行可以从宽处理的法律规定,不能使用任何方式强迫其证实自己有

---

[1] 参见郎胜主编《中华人民共和国刑事诉讼法释义》,法律出版社2012年版,第107页。

罪或者做不利于自己的陈述。犯罪嫌疑人对于侦查人员的讯问享有回答的选择权。犯罪嫌疑人自愿如实回答侦查人员提问的，其回答的内容应当如实。拒绝回答的，司法机关不得认为这是抗拒，不得以此作为量刑从重的根据。"① 这种解释虽然值得赞许，但能否被司法实践特别是侦查机关接受，依然存在很大的疑问，因此我们仍然要追求在刑事诉讼法中明文规定被告人沉默权的内容。而在没有沉默权的情形下，认罪认罚从宽制度改革虽然没有说服被告人放弃沉默权的制度性功能，但我们应当赋予它作为推动沉默权入法的原因——既然我国已经规定了认罪认罚从宽制度，那种认为沉默权会给侦查带来巨大障碍因而反对立法的理由已经不存在，我国有足够的理由在刑事诉讼法中正式规定沉默权。

其次，国外的认罪协商制度与我国的认罪认罚从宽制度都有助于控方获得被追诉人的认罪口供，有利于控方获得足够的定罪证据。然而，二者的证据功能的实践表现并非完全一致，甚至可以说有较大区别。在其他许多国家或者地区，被告人的"供述或者辩解"在法律性质上属于"证人证言"，因此被告人的有罪答辩或者认罪表示必须在法庭上作出才具有证据意义，被告人在法庭上保持沉默或者作无罪表示都可能使控方在审前的努力功亏一篑，辩诉交易或者控辩协商就可以有效地防止这种现象的发生。在我国刑事司法实践中，被告人在审判前或审判中作出的有罪供述，都具有证据价值。被告人在开庭前作有罪供述而在法庭上作无罪表示的，将被视为"翻供"，而"翻供"一词本身就带有某种贬义或者否定性评价。同时，判决前的有罪供述不仅仅可以在法庭上宣读并作为定罪的证据，也可以作为被告人认罪态度不好的量刑证据。但"翻供"现象的确给办案人员的工作带来不少麻烦（如可能要启动非法证据排除程序等），认罪认罚从宽制度能够保证被追诉人"稳定持续地"表示认罪，因此省去因翻供而给办案人员增加的工作负担。

最后，在英美法系国家，被告人的认罪答辩将会节省法庭调查程序，辩诉交易则进一步简化了量刑程序。在大陆法系国家，被告人认罪表示以及认罪协商可能导致适用简易程序（且可能是不开庭的书面审理的方式），也可能导致普通程序中法庭调查过程的简化。在我国刑事诉讼中，与大陆法系国家相似，认罪可能导致适用简易程序或者普通程序简化审，不同的

---

① 王敏远等：《刑事诉讼法修改后的司法解释研究》，中国法制出版社2016年版，第101页。

是，我国的简易程序适用范围比较广，不限于轻罪，且我国没有书面审理的简易程序。本轮认罪认罚从宽制度改革所新增的"认罚"机制，则简化了庭审过程中的量刑程序，虽然目前它只是一种相对独立的量刑程序。

以上是从比较法角度得出的结论，而从我国特殊实际出发，认罪认罚从宽制度改革还具有落实司法责任制的功能。具体而言，在认罪认罚案件中，办案人员获得了比较大的处理权限，法律没有规定但事实上广泛存在的内部审批程序得到了很大程度的压缩甚至取消，这将有利于实现司法责任制，特别是实现真正意义的"审理者裁判、裁判者负责"。

二 理念基础：从义务本位主义走向权利本位主义

虽然"认罪认罚制度改革"所涉及的主要是刑事诉讼制度的内容，但有关改革并没有彻底地贯彻程序思维。当前，《刑事诉讼法》中关于认罚程序机制的规定在整体上体现了"预设结果"的实体法思维，缺乏程序法思维。此处的"程序思维"，主要是指一种"从无到有"的思维过程。例如，刑事诉讼中的"侦查—审查起诉—审判"程序体现了将一个被推定为无罪的犯罪嫌疑人一步一步地认定为有罪或者无罪的思维。但是，在认罚的程序机制中，我们却难以发现这种"从无到有"的程序思维，反而在一些条文中看到了"无中生有"的现象，即直接假设已经存在一个"认罪认罚"的结果。例如，《刑事诉讼法》第173条第2款规定，"犯罪嫌疑人认罪认罚的，人民检察院应当告知其享有的诉讼权利和认罪认罚的法律规定"，并应听取犯罪嫌疑人、辩护人或者值班律师、被害人及其诉讼代理人关于"涉嫌的犯罪事实、罪名及适用的法律规定""从轻、减轻或者免除处罚等从宽处罚的建议"和"认罪认罚后案件审理适用的程序"等事项的意见。此规定适用的前提条件是"犯罪嫌疑人认罪认罚的"。显然，这是不准确的表述方式。在审查起诉阶段，犯罪嫌疑人认罪认罚是适用认罚程序后的一个结果，而并非适用认罚程序的前提，也就是说，在认罚协议达成之前，人民检察院就应当履行相关的告知义务和听取意见义务。可见，此款规定有倒果为因之逻辑缺陷。

我们可以从两个方面分析出现此种逻辑缺陷的原因。从形式上看，目前法律规则的结构性缺陷是缺少认罚的启动程序。虽然包括"犯罪嫌疑人、被告人认罪认罚的"这种表述的法律条文很常见，但是，关于如何启动认罪认罚的规定尚付阙如。从实质上看，法律模棱两可甚至出现逻辑缺陷的原因在于，法律既不愿意承认"认罚"是被追诉人的权利，也不愿意承认被追诉人有启动"认罚"程序的权利。这反映出一种根深蒂固的"义务本位主义"的思维。在传统法律观念中，"认罪"被视为被追诉人通过坦白等方式换取宽大处理的伏法表现，延续此种观念，"认罪认罚"同样被视为被追诉人"认罪服法"的表现，而且是被作为其义务来对待的。[①]这明显是一种"义务本位主义"的思维方式，是我国"义务本位主义"刑事诉讼模式在认罚机制中的体现。在义务本位主义的刑事诉讼模式下，法律、政策与实践均强调被告人的服从义务，排斥被告人与国家追诉机关的对抗。[②] "愿意接受处罚"所要表达的意思同样是公民的服从义务，具体而言，就是指被追诉人自觉接受处罚的法律义务。

纠正上述逻辑缺陷，推行认罪认罚从宽制度改革，构建协商式量刑建议机制，需要我们确立一种"权利本位主义"的思维模式。虽然"认罪认罚"不是放弃或处分诉讼标的及权利，[③]但无疑是被追诉人行使量刑辩护权的体现。被追诉人既可以在审判过程中行使量刑辩护权，也可以在审前行使量刑辩护权。在职权式量刑建议模式下，"量刑辩护"发生在庭审阶段，其核心任务是在推翻检察机关之量刑建议的基础上，说服法官接受本方提出的有利于被告人的量刑方案。认罪认罚从宽制度改革在提高了量刑建议的制度性地位的同时，客观上也赋予了被追诉人在审判前进行量刑辩护的权利，只不过由于审前阶段没有"裁判者"，因此"量刑辩护"只能体现为控辩协商，其核心任务是与检察机关达成双方都能接受的量刑方案。然而，在改革过程中，受义务本位和权力本位的思维定式影响，尽管量刑建议的权力构建受到了重视，但审前量刑辩护权的构建问题在很大程度上被忽视。如果我们能确立"认罚是量刑辩护权在审前阶段的特殊形态"这一理念，那么，许多思想上或者制度上的问题就能迎刃而解。然而，不可否认的是，确立该理念并实现有效辩护，是"认罚"改革中最难啃的"硬骨头"。

---

① 参见王敏远《认罪认罚从宽制度疑难问题研究》，《中国法学》2017年第1期，第26页。
② 参见陈瑞华《刑事诉讼中的问题与主义》，中国人民大学出版社2011年版，第123页。
③ 参见卞建林、谢澍《职权主义诉讼模式中的认罪认罚从宽——以中德刑事司法理论与实践为线索》，《比较法研究》2018年第3期，第127页。

三 有效辩护：改革的"硬骨头"

协商式量刑建议机制是检察权运行程序与辩护权行使程序相结合而形成的机制。目前，在制度构建时，检察权运行程序得到了充分的重视，但辩护权行使程序的构建在某种意义上仍处于"写报告时很重要，司法实践时不想要，立法时很难要"的困境。在法律规则修改之前，我们可以将《刑事诉讼法》第173条第2款的"犯罪嫌疑人认罪认罚的"解释为"犯罪嫌疑人提出认罪认罚协商建议的"，即将其构建为认罚的启动程序，并赋予犯罪嫌疑人量刑协商的启动权。除"启动权"之外，更重要的是构建审前量刑辩护权的程序机制，从而充分实现"有效辩护"。至为关键的是，应实现辩护律师参与的全覆盖，即只有对于辩护律师参与的案件，才能适用认罪认罚从宽制度，检察机关的办案人员只有在有辩护律师参与的场合，才能与被追诉人进行协商。

首先，当前的值班律师的法律帮助无法解决认罚制度的结构性风险。由于协商性司法的"结构性风险"，所以现实中存在侦控方利用资源优势压制被追诉人辩护权的可能，此风险在各国都存在。[1] 在我国推进"认罚"制度改革时，不能盲目乐观地认为我们能够轻易地避免此种风险。纵观各国法律与司法实践可知，我国应对此种结构性风险的唯一办法是健全审前辩护权的行使机制。为了健全辩护权的保障机制，我国在改革中发展出"值班律师"制度，并随后将其写进了2018年修改后的《刑事诉讼法》。由该法第36条、第173—174条等法律条文所构建出来的值班律师制度被认为是加强当事人权利保障的重要措施，[2]《指导意见》则进一步明确了值班律师拥有会见权与阅卷权。值班律师制度虽然完善了辩护权在审前程序的行使机制，但仍是不足够的。从根本上讲，值班律师制度体现的是"法律帮助"的观念，而非"有效辩护"的理念。在实践中，一些法官和检察官也承认，值班律师的法律帮助质量比较低，存在辩护能力有限、辩护行

---

[1] 参见龙宗智《完善认罪认罚从宽制度的关键是控辩平衡》，《环球法律评论》2020年第2期，第6—8页。
[2] 参见沈春耀《关于〈中华人民共和国刑事诉讼法（修正草案）〉的说明——2018年4月25日在第十三届全国人民代表大会常务委员会第二次会议上》，http://www.npc.gov.cn/zgrdw/npc/xinwen/2018-10/26/content_2064462.htm，2020年8月19日访问。

为实际作用有限等问题。① 值班律师的法律帮助在整体上没有达到有效辩护的程度,特别是存在值班律师角色"见证人"化、缺少不同诉讼阶段中值班律师的衔接机制以及值班律师的履职保障不足等问题。② 可见,值班律师制度目前实现的只是比较低水平的辩护,无法应对侦控方利用资源优势压制被追诉人辩护权的结构性风险,不符合司法规律的要求。

其次,辩护律师参与是认罚制度的内在要求。在传统的刑事诉讼中,律师辩护并非所有案件中的强制要求,因此,在刑事诉讼中安排"值班律师"给被追诉人提供某种程度的法律帮助,无疑是司法文明的一大进步。但是,"协商式量刑建议模式"的出现给刑事诉讼制度运行带来了深刻变化,我们再也不能以值班律师聊胜于无的观念去评价相关程序规则的优劣。学者指出,只有律师的有效辩护,才能保障被告人认罪的自愿性、程序选择的自主性及量刑建议的公正性,③ 构建认罚程序的关键其实在于完善审查起诉阶段的辩护机制。④ 这些观点虽然指出了辩护的重要性,但并没有指明问题的核心。鉴于量刑建议协商过程及其法律效力的特殊性,若要实现真协商而不是假协商,公平协商而非压制式协商,只能由检察官与辩护律师之间进行协商,这也是世界各国在刑事协商中的通行做法。换言之,辩护律师(无论是被追诉人聘请的辩护律师,还是法律援助提供的辩护律师)的全程参与⑤是认罚程序的内在要求,若无辩护律师的参与,就不能适用认罚程序。

最后,有效辩护是改革的"硬骨头",若"啃不下",就不能轻言改革。在我国的司法实践中,辩护律师介入率低、介入程度与影响力低本来就一直是困扰我国刑事辩护制度的现实难题。若要求辩护律师全面参与认罪认罚案件,就需要花费更多的法治资源来解决律师不足等客观问题。在司法实践中,"由于资源有限、律师人数不足而无法实现辩护律师全面参与"看似一个难以解决又必须妥协的现实问题,但其实是一个伪命题。如

---

① 参见潘金贵、李冉毅《规则与实效:刑事速裁程序运行的初步检视》,《安徽大学学报》(哲学社会科学版)2015年第6期,第108页。
② 参见贾志强《论"认罪认罚案件"中的有效辩护——以诉讼合意为视角》,《政法论坛》2018年第2期,第172页。
③ 参见闵春雷《认罪认罚案件中的有效辩护》,《当代法学》2017年第4期,第27页。
④ 参见龙宗智《完善认罪认罚从宽制度的关键是控辩平衡》,《环球法律评论》2020年第2期,第5页。
⑤ 参见王敏远《认罪认罚从宽制度疑难问题研究》,《中国法学》2017年第1期,第28页。

果在个案中条件不允许且不能创造相关条件，就不能适用认罚程序。既然我们对"律师全面参与"不能有不切实际的幻想，那么，我们对认罪认罚的适用率也就不能提出脱离实际的要求。"认罚"改革虽然能够在落实宽严相济刑事政策、提高司法效率等方面促进法治进步，但是法治进步是需要成本的，而绝不是轻轻松松、敲锣打鼓就能实现的，那种认为"不需要改革成本就能实现改革效益"的想法本身就是脱离实际的，而"辩护律师的全覆盖、全程参与"既是"权利本位主义"的要求，也是认罪认罚从宽制度改革的主要成本。与其说它是必须妥协的现实难题，不如说它是在改革中必须啃下的"硬骨头"。

第四章 "从宽"的理论展开与制度变革

　　司法宽容是人类社会进步的直接体现[①]，也是现代司法文明的重要内容。认罪认罚从宽制度改革的"从宽"体现了司法宽容的精神，值得肯定。然而，理论上和制度上如何对"从宽"进行构建，需要仔细推敲，既不能有从宽之名而无从宽之实，也不能因改革方向正确而过于激进，或者过分强调从宽而违背罪责刑相适应原则。

　　"从宽"一词，看似简单，但其法律含义比较复杂且模糊不清。从刑事政策学的角度来看，"从宽"的外延非常广阔，所有对被追诉人与犯罪分子的优惠待遇都可以示为"从宽"。作为法律概念以及认罪认罚法律后果的"从宽"，则需要有明确的内涵与外延。因此，完善认罪认罚从宽制度，客观上就需要在法律上明确"从宽"的具体含义。这同时也是认罪认罚从宽制度改革实践的客观需要。假如"从宽"的具体法律含义与表现形式不明确，有关国家机关就无法对被追诉人提供准确的权利告知内容，被追诉人亦无法预见自身的认罪认罚行为可能带来的法律后果，律师也难以作出有意义的法律辩护。与立法与司法实践的客观需求要对应，理论上就必须对"从宽"进行科学的分析与解释，并为制度构建提供理论指导。

　　从宽的适用与落实，需要以刑事法律规范为依据，以刑事政策为指引。宽严相济刑事政策以及认罪认罚从宽政策已经为从宽提供了比较良好的政策指引，但是目前的法律特别是刑事法律规范在某些方面还不能很好地实现刑事政策目标。在改革试点过程中，一些法官没有完全弄清楚认罪认罚从宽制度中的"从宽"与自首、坦白、自愿认罪、真诚悔罪、退赔退

[①] 参见陈卫东《认罪认罚从宽制度研究》，《中国法学》2016年第2期，第52页。

赃等法律规定中的"从宽"之间的关系，造成适用上的困惑①。为此，为保障认罪认罚从宽制度改革的顺利推进，我们需要在认真梳理甚至清理现有法律规范的基础上对相关法律进行修改或者增补，从而形成一套严谨科学的从宽规则体系。

第一节 "从宽"概念的法理分析

对于"从宽"概念的内涵，学者之间有不同的主张。陈卫东教授认为，除程序上体现从简以及可能带来依法不捕等后果以外，主要体现在刑法规定的从轻、减轻处罚②，应当从程序从简和实体从宽两个维度，推进认罪认罚案件从宽处理。③ 朱孝清教授则指出，"从宽"包括实体上的依法从轻、减轻或免除处罚，以及程序上适用较轻的强制措施和从简的诉讼程序；其中实体从宽既包括检察院（因从宽）相对不起诉，也包括法院从宽量刑。④ 汪海燕教授指出，从宽处理主要包括终止程序（酌定不起诉、附条件不起诉）和量刑上从轻、减轻或免除处罚。⑤ 陈光中教授指出，从宽处理包括实体从宽和程序从宽。实体从宽在审查起诉阶段主要体现为做出不起诉决定；在审判阶段体现为法院在法定量刑幅度内从宽处罚；根据《刑事诉讼法》第161条的规定，侦查阶段不存在实体处理的空间，因此无法"实体从宽"。程序从宽主要体现为在各诉讼阶段，对被追诉人采取非羁押性强制措施。⑥

---

① 参见王兆忠《认罪认罚从宽制度改革的内涵解读与试点实践——以武汉市中级人民法院推进试点工作为视角》，《武汉审判》2017年第3期，第39页。
② 参见陈卫东《认罪认罚从宽制度研究》，《中国法学》2016年第2期，第63页。
③ 参见陈卫东《认罪认罚从宽制度试点中的几个问题》，《国家检察官学院学报》2017年第1期，第4页。
④ 参见朱孝清《认罪认罚从宽制度的几个问题》，《法治研究》2016年第5期，第36页。
⑤ 参见汪海燕、付奇艺《认罪认罚从宽制度的理论研究》，《人民检察》2016年第15期，第10页。
⑥ 参见陈光中、马康《认罪认罚从宽制度若干重要问题探讨》，《法学》2016年第1期，第5—6页；陈光中《认罪认罚从宽制度实施问题研究》，《法律适用》2016年第11期，第9—10页。

以上观点中，比较有共识的是，改革之前在刑法和刑事诉讼法中已经存在的"从轻、减轻、免除处罚"、刑事强制措施的从宽适用、不起诉等是"从宽处理"的主要表现形式。没有形成共识的是"程序上的从简"是否可以纳入"从宽处理"的范畴。此外，以上观点基本上形成于《认罪认罚决定》颁布之前，学者的归纳对象只是刑法和刑事诉讼法中已经存在的制度，但《认罪认罚办法》在现有制度的基础之上，增加了一些从宽处理的举措，需要在理论上做进一步的阐释。

一 "从宽处理"：从政策到法律概念

根据《认罪认罚决定》和现行《刑事诉讼法》，"从宽"是指"依法从宽处理"。在日常生活中，人们对于"从宽"或者"从宽处理"似乎是比较熟悉的，但在传统刑事法学中，它们并非正式的法律概念，而是一个刑事政策术语。作为一个刑事政策术语，它所表达的是对于特定类型犯罪或者犯罪人的从宽处理的政策，如"坦白从宽"、对未成年犯罪人从宽处理等等政策都是源远流长的。在规范性文件中，相关术语一般仅见于司法解释当中。例如，《关于审理抢劫刑事案件适用法律若干问题的指导意见》中就有这样的规定："对于犯罪情节较轻，或者具有法定、酌定从轻、减轻处罚情节的，坚持依法从宽处理。"

随着"从宽处理"在刑事司法实践的广泛使用，这一概念获得了法律的正式承认。最早将"从宽处理"写进我国刑事法律的，是2012年新修订《刑事诉讼法》有关侦查人员权利告知[①]以及刑事和解制度[②]的规定。

这种将政策性概念直接转换为法律概念的做法，当然可以视为政策与法律互动，特别是政策转化为法律的途径。但也有学者指出，"刑事政策用语直接被用作刑事法律术语是曲解刑事政策功能、错解刑事政策与刑事法律关系的结果"[③]。这种观点可能过于极端。刑事政策与刑事法律虽然有

---

① 《刑事诉讼法》第118条第2款规定，"侦查人员在讯问犯罪嫌疑人的时候，应当告知犯罪嫌疑人如实供述自己罪行可以从宽处理的法律规定"。
② 《刑事诉讼法》第279条规定，"对于达成和解协议的案件，公安机关可以向人民检察院提出从宽处理的建议。人民检察院可以向人民法院提出从宽处罚的建议；对于犯罪情节轻微，不需要判处刑罚的，可以作出不起诉的决定。人民法院可以依法对被告人从宽处罚"。
③ 黄京平：《认罪认罚从宽制度的若干实体法问题》，《中国法学》2017年第5期，第175页。

区别，但二者之间有共通之处，并非截然分开的，刑事政策与刑事法律使用同一术语，并非不可。问题的关键在于，作为一个刑事法律概念，需要有明确的内涵与外延，而在刑事政策领域，基于现实的需要，可能对某些概念做"模糊处理"。就"从宽处理"概念而言，刑事政策强调更多的可能是从宽的政策取向，而刑事法律则需要明确其具体的含义以及适用的具体条件。这一方面需要法律作最科学的表述，另一方面需要学理上作最精准的解释。

二 "从宽处理"的解释与适用

对于何为"从宽处理"，实践中有不一样的理解。

一种观点认为"从宽处理"指的是刑法所规定的从宽处理。例如，山东省规定，"从宽处理是指对认罪认罚的犯罪嫌疑人、被告人，一般可以适用自首、坦白、自愿认罪、悔罪认罚、达成和解、取得谅解等法定、酌定从宽情节，依法从轻、减轻或者免除处罚；对于具有一定社会危害性，但情节显著轻微危害不大的行为，不作为犯罪处理；对于依法可不监禁的，尽量适用缓刑或者判处管制、单处罚金等非监禁刑"。

另一种观点认为"从宽处理"包括刑法和刑事诉讼法所规定的从宽处理。例如，广州市规定，"'从宽'是指依法从宽，包括强制措施从宽、量刑从宽和特定情形下的处理从宽"。

根据《认罪认罚办法》的规定，后一种理解更为准确，认罪认罚从宽制度中的"从宽处理"是一个兼具实体法意义和程序法意义的总括性法律概念[①]。从宽处理虽然体现为犯罪分子实体权利受到相对较少的剥夺，但是这并不意味着只能依据实体法对犯罪分子的实体权利作出强制性处分。刑事诉讼法以及《认罪认罚办法》所规定的撤案、不起诉等程序法措施同样是对犯罪分子的实体权利作出了法律上的处分。

如上文所述，目前我国《刑事诉讼法》已经有"从宽处理"的概念。因此，在解释学上就要回答这两个"从宽处理"概念的含义是否具有同一性。依据法律解释的一般原理，同一部法律用的同一术语，应当作同一解

---

① 参见黄京平《认罪认罚从宽制度的若干实体法问题》，《中国法学》2017年第5期，第176页。

释。但这也并非定律。

根据《刑事诉讼法》的规定，刑事和解的"从宽处理"概念有比较明确的外延，包括人民检察院作出不起诉的决定和人民法院作出从宽处罚的判决两种情形。最高人民检察院和最高人民法院对于这两种情形又分别作了司法解释。根据《人民检察院刑事诉讼规则（试行）》，此处的不起诉是指"符合法律规定的不起诉条件的，可以决定不起诉"，即《刑事诉讼法》规定的不起诉，而非单独针对刑事和解而设计的新的不起诉类型。根据《最高人民法院关于适用〈中华人民共和国刑事诉讼法〉的解释》，"从宽处罚"包括从轻处罚、适用非监禁刑、减轻处罚和免除刑事处罚。①

与刑事和解的"立法技术"不一样，《认罪认罚办法》并没有直截了当地规定"从宽处理"的具体表现形式，而是散见于不同条文当中，这就需要从学理上进行概括与整理。通过归纳，我们可以发现，认罪认罚从宽制度的"从宽处理"的表现形式包括以下几种。

其一，犯罪嫌疑人自愿如实供述涉嫌犯罪的事实，有重大立功或者案件涉及国家重大利益，需要撤销案件的，可以由公安部提请最高人民检察院批准决定撤销案件；

其二，犯罪嫌疑人自愿如实供述涉嫌犯罪的事实，有重大立功或者案件涉及国家重大利益的，经最高人民检察院批准，人民检察院可以作出不起诉决定，也可以对涉嫌数罪中的一项或者多项提起公诉；

其三，符合现有法律规定的不起诉条件的，人民检察院可以决定不起诉；

其四，人民法院作出从宽处罚的判决，具体包括四种情形：具有法定减轻处罚情节（主要是指自首）的，可以依法减轻处罚；对不具有法定减轻处罚情节的认罪认罚案件，应当在法定刑的限度以内从轻判处刑罚；犯罪情节轻微不需要判处刑罚的，可以依法免予刑事处罚；确实需要在法定刑以下判处刑罚的，应当层报最高人民法院核准。此外，从宽处罚还体现为：对于依法可不监禁的，尽量适用缓刑或者判处管制、单处罚金等非监禁刑。

---

① 《最高人民法院关于适用〈中华人民共和国刑事诉讼法〉的解释》规定："对达成和解协议的案件，人民法院应当对被告人从轻处罚；符合非监禁刑适用条件的，应当适用非监禁刑；判处法定最低刑仍然过重的，可以减轻处罚；综合全案认为犯罪情节轻微不需要判处刑罚的，可以免除刑事处罚。"

其五，强制措施从宽适用"人民法院、人民检察院、公安机关应当将犯罪嫌疑人、被告人认罪认罚作为其是否具有社会危害性的重要考虑因素，对于没有社会危险性的犯罪嫌疑人、被告人，应当取保候审、监视居住"，即优先适用非羁押性强制措施。

由此可见，构建认罪认罚从宽制度后，我国《刑事诉讼法》将出现两个不同外延的"从宽处理"。

首先，与刑事和解的"从宽处理"相比，认罪认罚从宽制度的"从宽处理"增加了第1、2项，即特殊案件的撤销与不起诉，这两项措施属于《刑事诉讼法》的停止追诉制度。虽然现行《刑事诉讼法》中也有撤销案件与不起诉的规定，但是第1、2项所规定的适用条件并不符合《刑事诉讼法》的规定，因此它们属于新型的撤销案件与不起诉制度。

其次，对于"从宽处罚"，两项制度有不同的规定，总体来看刑事和解的从宽力度更大。刑事和解从宽处罚包括从轻处罚（而且是"应当从轻处罚"），也包括减轻处罚。而认罪认罚从宽处罚原则上只能包括"可以从轻处罚"，而不包括减轻处罚。也就是说，刑事和解在刑法的基础上增加了一项减轻处罚的量刑情节，而认罪认罚从宽制度没有改变刑法规则，特别是没有突破刑法中有关"坦白从宽"的量刑规则。

最后，认罪认罚从宽处理还包括强制措施适用上的从宽——尽量适用非羁押性强制措施，这是刑事和解制度本身所不包含的。虽然强制措施在法律性质上不属于惩戒性措施而只是预防性措施，但它毕竟对犯罪嫌疑人、被告人的人身自由进行了限制甚至剥夺，对其权利进行了强制性处分，因此在某种意义上而言也是处理。同时，鉴于我国逮捕率高且逮捕已经异化了一个惩罚措施或者"刑罚的先予执行"，如果不适用逮捕而适用取保候审或者监视居住，无疑是对犯罪嫌疑人、被告人的"从宽"。

无论是刑事和解制度"从宽处理"中的"处理"，还是认罪认罚从宽处理中的"处理"，与刑事政策学的"司法处遇"概念比较接近。司法处遇指的是从犯罪的立案开始到刑罚的执行或者改造保护终了为止的一连串刑事司法过程中，对犯罪嫌疑人、被告人、犯罪人施加的国家处遇的总体。[①] 在"司法处遇"范畴内，一般探讨警察微罪处分、检察机关裁量不

---

① 参见［日］大谷实《刑事政策学》（新版），黎宏译，中国人民大学出版社2009年版，第174页。

起诉、法官审判与量刑等制度。但由于审前羁押的特殊性,将其纳入"司法处遇"的范畴也未尝不可。

此外,认罪认罚从宽制度中的"从宽处理",在逻辑上和制度上还包括刑事执行法上的从宽处理。这在目前的认罪认罚从宽制度改革中是一个容易被忽略的问题。刑事执行法的从宽处理,因犯罪人的不同刑罚而有所不同。若犯罪人接受社区矫正,从宽处理体现为管理上的从宽对待。若是监狱行刑,从宽处理既可以体现为监管上的优惠待遇,也可以体现为减刑、假释的适用。例如,《刑法》第78条将犯罪分子"认真遵守监规,接受教育改造,确有悔改表现"作为减刑条件的。其中,"认真遵守监规,接受教育改造,确有悔改表现"可以说是犯罪人在执行阶段"认罪认罚"的表现,由此表现而获得减刑则属于"从宽处理"的体现。

三 "从宽处理"与"程序从简"的关系

程序从简、从快,是本轮改革的重点内容之一,然而从"认罪认罚从宽"这一概念中,我们并没有发现"从简"的内容。因此,有学者主张"从宽"的外延包括"程序从简"①。其主要理由是,烦琐的追诉程序对于犯罪嫌疑人、被告人而言是非常痛苦的,②"从简的诉讼程序有利于减轻犯罪嫌疑人、被告人讼累,故对他们来说,也是一种从宽"。③ 但也有学者指出,从刑事诉讼法立法宗旨而言,正当程序设计的目的是保障被追诉人的人权,正当程序本身并不是被追诉人的负担,因此正当程序的简化不能被视为一种从宽处理。④ 这两种代表性观点其实各有道理,不能简单地支持某一种观点。首先,从法治化的要求以及司法规律而言,刑事诉讼程序的主要目的在于限制公权,保护人权。所以程序的简化是对公权力的"减负",而不是对被追诉人的"从宽"。其次,就刑事诉讼程序立法现状与司法实践现状而言,刑事诉讼程序的运行对于被追诉人而言确实是一种"讼

---

① 可参见陈卫东《认罪认罚从宽制度研究》,《中国法学》2016年第2期;朱孝清《认罪认罚从宽制度的几个问题》,《法治研究》2016年第5期;黄京平《认罪认罚从宽制度的若干实体法问题》,《中国法学》2017年第5期。
② 参见赵恒《论从宽处理的三种模式》,《现代法学》2017年第5期,第85页。
③ 朱孝清:《认罪认罚从宽制度的几个问题》,《法治研究》2016年第5期,第36页。
④ 参见熊秋红《认罪认罚从宽的理论审视与制度完善》,《法学》2016年第10期,第107页。

累"。一方面，进入刑事诉讼程序的被追诉人获得无罪的机会非常低，法定刑事诉讼程序对大部分被追诉人而言都是"看不到希望的"；另一方面，由于审判羁押率高且待遇较差等原因，判决生效前被追诉人往往生活在一个比较恶劣的环境当中。因此，对被追诉人而言，简化刑事诉讼程序、尽快摆脱这种境遇无疑是一种"优惠待遇"。

然而，就"程序从简"在法律性质上是否属于"从宽处理"这一问题而言，我们不能过分地迁就事实，而应该坚持法治思维，即刑事诉讼程序属于人权保障程序，因此程序简化属于权利克减而非从宽处理。若将"程序从简"视为"从宽处理"，那么被追诉人就不能因为同意简化程序而得到法律上的积极评价或者从宽处理，这显然是不能成立的。实践中存在的判决生效前被追诉人待遇差、司法文明程度不高等问题，需要通过完善刑事诉讼程序、提高司法文明程度特别是严格控制审前羁押等途径来实现，而企图通过"程序从简"来实现"从宽处理"，无疑是一种舍本逐末的做法。

第二节 "从宽处理"的程序法律规范

本轮改革所提出的"从宽处理"包括审前的停止追诉（撤案和不起诉）、强制措施的从宽以及量刑从宽。其中，停止追诉和强制措施的从宽与2012年修改后的《刑事诉讼法》或多或少地存在冲突，需要我们从理论上和法律上进行认真审视与检讨。关于"量刑从宽"的问题，将在下文进行探讨。

一 撤销案件

传统刑事诉讼法中的"撤销案件"制度，是指侦查机关在立案后侦查过程中，发现不应对犯罪嫌疑人追究刑事责任的，应当做出撤销案件的决定。其中所谓不应该追究刑事责任的情形，主要是指不存在犯罪事实、行为不构成犯罪以及《刑事诉讼法》第16条规定的六种情形。本轮认罪认罚从宽制度新增加了两种可以撤销案件的情形，并且规定了更加严格的程序。

《认罪认罚办法》第 9 条[①]规定了公安机关可以申请撤销案件的两种情形是：一是犯罪嫌疑人自愿如实供述涉嫌犯罪的事实，有重大立功，需要撤销案件的；二是犯罪嫌疑人自愿如实供述涉嫌犯罪的事实，案件涉及国家重大利益，需要撤销案件的。《认罪认罚办法》第 9 条还规定了撤销案件的特殊程序，即由办理案件的公安机关逐级上报公安部，由公安部提请最高人民检察院批准。《刑事诉讼法 2018 年修改决定》对此项制度予以肯定，并规定"犯罪嫌疑人自愿如实供述涉嫌犯罪的事实，有重大立功或者案件涉及国家重大利益的，经最高人民检察院核准，公安机关可以撤销案件"。

虽然特殊撤销案件制度规定了由最高人民检察院批准的程序规定，但实际上仍然赋予了侦查机关对于犯罪案件的实质处理权，这与通行的刑事诉讼法理论、世界各国的做法以及我国"分工负责、互相配合、互相制约"原则都有所抵触。既然规定了由检察机关作最终决定的规则，不如将此制度与下述的特殊酌定不起诉合二为一，即侦查机关可以建议同级检察机关做出不起诉决定；同级检察机关认为可以不起诉的，应当层报最高人民检察院。

二 不起诉

不起诉是审前分流、减少进入审判程序的案件的重要机制，同时也是带有实体性从宽处罚色彩的程序性措施。2012 年修订的《刑事诉讼法》规定了法定不起诉、酌定不起诉、证据不足不起诉和附条件不起诉等不起诉类型。《认罪认罚办法》第 13 条规定了一种新的酌定不起诉类型。从数量上而言，我国似乎拥有了更多的审前分流的措施，但是试点实践结果表明这种新的酌定不起诉措施并没有起到审前分流的功能，对此还需要进行深入的研究，以及就不起诉制度的改革进行重新规划。

（一）改革前《刑事诉讼法》规定的四种不起诉类型

根据 2012 年《刑事诉讼法》的规定，我国在认罪认罚从宽制度改革

---

① 《认罪认罚办法》第 9 条规定："犯罪嫌疑人自愿如实供述涉嫌犯罪的事实，有重大立功或者案件涉及国家重大利益，需要撤销案件的，办理案件的公安机关应当层报公安部，由公安部提请最高人民检察院批准。"

之前存在四种类型的不起诉制度。

第一是法定不起诉,即犯罪嫌疑人没有犯罪事实,或者具有 2012 年《刑事诉讼法》第 15 条规定情形之一的,人民检察院应当做出不起诉决定。所谓"法定",是指法律使用了"应当"的表述,即检察机关没有作出起诉或者不起诉的自由裁量权,只能做出不起诉决定。

第二是酌定不起诉,即对于犯罪情节轻微,依照刑法规定不需要判处刑罚或者免除刑罚的,人民检察院可以做出不起诉决定。所谓"酌定",是指法律使用了"可以"的表述,检察机关有做出起诉或者不起诉的自由裁量权。

第三是证据不足不起诉,即对于二次补充侦查的案件,人民检察院仍然认为证据不足,不符合起诉条件的,应当做出不起诉的决定。

第四是附条件不起诉,即对于未成年人涉嫌刑法分则第四、第五、第六章规定的犯罪,可能判处一年有期徒刑以下刑罚,符合起诉条件,但有悔罪表现的,人民检察院可以做出附条件不起诉的决定。所谓"附条件"是指设立考验期,由检察机关对未成年犯罪嫌疑人进行监督考察,在考验期内未成年人的权利受到一定的限制,需要从事一定的行为或者接受某种治疗等。在考验期内,未成年犯罪嫌疑人满足相应条件的,检察机关做出不起诉决定;没有满足且符合法定情况的①,检察机关应当依法提起公诉。

(二) 特殊酌定不起诉

在原有不起诉制度的基础上,《认罪认罚办法》第 13 条②新增了一种特殊的酌定不起诉制度,与前述的特殊撤销案件一样,特殊不起诉制度的适用条件还是"自愿如实供述涉嫌犯罪的事实,有重大立功或者案件涉及国家重大利益的";2018 年修改后的《刑事诉讼法》第 182 条也有基本相同的规定。对于此类新的酌定不起诉,需要研究的有三个问题。

---

① 根据《刑事诉讼法》的规定,被附条件不起诉的未成年犯罪嫌疑人,在考验期内有下列情形之一的,人民检察院应当撤销附条件不起诉的决定,提起公诉:(1) 实施新的犯罪或者发现决定附条件不起诉以前还有其他犯罪需要追诉的;(2) 违反治安管理规定或者考察机关有关附条件不起诉的监督管理规定,情节严重的。被附条件不起诉的未成年犯罪嫌疑人,在考验期内没有上述情形,考验期满的,人民检察院应当作出不起诉的决定。
② 第 13 条规定:"犯罪嫌疑人自愿如实供述涉嫌犯罪的事实,有重大立功或者案件涉及国家重大利益的,经最高人民检察院批准,人民检察院可以作出不起诉决定,也可以对涉嫌数罪中的一项或者多项提起公诉。"

1. 适用条件

《认罪认罚办法》第 13 条与现行《刑事诉讼法》第 182 条均规定了适用特殊酌定不起诉的两个条件：一是犯罪嫌疑人自愿如实供述涉嫌犯罪的事实；二是犯罪嫌疑人重大立功或者案件涉及国家重大利益。

第一个条件是证据条件——只要求有犯罪嫌疑人的口供，对其他证据则不作出要求，没有明确要求达到《刑事诉讼法》规定的公诉条件："犯罪事实已经查清，证据确实、充分。"

第二个条件中的"重大立功"应当根据刑法的规定进行解释。根据刑法第 68 条[①]之规定，有重大立功表现的，可以减轻或者免除处罚。如果重大立功的犯罪嫌疑人依刑法第 68 条就可以免除处罚的，检察机关可以适用传统的酌定不起诉制度（《刑事诉讼法》第 173 条第 2 款），而不需要适用《认罪认罚办法》的特殊酌定不起诉案件制度。当根据刑法第 68 条，犯罪嫌疑人有重大立功表现的，但依法只能减轻处罚的，可以根据《刑事诉讼法》第 182 条做出不起诉的决定。

第二个条件中的"案件涉及国家重大利益"是一个比较模糊的概念。从比较法的角度而言，德国刑事诉讼法的不起诉制度中也有公共利益的考虑。主要有两种情况：第一种情形是，根据德国《刑事诉讼法》第 153 条之规定，对于轻罪案件，如果犯罪人罪责轻微，且不存在起诉的公共利益，经负责启动审判程序的法院同意，检察院可以不起诉。是否存在"公共利益"，需要看刑罚的目的，检察院要审查，是否出于特殊预防或者一般预防目的，或者出于在具体犯罪上的公共利益，或者为了避免对被害人更大的伤害，或者因被害人的公众地位或非同寻常的犯罪后果，而需要继续程序，对此检察院有比较大的裁量空间。[②] 第二种情形是，根据德国《刑事诉讼法》第 153d 条之规定，对于某些政治犯罪（《德国法院组织法》第 74a 条第一款第二项至第六项、第 120 条第一款第二项至第七项列举的犯罪），如果进行程序可能给联邦德国造成严重不利的危险，或者其他优势公共利益与追诉相抵触，联邦总检察长可以决定不起诉。从德国法的经验来看，在是否起诉的问题上考虑公共利益或者国家利益并非罕见，

---

① 《刑法》第 68 条："犯罪分子有揭发他人犯罪行为，查证属实的，或者提供重要线索，从而得以侦破其他案件等立功表现的，可以从轻或者减轻处罚；有重大立功表现的，可以减轻或者免除处罚。"
② 参见宗玉琨译注《德国刑事诉讼法典》，知识产权出版社 2013 年版，第 146 页译注 3。

但是需要更加精细地明确"国家利益"的具体含义，否则可能会导致权力的滥用，以及追诉利益被不当地牺牲。此外，"案件涉及国家重大利益"是一个不准确的表述。因为如果起诉符合国家重大利益的话，也是"案件涉及国家重大利益"的一种情形，但这显然不符合改革的原意。因此，宜将有关表述修改为"为了维护国家重大利益，人民检察院可以作出不起诉决定"。

2. 适用范围

传统的酌定不起诉将适用范围严格限定在"犯罪情节轻微，依照刑法规定不需要判处刑罚或者免除刑罚"的案件中，而新增的酌定不起诉制度并没有限定案件的适用范围。这种做法并不妥当。对于犯罪进行追诉本身就是符合国家利益的事情，只有在特殊案件中，追诉的国家利益才会不存在或者被其他优势利益所抵消。正是出于这种考虑，德国的酌定不起诉制度的适用范围受到较大的限制：轻罪不起诉的原因主要在于个案中，起诉的公共利益不存在或者可以忽略不计；政治犯罪不起诉的原因主要在于个案中，不起诉所能获得公共利益超过了起诉所能获得的公共利益。

3. 程序保障

为了防止特殊酌定不起诉制度被滥用，《认罪认罚办法》第 13 条和《刑事诉讼法》第 182 条都规定了"最高人民检察院批准"这一行政化审批式的保障机制。这里需要探讨的问题是：是否需要建立司法审查制度？在德国，一般情况下的不起诉需要法官的同意，如轻罪酌定不起诉、附条件不起诉需要法官的同意；但对一些特殊的案件的不起诉，检察院可以做出决定，如对某些外国人犯罪案件的不起诉（德国《刑事诉讼法》第153c 条），检察院可以直接决定不起诉；对于某些政治犯罪的不起诉，联邦总检察长可以决定不起诉（德国《刑事诉讼法》第 153d 条）。在美国，虽然"司法审查"无处不在，但是对于检察官的裁量权的限制主要发生在证据不充分而检察官提出起诉的场合，对于证据充分时检察官决定不起诉的场合，基本上属于检察官的裁量权范围而没有司法审查的空间。对此，虽然有建议认为需要对此进行司法审查，同时也可以提高检察官实施起诉政策的公开性与透明度；但压倒性的意见以及美国联邦最高法院的意见都认为没有必要进行司法审查，因为对稀缺的公诉资源配置进行评估有实践困难，也不能达到对起诉决定的有意义的审查，因为法官不能越过记录去认定检察官提供的理由没有充分的事实基础。①

(三) 改革思路

不起诉制度与认罪认罚从宽制度在实现案件分流、优化司法资源配置方面，具有相似的制度性功能，但是无论是新增加的特殊酌定不起诉，还是传统的四种不起诉制度，其在实践中所发挥的分流作用是非常有限的。

首先，特殊酌定不起诉制度的适用对象是比较特殊的案件，并不会对进入审判程序案件的数量造成有统计学意义的影响，因此很难承担分流案件的功能，极有可能是因为司法实践中出现的极端案件所做出的应急性立法反映。此外，特殊撤案与特殊不起诉制度虽然具有其存在的现实意义，但它们与认罪认罚从宽制度的立法宗旨是不一样的，严格说来它们不是认罪认罚从宽制度的一部分，只是搭了改革的便车而被推出的两项改革。

其次，与国外不起诉实践相比，目前我国的不起诉制度在案件分流中的实际作用并不明显。其主要原因可能有二：一是法律体系原因。国外的"轻罪"行为，在我国很大部分都属于治安处罚的范畴。因此，我国治安处罚承担了相当一部分国外不起诉制度所承担的案件分流功能。二是工作体制机制原因。在当前的办案机制下，承办检察官如果要做出不起诉决定，往往需要检察长或者检察委员会的同意，甚至上一级人民检察院的同意，因此许多承办检察官并不愿意启动不起诉的行政审批程序。

在认罪认罚从宽制度改革中，如果希望通过不起诉制度分流刑事案件，可行的办法是扩大附条件不起诉制度的适用范围。首先，适用对象扩大至成年人案件，刑罚条件仍然维持在"一年有期徒刑以下刑罚"。其次，所附条件要体现负担性，体现出附条件不起诉的制度功能。由于目前只适用未成年人犯罪案件，所附条件很难体现出负担性，而只能是监督考察式的，没有体现出惩罚功能与修复社会关系的功能。可以参考英国、德国以及我国台湾地区的相关制度，将社区服务、公益捐赠、向被害人赔礼道歉、赔偿损失等作为不起诉的条件。最后，将附条件不起诉的监督考察移交社区矫正机构负责。目前由检察机关进行监督考察的做法，一方面由于

---

① 参见[美]拉费弗、伊斯雷尔、金《刑事诉讼法》，卞建林、沙丽金等译，中国政法大学出版社2003年版，第749页。

检察机关的资源、能力有限而难以实现,同时也增加了检察机关适用附条件不起诉的顾虑①;另一方面也是对社区矫正资源的浪费,附条件不起诉的监督考察内容与缓刑、假释等的监督考察内容有高度的重合性,由社区矫正机关执行附条件不起诉的监督考察,是合理运用司法资源的客观要求。

扩大附条件不起诉适用范围,其实也有实践基础。我国司法解释与司法实践已经在其他案件中适用类似于附条件不起诉的制度。例如,《关于办理组织、利用邪教组织破坏法律实施等刑事案件适用法律若干问题的解释》第9条②就将"行为人能够真诚悔罪,明确表示退出邪教组织、不再从事邪教活动的"作为不起诉的条件。

三 强制措施适用从宽的虚与实

强制措施的从宽适用,是指对认罪认罚的被追诉人适用取保候审、监视居住等强度较轻的强制措施,而不适用逮捕。

《认罪认罚办法》无意改变取保候审、监视居住的适用条件,而根据《刑事诉讼法》之规定,"社会危险性"是能否适用取保候审、监视居住的重要因素。因此,《认罪认罚办法》第6条③将"认罪认罚"规定为判断被追诉人社会危险性的重要指标,以此表达"尽可能"适用取保候审、监视居住的倾向性意见与司法政策。如果被追诉人因其认罪认罚行为而被认定为"没有社会危险性"进而不被逮捕(审前羁押),那么就等于在强制措施的适用上对认罪认罚行为进行"奖励"。

鉴于我国刑事司法实践中逮捕率一向居高不下,"从宽适用强制措施"的改革被寄予了厚望,但改革实践反映出来的事实却多少让人有点失望。

---

① 参见魏晓娜《完善认罪认罚从宽制度:中国语境下的关键词展开》,《法学研究》2016年第4期,第91页。
② 该条规定:组织、利用邪教组织破坏国家法律、行政法规实施,构成犯罪,但情节较轻且行为人能够真诚悔罪,明确表示退出邪教组织、不再从事邪教活动的,可以不起诉或者免予刑事处罚。在一审判决前能够真诚悔罪,明确表示退出邪教组织、不再从事邪教活动的,也可以从宽处罚。
③ 《认罪认罚办法》第六条规定:"应当将犯罪嫌疑人、被告人认罪认罚作为其是否具有社会危险性的重要考虑因素,对于没有社会危险性的犯罪嫌疑人、被告人,应当取保候审、监视居住。"

单从数字来看，无可否认的是，认罪认罚案件中的逮捕率相对较低，但是这只是表象。首先，虽然法律要求将"认罪认罚"作为重要考虑因素，但在实践中难以做到。"够罪即捕""判处非监督刑才能取保候审""放了不如关着""多一事不如少一事"等办案思维仍然存在。也就是说，"从宽适用强制措施"的司法政策的提出，并没有从根本上改变过去在实践上通行的逮捕政策。其次，认罪认罚从宽制度适用最多的案件当属危险驾驶案件。危险驾驶罪的最高法定刑为"拘役"，不符合逮捕的条件，因此该类案件对于整体逮捕率的下降起到统计学上的意义。但在统计学上，这类案件本来就应该排除在计算逮捕率的基数之外。最后，面对不能适用逮捕的法律规定或者降低逮捕适用率的改革要求，实践的应对方法并非只有适用取保候审或者监视居住这两条路可走。如上所述，改革中被大力宣传的"刑拘直诉"模式，通过"违法"延长拘留时间的方法来取代逮捕措施的适用，虽然降低了逮捕适用率，但这本身不能视为法治或者司法文明的进步。新出现的"48小时"办案模式虽然最低限度地压缩审前的羁押时间，但是这种办案模式不可能大规模地适用，同时也从侧面反映出实践中改革的一切努力，似乎是在维护"审前一直羁押（无论是以逮捕的名义，还是以拘留的名义）的办案常态"这一现实，并没有出现努力降低审前羁押率的改革尝试。

虽然如此，2018年修改后的《刑事诉讼法》对于"从宽适用强制措施"的司法政策仍然予以了肯定，并基本上延续了试点改革时的办法。现行《刑事诉讼法》第81条规定，"批准或者决定逮捕，应当将犯罪嫌疑人、被告人涉嫌犯罪的性质、情节，认罪认罚等情况，作为是否可能发生社会危险性的考虑因素。"换言之，修改后的《刑事诉讼法》仅仅将"认罪认罚情况"作为判断社会危险性的一个考虑因素，并没有明确提出从宽适用取保候审、监视居住等强调措施的要求。然而，逮捕的立法史及司法实践其实已经传递我们一个信息：在逮捕的实际功能没有改变或者被取保候审、监视居住取代之前，围绕逮捕制度或者逮捕的适用条件做文章，企图以这种方式来限制逮捕适用，只能是缘木求鱼。唯一出路只能是"做强"取保候审，使其在制度上与实践上都能取代逮捕的部分功能，或者改变逮捕的实然功能。

有学者指出，目前逮捕存在三项实然功能：一是标志着破案和侦查的结束；二是作为定罪的前奏，一旦被逮捕，基本上就会作出有罪判决；三是作为实刑裁判的预演。① 最后一项功能,说明了逮捕已经不是一种预防性的强制措施,而是被当作一个惩罚措施,一方面可以威吓潜在的犯罪人,另一方面也抚慰了受害人②。实践中,检察机关或者法院之所以会对那些预计会被判处非监禁刑的犯罪嫌疑人、被告人取保候审,原因在于逮捕的实然功能已经能实现,即此时取保候审也能标志案件侦查已经结束、定罪已经不成问题,取保候审因类似于社区矫正而属于裁判的预演。

认罪认罚从宽制度改革虽然提出了"从宽适用强制措施"的司法政策,但是由于逮捕的实际功能与功能异化现象并没有得到真正的解决,因此此项司法政策难以落地。可行的修法方向应当是扩大取保候审的适用范围,特别是强制性适用取保候审的情形。例如,可以将《刑事诉讼法》第67条第一款第一、二项修改为:"(一)可能判处三年以下有期徒刑、管制、拘役或者独立适用附加刑的;(二)可能判处三年以上有期徒刑,采取取保候审不致发生社会危险性的。"或者作为试行的过渡性的办法,通过司法解释方法,将第二项"可能判处有期徒刑,采取取保候审不致发生社会危害性的"做如下解释:可能判处三年以下有期徒刑,犯罪嫌疑人、被告人认罪认罚的,如无相反证据证明,应认定为"不致发生社会危害性"。

此外,还需要规定一些保障性措施,提高办案人员适用取保候审的积极性,减少办案人员适用取保候审的顾虑。第一,完善取保候审的执行制度,一要建立犯罪嫌疑人、被告人定期向派出所报到制度,可以要求每天报到一次。二要建立电子监控制度,运用科技的手段而非羁押的手段防止犯罪嫌疑人、被告人逃跑。第二,将犯罪嫌疑人、被告人"弃保潜逃"的行为犯罪化,作为脱逃罪的一种特殊行为类型。第三,完善取保候审的考评制度。一要将提高取保候审率作出考评加分项目。二要完善问责制度。除非出现贪污受贿、权力滥用行为,否则不得将犯罪嫌疑人、被告人逃跑作为问责办案人员的原因。

---

① 参见陈瑞华《论法学研究方法》,法律出版社2017年版,第72页。
② 参见易延友《中国刑诉与中国社会》,北京大学出版社2010年版,第98页。

四 留所服刑的从宽

我国《刑事诉讼法》规定:"对被判处有期徒刑的罪犯,在被交付执行刑罚前,剩余刑期在三个月以下的,由看守所代为执行。"据此,一些审前已经被羁押且刑期较短(特别是剩余刑期不足六个月)的被告人,希望通过上诉拖延刑罚执行,使二审判决后其剩余刑期已在三个月以下;而如果在二审期间其剩余刑期已在三个月以下的,被告人往往选择撤回上诉。在许多办案人员看来,"技术性上诉"是纯粹浪费司法资源、伤害司法人员情感的恶意上诉行为。

对于这种"技术性上诉"的法律回应态度,理论上可分为四类。第一种是从严处理。即将犯罪分子上诉行为视为违反协议的行为,并用尽所有可行的办法对犯罪分子的上诉行为进行处罚。例如,检察机关提出抗诉,提出比一审判决刑罚更严厉的刑罚建议。第二种是平和处理。即不对上诉行为作出实质性的处罚。法官要么"听天由命",正常处理,"该怎么样就怎么样";要么"积极应对",抓紧完成二审程序,使"奸计不能得逞"。这可能是目前司法实践较多采取的办法。第三种是从宽处理,即法律在留所服刑的适用条件上作出弹性规定,允许法官裁定是否留在看守所服刑。这样的话,"留所服刑"就成为一种新的"从宽处理"的举措,检察机关在协商时又多了"一张牌"。第四种是釜底抽薪的方法——彻底废除留所服刑的规定,即判处监禁刑的,判决生效后即送监狱服刑。

第三节 "从宽处理"的实体法律规范

有学者指出,《认罪认罚办法》在从宽的实体结果方面的规定不够全面、具体、细致、有效,操作性较差,对于如何从宽、从宽幅度、量刑基准等问题,均没有作出明确说明,只是给出了方向性的从宽原则。[①] 这种批评虽有一定的道理,但是整体上是不能成立的。本轮认罪认罚从宽改革

---

① 参见左卫民《认罪认罚何以从宽:误区与正解》,《法学研究》2017年第3期,第162页。

强调"依法从宽处罚",也就是适用改革前法律已经规定的量刑规则以及相关司法解释。我国《刑法》与《关于常见犯罪的量刑指导意见》等已经规定了与自首、坦白、退赃退赔、积极赔偿被害人经济损失并取得谅解等情节相对应的刑罚减让规则。因此,我们只能说《认罪认罚办法》并没有规定新的或者更加优惠的刑罚减让规则,而不能指责其没有规定具体的量刑规则。也就是说,这里的关键问题是,认罪认罚从宽制度改革是否已经有了足够的刑法依据?改革在客观上是否要求刑法作出相应的修改?改革试点城市所制定的各种量刑规则是否有突破现行刑法的规定?

一 刑法关于"认罪认罚"的规定

在我国刑法中,并没有"认罚"的规定,有关"认罪"的规定,主要体现在有关自首与坦白的法律条文中。关于"自首",我国刑法第67条第1款规定:"犯罪以后自动投案,如实供述自己的罪行的,是自首。对于自首的犯罪分子,可以从轻或者减轻处罚。其中,犯罪较轻的,可以免除处罚。"关于"坦白",刑法第67条第3款规定:"犯罪嫌疑人虽不具有……自首情节,但是如实供述自己罪行的,可以从轻处罚;因其如实供述自己罪行,避免特别严重后果发生的,可以减轻处罚。"可见,无论是自首,还是坦白,都属于"可以型"的量刑情节。此外需要注意的是,坦白指的是"犯罪嫌疑人如实供述自己罪行",因此是指提起公诉前即审判程序开始前的认罪;审判前不认罪但在庭审中认罪的,不构成坦白。

刑法总则第13条与第37条等也可能在个案中成为认罪认罚从宽的法律依据。在行为违法性程度较低的案件中,认罪认罚行为可能成为判断"情节显著轻微"或者"情节轻微"的关键因素。我国刑法第13条但书规定"情节显著轻微危害不大的,不认为是犯罪"。而根据刑事诉讼法的规定,符合刑法第13条但书规定的案件,公安机关应当撤案,检察机关应当不起诉。与此相似,刑法第37条规定:"对于犯罪情节轻微不需要判处刑罚的,可以免予刑事处罚。"符合该条规定的案件,根据刑事诉讼法的规定,检察机关可以做出不起诉决定。这两项规定虽然没有直接规定"认罪认罚从宽",但在实践中却可以为认罪认罚案件的从宽处理提供另外的渠道。

除刑法总则的规定之外,我国刑法分则针对贪污受贿行贿等罪名规定了特殊的"坦白从宽"规则。具体而言，包括：（1）刑法第 164 条的规定，犯对非国家工作人员行贿罪和对外国公职人员、国际公共组织官员行贿罪，在被追诉前主动交代行贿行为的，可以减轻处罚或者免除处罚。（2）根据刑法第 383 条的规定，犯贪污罪或者受贿罪，在提起公诉前如实供述自己罪行、真诚悔罪、积极退赃，避免、减少损害结果的发生的，根据贪污受贿的情节，可以从轻、减轻或者免除处罚。（3）根据刑法第 390 条的规定，犯行贿罪，行贿人在被追诉前主动交代行贿行为的，可以从轻或者减轻处罚。其中，犯罪较轻的，对侦破重大案件起关键作用的，或者有重大立功表现的，可以减轻或者免除处罚。（4）根据刑法第 392 条，犯介绍贿赂罪，在被追诉前主动交代介绍贿赂行为的，可以减轻处罚或者免除处罚。

此外，司法解释也可能针对特定罪名规定类似认罪认罚条款。例如，《关于办理组织、利用邪教组织破坏法律实施等刑事案件适用法律若干问题的解释》第 9 条规定，组织、利用邪教组织破坏国家法律、行政法规实施，构成犯罪，但情节较轻且行为人能够真诚悔罪，明确表示退出邪教组织、不再从事邪教活动的，可以不起诉或者免予刑事处罚。在一审判决前能够真诚悔罪，明确表示退出邪教组织、不再从事邪教活动的，也可以从宽处罚。

二 刑法关于"从宽处理"的规定

在对认罪认罚犯罪分子从宽处理时，需要遵守刑法第 5 条①罪责刑相适应基本原则以及第 61 条②规定有关量刑的一般原则。在对认罪认罚的犯罪分子进行从宽量刑的同时遵守罪责刑相适应与量刑一般原则，需要防止两个极端：一是在从宽量刑时过于谨慎，对认罪认罚行为的评价不足，无法体现从宽处罚的精神，损害了犯罪分子的合法权益；二是在从宽量刑时过于激进，过分强调从宽处理，忽视了犯罪行为社会危害性与犯罪分子的人身危险性，损害了刑罚法益保护的目的。诚然，如何在两个极端之间选

---

① 刑法第 5 条规定罪责刑相适应原则，即："刑罚的轻重，应当与犯罪分子所犯罪行和承担的刑事责任相适应。"
② 刑法第 61 条规定了量刑的一般原则，即："对于犯罪分子决定刑罚的时候，应当根据犯罪的事实、犯罪的性质、情节和对于社会的危害程度，依照本法的有关规定判处。"

择平衡之点，是一件比较困难的事情。各国的处理方法也不尽一致。如在美国辩诉交易模式下的从宽处理，基本上由检察官自由裁量，《美国量刑指南》以及其他量刑规则对其约束力不大。德国虽然没有明确规定从宽处罚的幅度，似乎像美国一样给法官自由裁量权，但司法判决从罪责原则发展出若干具体的规则，特别是禁止过大量刑"剪刀差"的规则。这些规则比较有效地限制了法官在量刑上的裁量权。而在英国，检察官在量刑方面的话语权甚少，法官在从宽处罚方面的权力亦受《认罪量刑指南》的严格规则。而《认罪量刑指南》遵循的是比例模式，规定了不同情况下因认罪可获得减刑的最大幅度。英国的做法既为实践提供了明确的参考，也对法官的权力进行了合理的限制。

目前，我国的做法综合了上述各国的若干种规则。首先，与美国相似，我国认罪认罚从宽制度扩大了检察官在量刑方面的权力。认罪认罚从宽制度改革之前，检察官在个案中提出的量刑建议对法官没有约束力，量刑建议制度本身也并非法定的制度。认罪认罚从宽制度改革之后，特别是2018年修改《刑事诉讼法》之后，量刑建议制度被正式写入刑事诉讼法，而且认罪认罚案件中的量刑建议将对法官产生法定的较强的约束力。其次，与德国相似，我国强调认罪认罚从宽需要坚守罪责刑相适应原则（与德国的罪责原则相似），因此德国"禁止过大量刑剪刀差"等规则也可以为我国所参考。最后，与英国相似，我国司法实践倾向于明文规定不同情况下因认罪认罚所能获得的量刑从宽的最大幅度，在此幅度范围内检察机关与被追诉人进行协商、法官进行量刑裁判。

检察官在提出从宽处罚的量刑建议或者法官在进行量刑裁判时，还需要遵守刑法有关从宽处罚的规则，具体是指有关从轻处罚（刑法第62条[①]）、减轻处罚（刑法第63条[②]）和免除处罚（刑法第37条[③]）的规则。

在试点改革过程中，一些地方提出"对于依法可不监禁的，尽量适用

[①] 根据刑法第62条的规定，犯罪分子具有从轻处罚情节的，应当在法定刑的限度以内判处刑罚。

[②] 根据刑法第63条的规定，犯罪分子具有减轻处罚情节的，应当在法定刑以下判处刑罚；刑法规定有数个量刑幅度的，应当在法定量刑幅度的下一个量刑幅度内判处刑罚。犯罪分子虽然不具有减轻处罚情节，但是根据案件的特殊情况，经最高人民法院核准，也可以在法定刑以下判处刑罚。

[③] 对于免予处罚，刑法第37条规定："对于犯罪情节轻微不需要判处刑罚的，可以免予刑事处罚，但是可以根据案件的不同情况，予以训诫或者责令具结悔过、赔礼道歉、赔偿损失，或者由主管部门予以行政处罚或者行政处分。"

缓刑等非监禁刑"的规则。也就是说，刑法有关缓刑等非监禁刑的规定，亦成为"从宽处理"的法律依据。然而，本轮改革并没有改变刑法关于适用缓刑的条件。根据刑法第 72 条的规定，缓刑的基本条件有五个：（1）宣告刑为拘役、三年以下有期徒刑；（2）犯罪情节较轻；（3）有悔罪表现；（4）没有再犯罪的危险；（5）宣告缓刑对所居住社区没有重大不良影响。其中第 5 项成为实践中适用缓刑的主要障碍。为了满足第 5 项条件，一般的做法是由司法行政机关对被追诉人进行调查评估。受制于办案时间短以及被追诉人"人户分离"等因素，司法行政机关一般不能在法院裁判之前作出科学的调查评估报告，因此往往提出不适合社区矫正的结论，法院据此也往往不判处缓刑。换言之，刑法有关缓刑的规定，为"从宽处理"提供了一条出路，但是刑法关于其适用条件的规定以及司法现实却使之成为一条死胡同。

三 《量刑指导意见》的量刑规则

刑法中的量刑规则整体上而言是比较抽象的，而量刑在某种程度上而言是具体的计算工作。假如没有具体的规则的话，可能会出现法官"随便算"的情形，因此根据量刑规范化的需求，目前司法解释与《量刑指导意见》以"可以减少基准刑的百分之××"的形式规定了不同情形下的认罪可以获得的最大量刑折扣。具体而言：

根据《量刑指导意见》，对于自首情节，要"综合考虑自首的动机、时间、方式、罪行轻重、如实供述罪行的程度以及悔罪表现等情况，可以减少基准刑的 40% 以下；犯罪较轻的，可以减少基准刑的 40% 以上或者依法免除处罚。恶意利用自首规避法律制裁等不足以从宽处罚的除外"。

而对于坦白情节，则要"综合考虑如实供述罪行的阶段、程度、罪行轻重以及悔罪程度等情况，确定从宽的幅度。（1）如实供述自己罪行的，可以减少基准刑的 20% 以下；（2）如实供述司法机关尚未掌握的同种较重罪行的，可以减少基准刑的 10%—30%；（3）因如实供述自己罪行，避免特别严重后果发生的，可以减少基准刑的 30%—50%。"

对于当庭自愿认罪的，但不构成自首、坦白的，则要"根据犯罪的性质、罪行的轻重、认罪程度以及悔罪表现等情况，可以减少基准刑的 10% 以下"。如前所述，我国刑法中的"坦白"仅限于审判前的认罪，审判过程中的认罪不属于坦白，这就造成了认罪认罚从宽法律依据的漏洞。但鉴于当庭自愿认罪在实践中也能有重要意义，如简化庭审程序、强化证据的"充分性"等，《量刑指导意见》规定当庭自愿认罪的，也能从轻处罚。

四　改革试点地区的做法

《认罪认罚办法》并没有制定刑罚从宽的具体规则，这一任务主要由试点城市来完成。从上文列举的试点地区制定的量刑减让规则，我们可以从以下几个方面概括出实践中的主要做法。

第一，在是否独立评价认罪认罚时，各地的做法不统一。有的地方针对"认罪认罚"单独规定了相应的量刑减让规则；有的地方则强调综合评价。如上海市就要求"审理认罪认罚案件，应当综合案件情况，统筹把握从宽幅度，防止各量刑情节的简单加减。兼有多个从轻、从宽情节的，从宽的刑罚量一般不得多于基准刑的二分之一；对于积极赔偿被害人损失、取得被害人谅解且已履行完毕的案件，从宽的刑罚量可适当增加；对于犯罪情节轻微，不需要判处刑罚的，可以免予刑事处罚"。这种做法并没有单独规定认罪认罚相对应的基准刑折扣，而是统一地规定一般情况下，认罪认罚案件的基准刑折扣不超过50%。但更多的地方似乎倾向于认为，需要单独规定"认罪认罚"所对应的基准刑折扣。

第二，在判定认罪认罚能够减少多少基准刑时，比较常见的考虑因素包括：认罪认罚的及时性、稳定性，以及对案件侦破的价值。个别地方明确规定"选择刑事速裁程序或者简易程序"可以作出独立的减少基准刑的情节。但大部分地方并没有在量刑规则中对程序选择行为进行独立的评价。

第三，阶梯式减让规则逐渐成为一般做法。比较常见的方法是：犯罪嫌疑人、被告人在侦查机关侦查、人民检察院审查起诉、人民法院审理的不同诉讼阶段认罪认罚的，人民检察院提出量刑建议和人民法院宣告判决刑时，适用的量刑激励幅度按递减原则处理。通俗地说，即认罪认罚越早，获得的减刑幅度越大。不同地方的具体做法有所差异。有的地方仅规定了基本原则，并没有规定具体的减少幅度；有的地方则规定了明确的阶梯规则。例如，某地规定："犯罪嫌疑人、被告人在不同诉讼阶段（侦查、审查起诉、审判）认罪认罚，具有不同的从宽处罚幅度：（1）犯罪嫌疑人自动投案并及时如实供述自己的罪行,可以减少基准刑的40%。(2)犯罪嫌疑人在侦查阶段自愿及时如实供述自己的罪行,可以减少基准刑的30%,在侦查阶段后期才予如实供述的,则视情况减少基准刑的20%—25%。(3)犯罪嫌疑人、被告人在审查起诉阶段如实供述自己的罪行,可以减少基准刑的20%。(4)被告人在开庭审理时如实供述并自愿认罪的,可以减少基准刑的10%。犯罪嫌疑人、被告人如实供述自己的罪行后又翻供的,不得从宽处罚。但在开庭审理时又能如实供述的,仍可从宽处罚,但从宽幅度从严掌握。"

这种做法看似比较科学,但存在一个重大的逻辑错误:认罪可以发生在侦查、审查起诉或者审判阶段,但认罚只能发生在审查起诉或者审判阶段。因此,不存在侦查阶段认罪认罚的情形,上述三阶梯式的减让规则只能是"认罪从宽"的规则而不能是"认罪认罚从宽"规则。换言之,目前实践的探索存在一定的混乱,没有清楚地认识到认罪从宽规则与认罪认罚从宽规则的区别,忽略了实践既需要认罪认罚的从宽规则,也需要认罪不认罚的从宽规则的事实。科学的处理方案有两种:第一种方案是规定认罪从宽的规则,认罪认罚从宽规则属于认罪从宽的子规则。即规定认罪从宽的最大幅度,认罪认罚从宽适用该规则。第二种方案是分别制定认罪从宽的规则与认罚从宽的规则。被追诉人认罪认罚的,先根据认罪从宽规则所规定的减让幅度调整基准刑,再根据认罚从宽规则所规定的减让幅度调整基准刑,即对基准刑进行两次的"减法"。本书认为,第二种方案既能清楚地反映认罪、认罚在量刑中的作用,也能为量刑建议与量刑裁判提供清晰的指引,又能为被追诉人提供比较明确的刑罚预期,因此是相对优越的方案。

第四,各地方制定的基准刑减少幅度,不尽一致,而且减少幅度并不一定都比《量刑指导意见》规定的大。各地方规则制定的是因"认罪认罚"而减少基准刑的幅度,《量刑指导意见》规定的则是因"认罪"而减少基准刑的幅度。从理论上而言,前一个幅度应当大于(或者等于)后一个幅度,但实践情况并不一定如此。以下分三种情况进行说明。

1. 自首

根据《量刑指导意见》,对于自首情节,一般可以减少基准刑的40%以下;犯罪较轻的,可以减少基准刑的40%以上或者依法免除处罚。

关于自首后又认罚的情形,大部分试点地区并没有意识到需要制定相应的规则,因此存在规则空白。相应地,学术研究有时也会遗忘这一问题。例如,有学者建议对认罪认罚从宽的最大幅度为30%[①],明显是与《量刑指导意见》规定的自首从宽的最大幅度40%不相衔接。

个别试点地方虽然制定了相应规则,但也存在减少幅度过小的问题。如某地规定:"犯罪嫌疑人自动投案并及时如实供述自己的罪行,可以减少基准刑的40%"。这个从宽幅度规定不仅没有比《量刑指导意见》的大,相反还比《量刑指导意见》的小。因为根据《量刑指导意见》,犯罪较轻的,可以减少基准刑的40%以上或者依法免除处罚,而上述规定并没有此规则。

2. 审查起诉阶段认罪认罚

对于审前程序认罪行为所对应的基准刑减少幅度,《量刑指导意见》规定,"综合考虑如实供述罪行的阶段、程度、罪行轻重以及悔罪程度等情况,确定从宽的幅度。(1)如实供述自己罪行的,可以减少基准刑的20%以下;(2)如实供述司法机关尚未掌握的同种较重罪行的,可以减少基准刑的10%—30%;(3)因如实供述自己罪行,避免特别严重后果发生的,可以减少基准刑的30%—50%。"

与这个规定相比,各试点地方考虑的都是一般的情况,并没有考虑第(2)、第(3)种情形,这可能会造成适用上的困难。

从基准刑减少幅度的对比来看,大部分地方在《量刑指导意见》的基础上"加码"。例如,大连市在《量刑指导意见》的基础上增加了10%的减少幅度,即对于审查起诉阶段认罪认罚的被告人,原则上可以减少基准刑30%以下。郑州市针对审前程序的认罪认罚进行了更大程度的减让,并且区分侦查阶段与审查起诉阶段,即"被告人在侦查阶段认罪认罚,对侦查机关收集证据起到帮助作用的,可以减少基准刑的50%以下;在审查起诉阶段认罪认罚的,可以减少基准刑的40%以下"。杭州市富阳区只对侦查阶段的"认罪认罚"增加了减少幅度,即侦查阶段认罪认罚的,一般可减少基准刑的20%—30%;而在审查起诉阶段认罪认罚的,一般可减少基准刑的10%—20%。厦门市翔安区与杭州市富阳区的做法相似,只针对侦查阶段的认罪认罚行为提高了减少幅度,且对侦查阶段进一步进行区分,即"犯罪嫌疑人在侦查阶段自愿及时如实供述自己的罪行,可以减少基准

[①] 参见周新《论从宽的幅度》,《法学杂志》2018年第1期,第94页。

刑的30%，在侦查阶段后期才予如实供述的，则视情况减少基准刑的20%—25%"；而对于犯罪嫌疑人、被告人在审查起诉阶段如实供述自己的罪行的，则可以减少基准刑的20%。

3. 开庭后认罪认罚

根据《量刑指导意见》，对于当庭自愿认罪的但不构成自首、坦白的，可以减少基准刑的10%以下。与此对比，对于开庭后认罪认罚相对应的基准刑减少幅度，一些地方增加了减少幅度，一些地方则维持在10%。例如，大连市、郑州市规定，对于在审判阶段认罪认罚的被告人，原则上可以减少基准刑20%以下。而厦门市翔安区、杭州市富阳区等地仍然规定为10%。

从"立法技术"而言，大部分地区没有意识到"认罪认罚"与"认罪"的区分，在条文表述上基本上是套用原有的规则，只是简单地将"认罪"改为"认罪认罚"，造成条文的不科学。例如，所谓"侦查阶段认罪认罚"就是错误的表述，侦查阶段只能发生认罪行为以及认罚的主观意愿，我们无法对认罚的主观意愿直接作出量刑规则上的评价。我们只能规定"在侦查阶段认罪而在审查起诉阶段认罚"所对应的基准刑减少幅度，而无法直接规定所谓"侦查阶段认罪认罚"所对应的基准刑减少幅度。此外，由于"认罪"与"认罚"是两个不同的行为，可能发生在不同的诉讼阶段，因此不能笼统地说"认罪认罚"。例如，在审判前认罪，认罚可能发生在审查起诉阶段，也可能发生在审判阶段，这两种情形需要分别规定。

综上，本书认为，较为科学的方法是，在《量刑指导意见》的基础上，对于"认罚"行为作出独立的"评价"，同时也给量刑协商提供一个法律框架。我们可以作出如下规定："在侦查阶段认罪而在审查起诉阶段认罚的，可以再减少基准刑的20%以下，在侦查阶段认罪而在审判阶段认罚的，可以再减少基准刑的10%以下。在审查起诉阶段认罪然后认罚的，可以再减少基准刑的15%以下，在审查起诉阶段认罪而在审判阶段认罚的，可以再减少基准刑的10%以下。在审判阶段认罪然后认罚的，可以再减少基准刑的10%以下。"

五 刑罚理论的回应

在刑法理论上，一般是以"犯罪后的态度"来解释"认罪"及其法律效果。即"犯罪后的态度作为量刑情节"是量刑的基本规则，而"认罪（自首、坦白）从宽"则是该规则的一个具体体现，二者是一般规则与特殊规则的关系。

在德国，刑法没有规定"认罪从宽"的规则，但是规定了"行为后果的态度"作为量刑情节。在实践中，判例坚持坦白具有从轻处罚的效果，但是对"不坦白行为"不能加以处罚。但在理论上，存在解释困难的是，"坦白"等诉讼态度为什么对于评判罪责或者特殊预防必要性具有重要意义，特别是在刑事诉讼中，坦白和对罪责的否定的真实原因是很难查清楚的。[①]

在我国，并没有规定"犯罪后的态度作为量刑情节"这一基本规则，相反，规定了自首、立功、坦白、悔罪、退赃退赔等具体（特殊）规则。不过学理上，一般都承认"犯罪后的态度"属于量刑情节，但如何对此进行评价还没有完全达成共识。

比较典型的理论认为，自首、坦白从宽处罚的两个实质根据是：第一，自首、坦白的犯罪人可能具有悔过自新之意，再犯可能性降低，因此可以减少预防刑。第二是刑事政策的考虑，即可以加快案件的侦破和审判程序。在个案中，具备二者之一的，就可以对犯罪人从轻、减轻处罚。[②]

认罪认罚从宽制度的推广，对于刑罚理论而言似乎不构成重大突破。对于认罪认罚从宽，我们同样可以从减少预防刑和刑事政策需要的框架内进行理论分析。然而不能否认的是，改革突出了刑事政策——特别是刑事诉讼的便利化——在量刑过程中的地位与作用，对于"责任刑—预防刑"的理论框架构成了较大的突破。

但如果我们能发展出不同于"责任刑—预防刑"的理论框架，对于"认罪认罚从宽"的解释可能更加顺畅。本书认为，现代刑罚的目的在于

---

① 参见［德］耶塞克、魏根特《德国刑法教科书》，徐久生译，中国法制出版社2009年版，第1066—1068页。
② 参见张明楷《责任刑与预防刑》，北京大学出版社2015年版，第349—350页。

宽恕，即通过刑罚，国家、社会和被害人需要宽恕犯罪分子。宽恕是对报复的摒弃，对责任报应的理论升华。刑罚是犯罪分子获得宽恕、回归社会的法律代价。在量刑时，首先需要根据犯罪行为的责任确定责任刑，它是"法律代价"的上限。其次还要考虑是否存在可以以更轻的刑罚来宽恕犯罪分子的原因。无论是犯罪后的态度，还是犯罪分子的再犯可能性，都可以作为考虑的原因。在这种理论框架下，认罪认罚之所以能得到从宽处理，是因为犯罪分子与国家司法机关的合作行为以及可能表现出来的悔改之意，都成为国家予以宽恕的原因。进行如此的解释，能保证刑罚理论体系的统一性，而前述的"预防刑—刑事政策考虑"的理论隐含着"原则—例外"的意味，对于理论体系的统一性构成一定的破坏。此外，与传统刑罚理论忽视刑事诉讼程序不同，刑罚宽恕理论也可以解释刑事诉讼法中规定的刑事和解等具有量刑规则性质的制度，亦为认罪认罚从宽提供法理上的空间。

六　刑法修改方向

在司法实践中，被追诉人在认罪后没有得到充分、有效的从宽处理，损害了"坦白从宽"等制度在规范和实践上的有效性，需要进一步加强落实对被追诉人实体权利供给。[①] 也就是说，目前的刑法规定并不能完全满足认罪认罚从宽制度改革的要求。需要考虑的问题包括：（1）认罪认罚概念在刑法中如何体现？（2）认罪认罚目前是"可以从轻、减轻处罚"的理由，其能否作为"应当从轻、减轻或者免除处罚"的理由？（3）从量刑一般规则而言，是否有必要进行完善？

（一）认罚概念在刑法中的体现

认罪认罚从宽制度是由一系列实体法规范和程序法规范所组成的制度，那么在刑法的条文中，应当如何规定"认罪认罚"这一核心概念？

首先是"认罪行为"的刑法规范。现行《刑法》第 67 条规定的"自首""犯罪嫌疑人如实供述自己罪行"是认罪的两种形式，"认罪认罚从宽制度改革"并不需要对刑法中的"认罪"概念进行调整。

---

① 参见左卫民《认罪认罚何以从宽：误区与正解》，《法学研究》2017 年第 3 期，第 163—164 页。

其次是"认罚行为"的法律规范。"认罚"是本轮改革提出的新概念，刑法中没有认罚行为及其法律后果的规定。有意见提出需要在刑法中规定"认罚"，使刑法上的量刑语词中能找到与认罚的程序行为相对应的表述，进一步对认罪认罚的量刑情节进行明确化。① 本书认为，从当前的立法趋向来看，修法的时机仍不成熟。一方面，"认罚"的核心在于通过控辩协商而形成犯罪嫌疑人、被告人认可检察机关处罚方案，特别是量刑建议的协议。但从现行《刑事诉讼法》的规定来看，这一核心内涵仍然没有得到立法机关的认可，在这种情况下，就不适宜将其规定到刑法之中。另一方面，在刑法已经规定"认罪"的前提下，刑法不一定要对"认罚"这个程序法概念进行规定。由于"认罚"是以"认罪"为前提，本身不能单独存在。成立认罚的，必然会构成"认罪认罚"，而认罪认罚仅是认罪的一部分。刑法有关认罪的规则，特别是第67条已经为认罪认罚从宽提供足够的法律基础。如果刑法不规定"认罚"，也不会存在法律适用的障碍。换言之，在刑事诉讼法引入"认罚"而形成的"认罪认罚从宽"规则虽然可能会被认为与刑法的规则不完全一致，但这只是因为二者的关系类似于局部与整体的关系，从中不能得出"认罪认罚从宽"缺乏实体法基础的结论。

（二）"从宽处理"的刑法体现

关于在刑法中如何体现"认罪认罚从宽"、是否需要进行相应的修改，需要研究的有三大问题。

1. "从宽处理"概念是否要写入刑法

本书认为答案是否定的，理由主要有二：

第一，"从宽处理"是一个总括性的法律概念，法律内涵不明确，而刑法中规定某一行为的法律后果需要具体明确，因此"从宽处理"不能写入刑法。有鉴于此，在刑法条文中，既不应该出现"可以从宽处罚"，也不应该出现"应当从宽处罚"或者"应当依法从宽处罚"的表述。

第二，"从宽处理"是由若干刑法规范和刑事诉讼法规范所组成的，而"刑法规范"也不是指一个法律规范，而是多个法律规范。例如，刑法第67条就有三款，具体规定了自首、坦白的构成要件与法律后果，对于不同款的法律后果，我们在政策上或者理论上可以统称为"从宽处罚"或

---

① 参见左卫民《认罪认罚何以从宽：误区与正解》，《法学研究》2017年第3期，第171页。

者"从宽处理",但不能将其作为某一具体行为的法律后果。

2. 对于认罪认罚行为,目前刑法的基本精神是"可以从轻、减轻或者免除处罚",为了更好地贯彻认罪认罚从宽精神,相应的刑法条款是否修改为"应当从轻、减轻或者免除处罚"

认罪认罚,到底属于"可以型量刑情节"还是"应当型量刑情节",理论上可能有不完全一样的认识。有观点指出,由于认罪认罚是判断犯罪嫌疑人、被告人人身危险性和主观恶性的重要标准,因此应当将原来的裁量型从轻、减轻情节变为强制型从轻、减轻情节。① 本书认为,现行刑法的基本方向是正确的,目前并不需要进行修改。原因主要有以下三个。

第一,由于刑法不规定"认罚",因此也无法规定"认罪认罚"的法律后果,只能规定"认罪"的法律后果。对于"认罪"法律后果的性质——"可以型量刑情节",法律与实务界均比较认可,因此没有修改的必要。实践中出现"认罪而没有从宽"的原因,一部分是因为在个案中综合各种情节而不适宜从宽,另一部分可能是因为法官裁量权没有得到适当的规制。对于后一个问题而言,《量刑指导意见》已经对法官的量刑裁量权作出比较详细的规制。

第二,刑法与刑事诉讼法都不需要将"认罪认罚"确立为"应当型量刑情节。"首先,在刑法中规定认罪可以从轻、减轻或者免除处罚,在刑事诉讼法中通过认罚机制的构建,就可以实现对认罪认罚行为从宽处理的"全覆盖",不需要将"认罪认罚"明确规定为"应当型量刑情节"。具体而言,在审查起诉阶段,当检察机关认为依法可以免除处罚时,应当做出不起诉的决定;当认为需要判处刑罚但可以对犯罪嫌疑人从轻或者减轻处罚时,可以启动量刑建议协商程序;当检察机关认为不能从轻或者减轻处罚时,就不可启动量刑建议协商程序,在这种情况下,就不可能形成犯罪嫌疑人的认罚行为;认罚后法院认为不能从轻或者减轻处罚,即法官不能接受经控辩双方同意的量刑建议时,不能直接判决,而应该在裁判前给控辩双方重新协商或者被告人撤回认罪认罚的机会。由此可见,通过合理的程序设计,在实务中就不会产生"认罪认罚不能从宽处罚"的问题,除非存在国家机关恶意欺骗的违法行为。有观点虽然不认为认罪认罚都应当从宽,但是提出为充分体现从宽处理精神,需要增加"应当从轻、减轻处

---

① 参见左卫民《认罪认罚何以从宽:误区与正解》,《法学研究》2017年第3期,第1/2页。

罚"条款的适用情形，实现"应当型"从宽与"可以型"从宽的协调适用，保障被追诉人尽早认罪认罚的合理期待。① 但这种中庸之道既是模糊之道，亦经不起推敲。如上所述，认罪认罚的，都能得到从宽处罚，因此需要以及能够协调适用，只发生在"认罪认罚从宽"与"认罪不认罚"两种情形之间。在"认罪不认罚不从宽"中，存在因检察机关误解法律而无法认罚以及因被追诉人"要价太高"而无法认罚等情况。对于不同的情况，法官要审慎地决定是否给予从轻、减轻甚至免除处罚。

第三，虽然刑事速裁程序与认罪认罚从宽制度的改革已经进行了一段不短的时间，但是仍然是"新鲜事物"。如果修法时直接规定"认罪认罚应当从宽"，可能造成人们情感上的抵触或者担忧——认为可能会放纵罪犯，因此保持原有的规定可能更加容易为立法者和普通民众所接受。

3. 我国刑法分则规定的认罪认罚条款，有没有需要总则化

有学者建议，我国刑法分则第383条第3款②针对贪污、受贿罪所规定的从轻情节应当在刑法总则中规定，作为所有犯罪的从轻情节。③ 本书认为这是对第383条第3款的误解。与刑法第67条第3款相比，第383条第3款的从宽力度更大，对于贪污受贿情节相对最轻（第一档量刑情节）且符合前述从轻情节条件的犯罪分子，可以从轻、减轻或者免除处罚。而根据刑法第67条第3款，在提起公诉前如实供述的，只"可以从轻处罚"，对于"避免特别严重后果发生的"，才"可以减轻处罚"。但是将第383条第3款规定从轻情节与刑法第67条第3款相比，可以发现第383条第3款规定了更严苛的条件，行为人不仅要"在提起公诉前如实供述自己罪行"，而且要"真诚悔罪、积极退赃，避免、减少损害结果的发生"；而根据刑法第67条第3款，犯罪嫌疑人只需要如实供述就能获得从轻处罚的利益。由于第383条第3款构成了刑法第67条第3款的特别法条，因此当贪污受贿的犯罪嫌疑人只是在提起公诉前如实供述自己罪行，但没有真诚悔罪、积极退赃，避免、减少损害结果的发生的，根据第383条第3

---

① 参见陈卫东《认罪认罚从宽制度研究》，《中国法学》2016年第2期，第63页。
② 《刑法》第383条第3款规定，"犯第一款罪，在提起公诉前如实供述自己罪行、真诚悔罪、积极退赃，避免、减少损害结果的发生，有第一项规定情形的，可以从轻、减轻或者免除处罚；有第二项、第三项规定情形的，可以从轻处罚"。
③ 参见魏晓娜《完善认罪认罚从宽制度：中国语境下的关键词展开》，《法学研究》2016年第4期，第88页。

款,不能"从宽处罚",此时亦不能"回头"再适用刑法第 67 条第 3 款而对腐败犯罪分子从轻处罚。

(三) 犯罪后态度作为量刑的一般情节

认罪认罚从宽制度改革还引申出另一个立法上的问题:是否在刑法中将"犯罪后态度"作为法定的、一般性的量刑情节?本书认为,从理论和实践两个角度来看,刑法有必要作上述完善。理论上而言,将"犯罪后态度"作为量刑情节,既有一定的理论共识,也有外国法作为参考。实践而言,一直以来,被追诉人认罪认罚情况、退赔退赃、刑事和解等反映被追诉人犯罪以后的态度的情形,都被法官普遍地作为量刑时的重要参考,即已经成为一个被广泛认可的酌定量刑情节,将其上升为法定量刑情节有足够的实践基础。

(四)《量刑指导意见》的修改

上文已经就《量刑指导意见》中有关认罪认罚规则的修改问题进行阐述,概括如下:

首先,分别制定认罪从宽的规则与认罚从宽的规则,即在现有的认罪规则的基础上制定认罚从宽规则。被追诉人认罪认罚的,先根据认罪从宽规则所规定的减让幅度调整基准刑,再根据认罚从宽规则所规定的减让幅度调整基准刑,即对基准刑进行两次的"减法"。

其次,对于认罚规则,即因认罚行为或获得的量刑优惠,可以作出如下规定:"在侦查阶段认罪而在审查起诉阶段认罚的,可以再减少基准刑的 20% 以下,在侦查阶段认罪而在审判阶段认罚的,可以再减少基准刑的 10% 以下。在审查起诉阶段认罪然后认罚的,可以再减少基准刑的 15% 以下,在审查起诉阶段认罪而在审判阶段认罚的,可以再减少基准刑的 10% 以下。在审判阶段认罪然后认罚的,可以再减少基准刑的 10% 以下。"

第五章 "从快"的理论反思与制度保障

《刑事速裁决定》将刑事速裁程序改革的目标定位为"进一步完善刑事诉讼程序，合理配置司法资源，提高审理刑事案件的质量与效率，维护当事人的合法权益"；《认罪认罚决定》将认罪认罚从宽制度改革的目标定位为"进一步落实宽严相济刑事政策，完善刑事诉讼程序，合理配置司法资源，提高办理刑事案件的质量与效率，确保无罪的人不受刑事追究，有罪的人受到公正惩罚，维护当事人的合法权益，促进司法公正"。从两个决定的表述来看，一方面，提高办理刑事案件的效率是本轮改革的重要目标；另一方面，两个决定也强调要确保司法公正和维护当事人的合法权益。这种充满辩证法思维的精神是改革所需要坚持的，但是，从我国刑事司法历史发展特别是"严打"政策的历史来看，"提高效率"在实践中往往意味着"从快"，"从快"又容易导致权力的便化利和以人权保障为核心的制度的缺位。因此，我们需要以科学的效率观指导认罪认罚从宽制度改革，以刑事法治化、犯罪治理现代化的要求构建"从快机制"的同时，完善相应的人权保障机制。

第一节 改革的效率观

公正与效率，是我国刑事司法改革中的永恒话题。在认罪认罚从宽制度改革中，如何正确处理司法公正与司法效率，以及树立一种怎么样的效率观，具有重要的现实意义。对此，学界存在不完全一致的认识。

有学者主张"不同程序不同价值说",即刑事速裁程序、简易程序和普通程序价值取向并不相同。具体而言,普通程序的价值取向是公正,程序的完整性、正当性、公开性、自治性和可救济性是普通程序的必然要求。简易程序在价值取向上是公正与效率价值兼顾,其在检察官出庭、审判方式、证明标准、制度等方面与普通程序差别不大,体现了公正的基本价值取向,但在庭前准备程序、审判组织和审判程序等方面进行了简化,体现了兼顾效率的基本价值取向。刑事速裁程序的价值取向是效率。在只适用于轻微刑事案件,以及维持审判程序基本结构前提下,刑事速裁程序在程序设置和证据运用上可以大幅度简化,如严格控制拘留、逮捕等羁押性强制措施;证明标准可以适当降低,沿用"两个基本"(基本事实清楚、基本证据确实)的证明标准,等等。[①]

有学者主张"改革附随效果说",认为在认罪认罚从宽制度改革中,程序的效率化没有明确的制度位置,只是改革的附随效果,一个从属性目标。其主要理由是:我国刑事诉讼程序的类职权主义属性使我国刑事诉讼程序具有相当的经济性,庭审已经高度简化与经济化,改革不可能再提高效率;认罪认罚从宽制度改革的本质功能不是提高效率,而应当是赋予效率化程序(简易程序、速裁程序等)以权利化内涵(包括实体性权利——从宽处罚,和程序性权利——保障被追诉人认罪认罚的自愿性、符合性和充分性)。[②] 这种观点虽然正确地指出了改革需要赋予程序更多的权利化内涵,但是不得不指出其对改革有不少误解。首先,认罪认罚从宽制度改革无疑是一项以提高司法效率、优化司法资源配置为目的的改革,提高效率是改革的主要目的而非不小心造成的结果。其次,司法效率的提高不仅仅体现在庭审效率的提高。以"全流程简化"为代表的一系列改革举措表明,本轮改革着重提高审前效率,这也是提高司法效率、优化司法资源配置的举措。传统刑事诉讼理论与立法实践都有一个误解,认为提高司法效率就是提高庭审效率、压缩庭审时间,而没有着力研究与解决审前程序浪费司法资源、判决程序资源投放错位(将司法资源投放在写材料、汇报工作、沟通协调等行政性工作而非庭审程序)等问题。"改革附随效果说"

---

① 参见汪建成《以效率为导向的刑事速裁程序论纲》,《政法论坛》2016年第1期,第119—124页。
② 参见左卫民《认罪认罚何以从宽:误区与正解》,《法学研究》2017年第3期,第164页。

也犯了这个错误,以为庭审时间短就等于司法效率高,或者节约司法资源。再次,由于本轮改革实行了"量刑协商",庭审程序中的"量刑程序"便得到了简化,因此本轮改革对于庭审程序也进行了简化。最后,提高司法效率与缩短时间并非完全同一个概念,无论是本轮改革,还是上述观点都没有意识到这一差别的重要性。因此,当我们提出要提高司法效率时,虽然可能表现为缩短办案时间,但也有可能表现延长办案时间;当上述观点提出要增加权利供给的时候,并不与降低司法效率必然等同。

有学者主张"公正基础上的效率观"。[①] 该观点认为:首先,我国刑事诉讼程序及其改革都应当以司法公正为最终目标,认罪认罚从宽制度也不能例外。其次,当代各国的刑事司法都致力于提高司法效率,使司法资源配置实现最优化,实现公正与效益价值的平衡。认罪认罚从宽制度应当坚持"公正为本,效率优先"的价值取向,在节省认罪认罚案件耗损司法资源的同时,将司法资源集中在复杂案件,从而在整体上提高诉讼效率。

本书认为,抽象地讨论公正与效率的关系,意义可能不大,毕竟我们不可能放弃"司法公正",也不可能不追求"司法效率"。我们需要结合认罪认罚从宽制度的特征来讨论如何处理公正与效率问题,以下几个方面是特别需要注意的。

第一,提高效率,不是推行认罪协商的唯一目的与动力。在德国,认罪协商虽然有助于减轻庭审负担,提高效率。但是调查发现,法官在司法实践中决定开启协商程序的最重要动机首先是保护证人和被害人;其次是证据调查不明朗;然后才是减轻工作量。[②] 因此,不能以"效率的提高"作为判断认罪认罚从宽制度成功与否的唯一标准,不能以"无助于效率提高"为由反对一些必要的改革。例如,强化审判程序的审查功能(审查认罪认罚自愿性和合法性),虽然可能会要求庭审时间延长,但却是必要的改革。

第二,"提高效率"是一个相对的概念。也就是说,通过与一个"参考物"进行对比,我们可以发现认罪认罚从宽制度有助于司法效率的提高。在改革进程中,办案人员经常犯的一个思想上的错误就是,以当前我国刑事司法的现实情况作为唯一参考物来评价认罪认罚从宽制度是否有助

---

① 参见陈卫东《认罪认罚从宽制度研究》,《中国法学》2016年第2期,第51页。
② 参见卢映洁《德国刑事诉讼依协商为判决之制度发展与实践》,《中正大学法学集刊》2016年第53期,第131页。

于提高司法效率、是否有助于减轻他们的办案负担。这种思维在逻辑上是存在缺陷的。从法理上而言,我们需要以正当程序为参考物,或者以"以审判为中心"改革成功之后的刑事司法程序为参考物,来判断认罪认罚从宽制度是否有助于提高司法效率。

第三,提高效率不能牺牲"实质真相发现主义"。我国与其他大陆法系国家相似,刑事诉讼都以发现实质事实真相为目的。德国引入了认罪协商制度后,法律和宪法法院的判决均一再重申这一目的不受影响。有学者担忧,如果在我国引入辩诉交易制度,将意味着我国将从"实质真相"走向"形式真实"。[1] 这种担忧虽然是有道理的,但这并不意味着我国不能引进认罪协商制度,而是要求我们要保持开阔的视野。在进行制度借鉴的时候,不能认为只有美国存在认罪协商制度,不能因为美国法律接受"形式真实"而改变我国刑事诉讼制度的价值取向。我们需要借鉴德国等国家的经验,在通过认罪协商制度提高司法效率的时候,坚持刑事诉讼"实质真相发现主义"的"初心",不犯"放弃实质真相发现主义"这种颠覆性错误。

第四,提高效率是为了合理配置有限的司法资源。但是对于认罪认罚从宽制度节省下来的司法资源,我们不能"存起来"不用,而是要将其投放"应繁则繁"的案件。如果只是大力推动比较受办案人员特别是侦查人员欢迎的认罪认罚从宽制度,而小心翼翼、瞻前顾后、半推半就、勉为其难地推动比较不受办案人员特别是侦查人员欢迎的"以审判为中心"的诉讼制度改革,那么无论认罪认罚从宽制度改革取得什么样的成绩,我们都不能说改革是完全成功的。

第二节 诉讼"从快"的五种模式

在以往的司法改革中,诉讼从快经常意味着审判程序的从简。在认罪认罚从宽制度改革过程中,这种"审判从简模式"依然被运用。刑事速裁

---

[1] 参见张建伟《认罪认罚从宽处理:内涵解读与技术分析》,《法律适用》2016年第11期,第7页。

程序、简易程序的再简化和普通程序的简化就是这种模式的体现。然而，人们逐渐认识到，由于我国审判程序本来就相当简便，审判程序从简模式在认罪认罚从宽制度中并没有发挥突出的从快作用。因此，本轮改革呈现出加快诉讼进程举措的多样化，从而形成诉讼从快的不同模式。对这些模式进行理论概括与理论表达，有助于我们理解认罪认罚从宽制度改革促进司法效率的真相，也有助于我们对改革进行更加客观的评价与预测，同时也许能实现某种意义上的理论创新。

本书认为，除"审判从简模式"外，本轮认罪认罚从宽制度改革已经形成或者正在形成以下四种诉讼"从快"的模式。

一　权力扩张模式

通过扩大公安司法机关及其办案人员的权力，可以加快诉讼进程，这种通过权力来提高司法效率的模式，可以称为"权力扩张模式"。在认罪认罚从宽制度改革实践中，这种模式主要体现在以下几个方面。

其一，通过扩大公安检察机关的权力，使更多的案件实现"审前分流"、更少的案件进入审判程序。认罪认罚从宽制度改革增加了撤销案件制度和特殊酌定不起诉制度，增加了公安检察机关分流案件的权力。根据目前的制度设计，这种分流案件的权力不受司法控制，但要接受最高人民检察院的行政审批，因此也增加了最高人民检察院的办案权力。但如上所述，从制度成本和分流效果而言，这种形式的权力扩张，并不会带来太多效率上的收益，只能处理个别特殊案件。可行的方法应当是增加检察院附条件不起诉的权力。

其二，通过落实"司法责任制"的要求，赋予办案人员更多处理案件、流转案件的权力，使诉讼程序司法化的色彩更浓，行政化的色彩更淡，特别是减少行政性审批，实现"简政放权"。无论是试点过程中出现的"刑拘直诉"，还是"全流程简化"，都强化了公安机关、检察机关的办案人员的权力，简化了内部审批和决策环节。但简化的程度实际上因地而异。例如，在侦查阶段，涉及速裁程序启动、提请批准逮捕和移送审查起诉等环节，不少地方仍然要求侦办部门将案卷退交法制部门逐层审批，法制部门不仅要经过案审人员审查，在案审人员审查完毕后还要提请值班领导审批，审批层级过多。

有学者亦同意"司法责任制"的模式，并建议，认罪认罚从宽案件的三个办案环节——侦查、起诉和审判都可以由一名办案人员独立做出决定，彻底省去传统的繁杂的案件审批和层层汇报机制：侦查阶段，由一名侦查员担任全权办案人；审查起诉阶段，检察机关指派一名检察官参与认罪协商和出庭支持公诉；审判阶段，法院委派一名法官充当独任法官。①

二 结构变革模式

刑事诉讼程序主要涉及侦查机关、检察机关和法院三个部门。根据"分工负责、互相配合、互相制约"的原则，三个部门在侦查、审查起诉和审判三个程序（阶段）中承担着相应责任，大体上在各自程序中有做出相关决定的权力，从而形成了"各管一段"的权力结构以及"流水作业"式的诉讼结构模式。这种权力结构与诉讼模式，埋下了诉讼拖延的隐患。②在犯罪嫌疑人、被告人不认罪的案件中，这种权力结构与诉讼模式在理论上还能发挥"互相监督"的功能，但在认罪认罚案件中，可能就会造成不必要的重复劳动。例如，侦查机关中法制部门对于侦办部门案卷的审查，其实发挥着与检察机关相似的功能，有浪费司法资源之嫌。虽然发挥着"内部纠错"的作用，但实际上更多的可能只是出于工作考核的考虑——若被检察机关否定，则可能面临考核的不利影响甚至是责任追究；若被内部的法制部门所否定，这种不利影响将会相对较小甚至没有。

在刑事速裁程序和认罪认罚从宽制度改革过程中，一些地方推出了改革措施，以减少传统权力结构给诉讼效率带来的负面影响。

一种做法以"看守所办案模式"为代表。在这种模式下，公检法三家在看守所设立集中办案平台，保证三机关之间的交流、对接零障碍、零成本，使"流水作业"更加顺畅、便捷。在这种情况下，传统的三机关权力结构和流水作业的诉讼模式仍然得以维持原状，因此该模式本质上只是一种治标不治本之举。

另一种做法是"检察机关提前介入"。例如，北京市海淀区规定，"公

---

① 参见陈瑞华《"认罪认罚从宽"改革的理论反思——基于刑事速裁程序运行经验的考察》，《当代法学》2016年第4期，第10页。
② 参见陈瑞华《"认罪认罚从宽"改革的理论反思——基于刑事速裁程序运行经验的考察》，《当代法学》2016年第4期，第9页。

安机关建议适用速裁程序的,人民检察院可以派员适时介入侦查活动,对收集证据、适用法律提出意见";"人民检察院可以对公安机关适用速裁程序的诉讼活动进行法律监督"。检察机关提前介入侦查阶段,在改革之前并非罕见,但这多见于"大案""要案"。在认罪认罚从宽制度中,检察机关提前介入,目的之一在于确保侦查机关的办案活动符合认罪认罚从宽制度的要求,防止出现侦查机关与检察机关在是否适用认罪认罚从宽制度这个问题上发生分歧意见。此外,提前介入也能压缩侦查与审查起诉时间,提高诉讼效率。一方面,在检察人员的"监督"与"指导"下,侦查人员的侦查活动就不需要内部的审查,从而省去了内部的审批机制;另一方面,检察人员在侦查阶段就完成了审查起诉所需要做的工作,审查起诉阶段就"无事可做",可以直接起诉。实践中,检察机关提前介入侦查活动,对于公安机关把握速裁程序适用条件、证据收集、强制措施的审查都会起到积极作用,是大幅压缩审前羁押时间的重要措施。检察机关提前介入,可以在确认犯罪嫌疑人认罪的自愿性的基础上,与犯罪嫌疑人开展量刑协商,即在侦查阶段就完成"认罚"的程序。

如果"检察机关提前介入"的做法成为认罪认罚案件的常态,鉴于未来大部分案件可能都会适用认罪认罚从宽制度,那么"检察机关提前介入"就会从一种"权宜之计"转为常见的诉讼模式,进而会影响诉讼结构与权力结构,特别是"侦查—审查起诉"的诉讼结构,以及"侦查权—公诉权"的权力结构。

与实践的做法相呼应,有学者提出了相似的"诉讼阶段省略和跳跃"的建议。建议一:侦查机关采取刑事拘留或者取保候审之后,可以省略审查批准逮捕和审查起诉程序,直接交由检察机关进入量刑协商程序,控辩达成协议后,检察官直接提起公诉。[1] 建议二:公安机关直接起诉。对于适用于刑事速裁程序的部分轻微犯罪案件,侦查机关在侦查之后直接将被告送交法院,即直接由侦查机关向人民法院提出公诉,[2] 省略了审查起诉阶段。建议三:在侦查阶段允许检察机关提前介入或者在侦查机关与检察机关加强案件侦办过程中的沟通联系的基础上,缩短甚至省略案件在审查

---

[1] 参见陈瑞华《"认罪认罚从宽"改革的理论反思——基于刑事速裁程序运行经验的考察》,《当代法学》2016年第4期,第10页。
[2] 参见刘泊宁《论刑事诉讼阶段之跨越式发展——刑事速裁程序构建的另一种思考》,《法学》2017年第9期,第176页。

起诉阶段的期限，直接由检察官提起诉讼，从而缩短案件的审办期限，实现案件的快速审理。①

这些建议都具有启发性。然而，从改革的内容、宗旨以及试点改革的整体情况而言，未来在认罪认罚从宽制度适用过程中，我国更可能形成一种检察官主导机制。这种主导机制可能更需要我们进行理论概括和规则构建。

首先，检察官主导审前程序。一方面，与传统案件一样，检察机关通过规范侦查行为、平衡控辩权利、维护正当程序等方式，主导着认罪认罚案件的审前程序运作；②另一方面，为了使审前程序加速，检察官在认罪认罚案件中可能更频繁、常态化地提前介入侦查活动，对收集证据、适用法律提出意见，甚至形成某种意义的"警检一体化"。

其次，检察官主导着程序分流机制。一方面，随着检察官不起诉权的扩充，以及更多的认罪认罚从宽案件以不起诉来"结案"，不起诉制度在认罪认罚案件的分流作用将会更加显著；另一方面，最高人民检察院《关于深化检察改革的意见（2015年修订版）》第26项提出，"推动完善认罪认罚从宽制度，健全认罪案件和不认罪案件分流机制"。我国不存在美国的"罪状认否的答辩程序"，因此认罪案件和不认罪案件的"分流"是从侦查阶段就开始的。但是，侦查机关的分流更多的只是一种内部的办案机制，而检察机关主导的分流机制更具有诉讼意义，能够对审判程序以及犯罪嫌疑人的权利产生实质性影响：其一，对于认罪案件，根据刑事诉讼法的规定，检察机关可以建议人民法院适用简易程序审理；根据改革办法，符合刑事速裁程序适用条件的，可以建议人民法院适用速裁程序审理。可见，检察官已经成为审判程序分流的主导者。其二，对于侦查阶段不认罪的犯罪嫌疑人，检察官也可以通过"量刑协商"等作为"诱因"，劝服犯罪嫌疑人认罪，从而使不认罪案件转化为认罪案件。其三，犯罪嫌疑人认罪的，检察官可以启动量刑协商（认罚）程序，从而实现案件的进一步分流。

最后，检察官主导着认罪协商程序。认罪认罚从宽制度改革引进了认

---

① 参见周新《论从宽处理的基本原则及其类型》，《政治与法律》2017年第3期，第157页。
② 参见胡铭、宋善铭《认罪认罚从宽制度中检察官的作用》，《人民检察》2017年第14期，第34页。

罪协商程序，而这一程序的主导者是检察官。首先，根据目前的改革办法，侦查阶段不能认罪协商。侦查机关只能告知犯罪嫌疑人认罪认罚的法律后果，但不能在侦查阶段与犯罪嫌疑人进行所谓的"认罚"协商。侦查的主要任务是及时采取各种侦查措施手段，依法全面客观收集案件证据；若在侦查阶段即启动认罪协商，则容易导致侦查人员放弃法定职责，造成冤假错案。[①] 其次，从理论上而言，"认罪协商"的双方——检察官与犯罪嫌疑人（及其辩护人）的地位是平等的，但无可否认的是，认罪协商程序主导权还是在检察官。最后，根据目前改革办法，法官不能参与协商，而是协商的中立审查者。

三 权利保障模式

刑事诉讼程序从快往往意味着犯罪嫌疑人、被告人的权利受到限制。但我们不能反过来说，通过限制权利来达到从快的目的。相反，通过权利保障，亦能实现刑事诉讼程序的从快以及司法资源的有效配置。实际上，各国在设计"认罪认罚制度"时，一方面强调被追诉人放弃权利的自愿性，另一方面看似矛盾地加强其他相关权利保障措施。

一方面，权利保障模式旨在确保简单程序也有符合现代法治精神的正当性，通过防止冤假错案来实现效率的最大化——如果出现冤假错案，不仅是对司法公正的损害，也是对司法资源的最大浪费；另一方面，我们也可以直观地发现权利保障模式在节约司法资源的作用。例如，通过减少审前羁押率，就可以节省看守所的大量资源。不过，通过观察认罪认罚从宽制度改革的权利保障措施以及各国认罪协商制度，权利保障模式主要通过以下方式在认罪认罚（认罪协商）制度中提高司法效率。

首先，律师全覆盖有助于提高司法效率。其一，律师在每个刑事案件的每一个阶段的全覆盖，有助于公安检察机关发现错案，有助于及时终止程序，防止一错到底，造成司法资源的浪费和彻底的无效率。其二，在犯罪嫌疑人、被告人客观上实施犯罪、主观上也自愿认罪的案件中，律师帮助有助于犯罪嫌疑人、被告人更好地理解法律，有助于更快地达成认罪协

[①] 参见陈卫东《认罪认罚从宽制度试点中的几个问题》，《国家检察官学院学报》2017年第1期，第5—6页。

议。在犯罪嫌疑人、被告人客观上实施犯罪、主观上不愿意认罪的案件中，辩护律师综合全案证据若认为认罪更符合犯罪嫌疑人、被告人最大利益的，也可以建议其认罪以获得从宽处理。另外，在存在律师有效帮助的情况下，公安司法机关可以减少甚至节省向犯罪嫌疑人、被告人解释法律和证据、告知权利等方面的时间。在认罪协商方面，世界各国之所以强调检察机关与辩护律师进行协商，是因为二者能够更加专业、更快速地达成共识。与犯罪嫌疑人相比，辩护律师能在法律允许的范围内争取到更好的协议。此外，经过辩护律师同意的协议，更容易为法官所接受。

其次，加强审前程序的司法审查，也有助于提高司法效率。在德国，检察官不起诉的决定往往需要法官的司法审查。这样做看似影响了效率，但其实是提高了不起诉制度的公信力与公正度，有助于提高不起诉制度的适用率。而在我国，检察官的不起诉虽然不需要法官的司法审查，但要经过严格的内部审查程序，反而造成了适用率过低的现象。在美国，被追诉人认罪虽然意味着程序的简化，但有效的认罪必须经过法官的审查，即被追诉人需要在"答辩程序"中向法院表示认罪，法官对认罪行为进行司法审查后接受认罪的，不仅仅意味着法庭调查程序的结束，还意味着侦查程序和公诉程序的结束。法官接受被告人的认罪表示，或者接受控辩协议的，控方就不需要进行更多的侦查及准备公诉的活动。假如被告人不认罪的话，控方需要花费巨大的资源为法庭审判程序做准备。

四 科技促进模式

由于赶上了我国"智慧司法"建设大潮，第一轮刑事速裁程序以及本轮认罪认罚从宽制度改革试点地方纷纷尝试使用科技化手段来提高办案效率，从而形成了提高司法效率的科技促进模式。此模式的最大特点在于不需要更改法律规则，通过科学技术手段节省劳动力、提高工作效率。

在刑事速裁程序和认罪认罚从宽制度改革试点中，比较受关注的技术手段有两个：第一个是办公系统，实现公检法司（律）的电子证据分享、文书互传以及自动化录入笔录（语音识别系统）等；第二个是远程视频系统，实现律师的视频会见、检察官的视频提讯和法官的视频审判。

对于科技促进模式，我们需要辩证地看待。一方面，随着信息化的发展，科技不可避免地影响司法，并产生积极的作用。提高司法效率只是其影响力的一部分。另一方面，科技的快速发展与法治的"保守性"亦不可避免地会产生冲突，需要我们认真谨慎处理。

例如，就视频开庭而言，理论上就有不同意见。虽然不可否认，视频开庭在缓解派警压力、减少提押风险、节约司法资源、提高庭审效率方面具有明显优势。但也有反对意见指出，视频庭审不符合审判直接原则，缺乏临场感、庄重感和亲历性。赞成的意见则提出，视频庭审符合审判直接原则。其理由是，只要技术达标，视频庭审中的声音足够逼真，画面足够大、足够清晰，与物理空间上的法庭审理并没有差别，法官亦能有身临其境的感受。此外，视频庭审目前主要适用于速裁程序，该类案件的事实清楚、量刑轻微、控辩双方无争议，[①] 适用视频庭审符合比例原则，不会造成过大的争议或者不良的影响。

本书认为，对于科学技术对诉讼程序的影响，我们可以持开放的态度，以观察"科技+诉讼"的新模式是否有助于促进刑事法治与司法文明。但是，如果认为视频开庭可行，那么接下来应该着力解决好两大问题。

一是看守所中立化的问题。在所谓的视频庭审中，被告人往往身在看守所接受视频审判。也就是说，被告人面临的环境与审前程序环境无异，这对其造成的心理压力是难以评估的。假如被告人在审前的认罪认罚不是出于自愿，那么通过视频审理，法官恐怕是难以发现的。视频庭审的一个前提假设是，被告人已经自愿认罪认罚。但这不能成为"前提假设"，而是法庭审理的对象。如果确实需要坚持视频开庭的方式，则需要保证看守所的中立。正如学界长期呼吁的那样，看守所应当移交司法行政机关管理。否则审判"地点"就决定了审判程序的非中立性。

二是平等性的问题。如果法律上认为"视频庭审"没有问题，基于公平性原则，法律应当赋予审前没有被羁押的被告人选择在其住处（或者其他地方）接受视频审判的权利。当然，法院可以对被告人提出一些技术上的要求。不过事实上，杭州互联网法院的实践也证明了这种模式的可行性。法院不能自相矛盾地认为：被告人在看守所接受视频审判是没有问题的，但在其住所接受审判则是有问题的。

---

① 参见最高人民法院刑一庭课题组《关于刑事案件速裁程序试点若干问题的思考》，《法律适用》2016年第4期，第20页。

第三节 "从快"的实现机制

为了在认罪认罚从宽制度改革中实现"从快"的目的，需要一些配套的机制。在试点改革过程中，经常被讨论的是有关证据规则与审判规则的问题，这些问题在2018年《刑事诉讼法》修改过程中并没有完全解决。此外，为了保障"从快"的同时能够保障被追诉人的人权，保障"从快"能在法治的轨道上运行，需要切实地落实"有效法律帮助"的要求。

一 证明标准一体化与差异化

一般认为，现行《刑事诉讼法》第55条第一款规定了我国的证明标准："对一切案件的判处都要重证据，重调查研究，不轻信口供。只有被告人供述，没有其他证据的，不能认定被告人有罪和处以刑罚；没有被告人供述，证据确实、充分的，可以认定被告人有罪和处以刑罚。"第二款对"证据确实、充分"进行了解释，即"证据确实、充分，应当符合以下条件：（一）定罪量刑的事实都有证据证明；（二）据以定案的证据均经法定程序查证属实；（三）综合全案证据，对所认定事实已排除合理怀疑"。这三个条件在理论上分别可以称为实体条件、程序条件和心证条件。

在认罪认罚从宽制度改革过程中，有关证明标准一体化与差异化的问题受到了关注：在认罪认罚案件、认罪不认罚案件以及不认罪案件中，《刑事诉讼法》所规定的证明标准是否需要被一体遵循？能否根据案件的不同情况制定差异化的证明标准？具体到认罪认罚案件，与证明标准相关的有两个问题：第一，认罪认罚从宽案件能否仅凭被告人的供述而定罪？第二，认罪认罚从宽案件的证明标准，是否还要严格遵守"证据确定、充分"的规定、是否可以适当降低要求？

关于第一个问题，理论界与实务界并没有关注，因为答案是否定的，在认罪认罚从宽案件中，检察机关除了被告人的供述外，还需要提出其他证据。

关于第二个问题，理论界应当说有基本的共识，即证明标准需要坚守，但对于具体的证明规则与证据程序，可以适当从简。但实务界却有不少意见认为只有降低证明标准，才能切实地提高办案效率，不过具体的理由与建议可能略有不同。2016年1月举行的中央政法工作会议曾经提出要"研究探索对被告人认罪与否、罪行轻重、案情难易等不同类型案件，实行差异化证明标准"①，不过《刑事诉讼法2018年修改决定》没有修改证明标准，即证明标准在认罪认罚从宽案件中仍需要被一体遵循。

(一) 试点改革时期证明标准差异化的尝试

认罪认罚从宽制度试点改革时，一些试点地区开展了降低证明标准的地方"试点"。其典型做法是使用了"主要犯罪事实清楚，主要证据确实充分"的标准。有学者认为实践的这些做法降低了法定的证明标准。② 也有学者赞同类似的做法，认为可以在刑事速裁程序中降低证明标准，采取"两个基本"，即"基本事实清楚、基本证据确实"的证明标准。③ 具体而言，是指办案人员不需要排除关于每一个事实细节的合理怀疑，只要涉及定罪量刑的核心证据、重要证据不存在合理怀疑即可④。

但如果严格按照试点地方实施细则所使用的文字表述，我们可以发现，这种规定的主要问题其实是：虽然给了办案人员可以降低证明标准的心理暗示，却没有提出明确的、合理的规则，缺乏可操作性。根据相关的规定，办案人员可以不查清的事实主要是"对犯罪的具体时间、地点和作案细节无法查清，但不影响犯罪事实成立的"次要事实，但这应该是对所有案件的要求，而非认罪认罚从宽案件独有之特征。换言之，在所有案件中，办案人员不可能查清所有与犯罪有关的事实、获得所有的证据，而只能查清足以定罪量刑的事实并获得相关的证据即可，这些主要的证据本来就可能符合"证据充分"的法定要求。从规则制定的角度而言，《刑事诉

---

① 李阳：《攻坚之年看司改风向标——聚焦中央政法工作会议》，《人民法院报》2016年1月23日第2版。
② 参见孙长永《认罪认罚案件的证明标准》，《法学研究》2018年第1期，第171页。
③ 参见汪建成《以效率为价值导向的刑事速裁程序论纲》，《政法论坛》2016年第1期，第121页。
④ 参见廖大刚、白云飞《刑事案件速裁程序试点运行现状实证分析——以T市八家试点法院为研究样本》，《法律适用》2015年第12期，第27页。

讼法》第55条有关证据标准的核心词是"确实、充分",而各改革试点地方修改的重点却是"事实""证据",并没有对《刑事诉讼法》第53条第2款规定的条件作出实质性的修改,即地方实施细则只是使用了不同的表述但没有提出新的证明标准。作为一种新的、要求更低的证明标准,其核心要义只能是"在某种特定情况下,只要被告人认罪认罚,即便达不到《刑事诉讼法》第55条第2款之规定,也可以定罪量刑",但综观各地方的实施细则,我们却很难发现这样的规则,这似乎反映了各试点地方并没有勇气作出如此规定。

(二)证明标准的不同主张

在认罪认罚从宽制度改革前,已经有观点指出针对简易程序规定不同的证明标准。刑事速裁程序改革以及后来的认罪认罚从宽制度改革试点开展以来,围绕着认罪认罚案件的证明标准,又出现了若干种不同的观点。不可否认,是否可以降低证明标准,是一个两难问题:如果降低证明标准,容易轻纵犯罪或者冤枉无辜;如果不降低证明标准,认罪认罚对于控辩双方特别是控方而言,意义不大[①]。就如何解答这一难题,理论界与实务界提出的比较有代表性的观点可以整理如下。

1. 证据标准一体化学说(坚守说)

此说认为,认罪认罚案件和非认罪认罚案件都需要一体遵守法定的证明标准。尽管认罪认罚从宽制度减轻了控方准备公诉活动、参与庭审举证、质证等方面的负担,但这不意味着降低证明标准。[②] 这种观点的主要理由是,降低证明标准,不可避免地会增加冤假错案的发生概率,亦极可能导致司法腐败、权力滥用等乱象。[③] 根据此说,不能为了提高办案人员的积极性或者提高司法效率而牺牲证据标准所代表的程序正义、司法公正以及人权保障的价值。

2. 证据标准一体化+证据规则简化说

此种学说一方面认为要坚守证明标准,但另一方面认为可以通过简化证据规则,减低控方的举证负担,从而实现司法效率的提高。从此说的理

---

① 参见王敏远《认罪认罚从宽制度疑难问题之研究》,《中国法学》2017年第1期,第32页。
② 参见陈卫东《认罪认罚从宽制度研究》,《中国法学》2016年第2期,第55页。
③ 参见陈光中《认罪认罚从宽制度实施问题研究》,《法律适用》2016年第11期,第10页;叶青、吴思远《认罪认罚从宽制度的逻辑展开》,《国家检察官学院学报》2017年第1期,第17页。

论逻辑可以看出,其试图化解上述问题的"两难局面",是某种意义的"中庸之道"。至于如何简化证据规则,则有不同的建议。

第一种方案认为,认罪认罚从宽制度改革不宜引起基本原则层面的冲突,因此证明标准不能降低,但是对定罪的证明可以从"严格证明"修改为"自由证明"。具体而言,就是不需要遵循普通程序中的程序规则,特别是直接言辞原则;在庭审中,法官在讯问被告人的基础上,结合案卷、其他证据进行判决①。但论者对有关论述过于简略,对于证据规则的简化与证明标准之间的关系没有详细澄清。

第二种方案提出减轻证明责任。即在认罪认罚从宽案件中,"案件事实清楚、证据确实充分"的证明标准不能降低,侦查机关和检察机关仍要根据法定程序全面收集可以证明被追诉人有罪或者无罪、罪轻或者罪重的各种证据,但是控方在审查起诉、准备公诉活动、参与庭审举证、质证等方面的负担可以减轻。② 此方案的缺陷在于没有言明为什么在减轻证明责任的同时,证明标准却可以维持现状。因为证明责任的大小根源于证明标准的要求,在不降低现有证明标准的同时却降低现有证明责任的要求,这是否存在矛盾?或者说,现有的证明责任的要求过高,原有的证明标准本来就不需要这么高的证明责任的要求。③ 倘若真的如此,那么无论是否存在认罪认罚从宽制度的改革,证明责任本来就可以减轻。

第三种方案提出简化证明程序。有学者提出即使坚持法定的证明标准,也可以在刑事速裁案件中适用相对简易便捷的证明程序。④ 也有学者结合《刑事诉讼法》第55条第2款规定的三个条件进行分析并认为该款规定的实体条件、心证条件不能放宽,因为二者对应着罪刑法定原则与无罪推定原则,放宽实体条件与心证条件将有损这两个基本原则。但《刑事诉讼法》第55条第2款规定的程序条件可以适当放宽,即在认罪认罚案件中,证据调查程序的严格性程度可以作一定程度的降低。⑤ 目前《刑事

---

① 参见魏晓娜《完善认罪认罚从宽制度:中国语境下的关键词展开》,《法学研究》2016年第4期,第96—97页。
② 参见陈卫东《认罪认罚从宽制度研究》,《中国法学》2016年第2期,第55页。
③ 参见孙远《论认罪认罚案件的证明标准》,《法律适用》2016年第11期,第15页。
④ 参见陈瑞华《认罪认罚从宽制度的若干争议问题》,《中国法学》2017年第1期,第41页。
⑤ 参见孙远《论认罪认罚案件的证明标准》,《法律适用》2016年第11期,第17页。

诉讼法》第 219 条①和《认罪认罚办法》第 16 条②就是采取了这种方式，即对证明标准的"程序条件"进行简化。

3. 证明标准降低说

在认罪认罚从宽制度改革之前，就有学者主张在被告人认罪且适用简易程序的案件中降低证明标准。除前文提及的"两个基本"的学说主张之外，也有学者提出"令人相信"的标准：根据经验判断达到"令人相信"的程度即可定罪③。也有提出"适当降低""相信"标准：对于此类案件的心证程度可以适当低于法定的"排除合理怀疑"的标准。具体而言，并非要求不存在任何合理怀疑，而是根据生活经验、常识、常理相信存在基本犯罪事实，相信该事实是被告人所为④。此说的最大缺陷在于不明确性与不可操作性，无法解释"相信"与"合理怀疑"为何能够共存，亦无法向办案人员解释哪些"合理怀疑"是可以接受的，给予办案人员过大的且过于模糊的裁量权，亦同时动摇了无罪推定与疑罪从无原则。前文所提及的"两个基本"的学说主张与"两个主要"的地方试点规则也同样存在这种问题。

4. 证明标准分层说

此说认为，在认罪认罚从宽案件中，需要区分不同的情况与证明对象，有的可以降低证明标准，有的不可以降低证明标准，从而形成不同层次的证明标准体系。

第一种方案认为，需要区分犯罪事实的证明标准与量刑事实的证明标准。前者不能降低，而后者可以降低。首先，犯罪事实的证明标准不能降低，因为确立证明标准的实质根据在认罪认罚从宽案件中依然存在：无罪推定原则和实质真实原则在此类案件中依然有效，避免冤假错案依然是不容忽视的诉讼目标。其次，量刑事实的证明标准可以降低的实质根据在于不会破坏无罪推定和实质真实原则，也不会造成冤假错案。而且在认罪认

---

① 《刑事诉讼法》第 219 条规定："适用简易程序审理案件，不受本章第一节关于……讯问被告人、询问证人、鉴定人、出示证据、法庭辩论程序规定的限制。但在判决宣告前应当听取被告人的最后陈述意见"。
② 《认罪认罚办法》第 16 条规定，刑事速裁审判程序中，"不进行法庭调查、法庭辩论，当庭宣判，但在判决宣告前应当听取被告人的最后陈述"。
③ 参见李玉华《刑事证明标准研究》，中国人民公安大学出版社 2008 年版，第 208 页。
④ 参见谢登科《论刑事简易程序中的证明标准》，《当代法学》2015 年第 3 期，第 143 页。

罚从宽案件中，控辩双方可以就量刑建议进行某种程度的协商与交易，而检察官在特定量刑情节的认定和解释上，拥有较大的自由裁量权，不需要严格遵循法律所设定的标准和幅度。因此，为鼓励更多的被告人选择认罪认罚，检察官对量刑事实的证明不需要达到法定的最高证明标准。即使是不利于被告人的量刑情节，如主犯、累犯、重犯、教唆犯等，检察官也不需要证明到排除合理怀疑的程度。[①] 此说的缺陷主要有二：第一，对于量刑事实的证明标准可以降低到什么程度，此说并没有明确指出，似乎全交由检察官自由裁量，这并非妥当的制度安排。第二，对于全部量刑事实的证明标准都予以降低，可能会造成较大的法律风险，特别是对于不利于被告人的量刑事实，仍然需要坚持法定的证明标准。假如坚持该学说，在实践中可能会出现这种情形：对于"主犯"这一量刑事实，检察官虽然没有充分的证据证明，但却拿来和辩方进行协商——要是被追诉人不认罚，则追究其主犯的刑事责任；若认罚，则可以转为追究从犯的刑事责任。这无疑是以非法之利益进行协商。

  第二种方案提出了更为"详细"的证明标准差异化的体系：首先，有利于被追诉人的量刑事实与程序性事实的证明标准采取优势证明标准；不利于被追诉人的量刑事实以及定罪事实的证明标准坚持"确实、充分"证明标准。其次，对于定罪事实的证明标准再进行划分：按照死刑及无期徒刑案件、不认罪普通程序案件、三年以上简易程序案件、三年以下简易程序案件、一年以下速裁程序案件划分出五个位阶。五类案件证明标准仍然采用"确实、充分"的表述，但是具有位阶性和差异性，从死刑及无期徒刑案件到一年以下速裁程序案件，其证明标准的要求逐级递减。[②] 与第一种方案相比，此说的优点在于区分了有利于被追诉人的量刑事实与不利于被追诉人的量刑事实。此外还明确指出有利于被追诉人的量刑事实及程序性事实的证明采取优势证明标准，使该说更具有可操作性。该说根据案件的严重程度以及被追诉人的认罪认罚情况将"确实、充分"分为五个等级，虽然颇有"新意"，但无论在立法、司法与理论构建上都缺乏可操作性，至多是提醒办案人员在被追诉人不认罪的案件和适用重刑的案件中，

---

① 参见陈瑞华《认罪认罚从宽制度的若干争议问题》，《中国法学》2017年第1期，第41页。
② 参见李勇《证明标准的差异化问题研究——从认罪认罚从宽制度说起》，《法治现代化研究》2017年第3期，第55页。

需要更加谨慎。

(三) 实践需求的理论表达与规则回应

在认罪认罚从宽制度试点改革过程中,最高司法机关强调要坚持法定的证据标准。《认罪认罚决定》虽然授权最高司法机关就"证据标准"作出具体规定,但是《认罪认罚办法》并没有规定新的证据标准,而且还强调要坚持证据裁判。最高人民检察院副检察长孙谦指出,认罪认罚从宽制度的改革坚持了法定证明标准,并在此基础上构建更加科学的从宽的评价机制。①《认罪认罚中期报告》也指出,改革"坚持证据裁判,强化权利保障,确保从快不降低标准,从简不减损权利"。然而,在改革实践中,降低证明标准的建议(意见)从未中断。

天津市高级人民法院的课题组认为,适当降低证明标准,才能提高刑事速裁程序的适用率。② 也有学者在调研过程中发现,公安司法机关的办案人员指出由于证明标准没有降低,适用改革措施的动力不足。也有公安司法机关人员提出这样的疑问:既然案件事实已经清楚、证据已经达到确实、充分的要求,为何还有必要适用认罪认罚从宽的改革措施?还有什么必要与被追诉人进行协商?③ 通俗点说:改革后,(公安司法机关的)活没少干,那(公安司法机关)为什么要支持改革?对于这看似有道理的本能需求,如果理论上盲目予以支持,则容易得出降低证明标准的答案。但这并非正确的做法。

首先要在认识上处理好"改革"与"干活"的关系。认罪认罚从宽制度的推行,有助于公安司法机关更好、更快地"干完活",而非"少干活"。公安司法机关办案人员不能有"改革就是少干活"的错觉。特别是,鉴于我国刑事司法法治化水平仍然不高,历史欠账较多,被追诉人人权保障欠佳,随着我国刑事法治化的不断提高,提高法治化、人权保障水平的措施在认罪认罚从宽制度改革中不但不能减少,反而应该不断强化。相应地,公安司法机关办案人员要干的活可能更多了。但另一方面,目前公安

---

① 参见孙谦《关于检察机关开展"刑事案件认罪认罚从宽制度"试点工作的几个问题》,载《刑事司法指南》(总第68集),法律出版社2017年版,第12页。
② 参见张勇、程庆颐、董照南、张爱晓《推进刑案速裁促进繁简分流——天津高院关于刑事案件速裁程序试点工作的调研报告》,《人民法院报》2015年9月24日第8版。
③ 参见王彪《刑事诉讼中认罪认罚从宽制度争议问题研究》,《刑事法评论》(第40卷),北京大学出版社2017年版,第219页。

司法机关的办案活动中不符合司法规律、不符合法治化、不符合司法文明的部分应当被抛弃，这样的话，办案人员要干的活也会相应地减少。这些可以省去的活动主要包括不必要的内部审批等行政化工作以及不必要的羁押活动。随着认罪认罚自愿性保障措施的落实，实践中时常出现的无意义的重复性讯问工作也可以省去，其他证据调查活动也能更加节约办案资源，但这并不意味着取证活动就可以省略。

其次，要处理好"认罪认罚"与"证据确实、充分"的顺序关系。由于公安司法机关办案人员习惯于大部分被追诉人普遍认罪的现实，所以才会有"既然已经证据确实、充分，就不需要适用认罪认罚，不需要量刑协商"的想法。对此，理论上需要首先指出此种现象并非法治社会的常态。目前高认罪率的司法现实与被追诉人的认知水平以及法律的人权保障水平较低密切相关，随着人权保障水平和司法文明水平的不断提高，获取口供的难度将有所增大。认罪认罚制度的适用将有利于维持目前高认罪率的司法现实。另外，公安司法机关办案人员应当树立这种意识：先有被追诉人的认罪或者认罪认罚，才会出现"证据确实、充分"的状态，而不是达到了证明标准之后再去适用认罪认罚从宽制度。换言之，实际的办案现实应当是：公安机关首先获得犯罪嫌疑人实施犯罪的某些证据或者线索，然后获得犯罪嫌疑人的口供并以此作为定案的关键证据和获得其他证据的重要来源；检察机关综合口供和其他证据认为已经达到定罪的证据标准之后，与被追诉人进行认罚协商；最后法官根据被告人的认罪认罚（证据）以及其他证据综合判断是否达到了"证据确实、充分"的程度。

再次，无论是理论构建还是制度完善的建议，都不能脱离我国《刑事诉讼法》第 55 条之规定。上述有关证明标准的各种学说或者实践做法，有不少是脱离了《刑事诉讼法》第 55 条而抽象地谈论证明标准应该降低或者坚守。因此，本书较赞同上述"证据标准一体化＋证据规则简化说"中的第三种方案，即"简化证明程序说"。一方面，"事实清楚、证据确实、充分"的证明标准不能降低，否则因降低证明标准而带来的一系列法律风险将很容易转化为现实；另一方面，《刑事诉讼法》第 55 条第 2 款规定的实体条件、心证条件不能放宽，但证据调查程序的严格性程度可以作一定程度的降低。另外需要注意的是，在保证被追诉人认罪认罚自愿性的前提下，"排除合理怀疑"的心证条件相对而言是比较容易达到的，即虽然标准不变，但是更容易达到。

最后，无论是证明程序的简化，抑或证明标准的降低，都是有前提条件的。这里的"前提条件"并非指被追诉人的认罪认罚，而是认罪认罚自愿性的制度性保障。其中，核心的制度性保障主要有两项：一是被追诉人的沉默权；二是律师的全面、有效帮助。目前，由于第一项制度性保障在我国并不存在、第二项制度性保障随着值班律师的构建才刚刚起步且远没有达到现代法治化标准，因此目前我国《刑事诉讼法》还没有谈论是否以及如何降低证明标准的"资格"。虽然认罪认罚从宽制度不可避免地进一步简化证明程序，但我们仍然需要不断强化认罪认罚自愿性的制度性保障。在沉默权仍未确立、律师帮助作用有限的现实面前，加强庭审对于认罪认罚自愿性、合法性的审查功能就显得更加紧迫。

二 庭审程序

认罪认罚从宽制度的改革，使我国刑事案件的庭审程序得到进一步的简化。但是必须防止改革后审判程序彻底地"走过场""走形式"，防止认罪认罚成为办案人员规避法定定罪标准的理由。为此，需要在认罪认罚案件中坚持"以审判为中心"，同时合理规定庭审的主要任务。

（一）认罪认罚从快与"以审判为中心"

以审判为中心的诉讼制度改革和认罪认罚从宽制度改革是本轮司法体制改革的两项重要内容。以审判为中心的诉讼制度要求以庭审为中心，强调庭审实质化；认罪认罚从宽制度要求进一步简化庭审程序，因此从表面来看，二者存在一定的矛盾。理论上对此应该如何解读？

一种见解认为，认罪认罚从宽制度改革与以审判为中心的诉讼制度改革之间是矛盾的、冲突的。早在第一轮刑事速裁程序改革时，就有学者指出其与以审判为中心的诉讼制度的改革是自相矛盾的。[①]

另一种见解认为，二者是相辅相成、互相促进，是应然要求与实然需要的关系。首先，以审判为中心的诉讼制度是认罪认罚自愿性和客观性的制度性保障。假如没有以审判为中心的诉讼制度，则被追诉人只有认罪认罚的一条路可走，认罪认罚就没有自愿性可言。其次，以审判为中心的诉

---

① 参见张建伟《审判中心主义的实质内涵与实现途径》，《中外法学》2015年第4期，第869页。

讼制度的核心要义在于确保赋予被追诉人公正审判权。但是，被追诉人可以选择自愿认罪认罚而放弃部分公正审判权，以此获得从宽处理。只要确保认罪认罚的自愿性，这种"弃权"行为就为法律所允许，相应地，实质化审判就不必坚持。换言之，以审判为中心的诉讼制度是行使公正审判权的产物，而认罪认罚从宽制度则是放弃公正审判权的结果，二者都是以公正审判权为核心的制度。再次，以审判为中心的诉讼制度改革与认罪认罚从宽制度改革都是从我国刑事诉讼制度和刑事司法实践存在的问题出发而提出的对策。以审判为中心的诉讼制度改革主要是解决司法实践中的"以侦查为中心"的倾向，确保公正审判权的落实，维护司法公正。但是对于大量自愿认罪的案件，特别是轻罪案件，实践对以审判为中心的诉讼制度的需求并不高，相反这些案件的被追诉人不希望诉讼活动拖延过长而导致"羁押期决定刑期"现象，但希望切实落实"坦白从宽"的刑事政策，获得从宽处理。最后，被追诉人有权在两项制度之间进行自由选择，包括最初的自由选择，以及第一次选择之后反悔和重新选择。①

后一种见解虽然论据更加充分，但是其阐述的似乎是"庭审实质化"与"认罪认罚从宽制度"之间有关系。问题就在于"以审判为中心的诉讼制度"是否就等于"庭审实质化"呢？本书认为，"以审判为中心的诉讼制度"虽然是以庭审实质化为主要内容，但是并非全部内容；认罪认罚从宽制度也要坚持以审判为中心。

首先，这是逻辑上的要求。"以审判为中心"关涉的是侦查、起诉和审判三阶段的关系。无论是认罪认罚案件、认罪不认罚案件，还是不认罪案件，都需要处理侦查、起诉和审判三阶段的关系。在认罪认罚案件中，处理三个诉讼阶段的关系，仍需要坚持"以审判为中心"。

其次，这是客观上的需要。认罪认罚从宽制度的改革，正在形成一种以检察机关为主导的办案机制。如果不坚持"以审判为中心"，则容易形成一种"以起诉为中心"，或者内含着侦查中心主义的"以起诉为中心"，导致"以审判为中心"的诉讼制度改革功亏一篑。

最后，认罪认罚从宽制度中的庭审程序也有实质化的内容。不过这里的实质化与不认罪案件的普通程序相比有所不同。认罪认罚从宽制度庭审

---

① 参见顾永忠、肖沛权《"完善认罪认罚从宽制度"的亲历观察与思考、建议——基于福清市等地刑事速裁程序中认罪认罚从宽制度的调研》，《法治研究》2017年第1期，第61—62页。

的重点在于审查认罪认罚的自愿性、真实性和合法性。而"审查"必须是实质审查而非形式审查,因此庭审也是实质化的。不过实质审查与时间长短并没有必然的联系。假如审前程序是规范合法的,那么即使是实质审查,也不会影响审判程序的"快速化"。

总之,"以审判为中心"对于认罪认罚案件、认罪不认罚案件以及不认罪的案件的要求是不一样的。之所以会出现上文提到的,以审前为中心的诉讼制度与认罪认罚从宽制度之间表面上的矛盾,是因为我们在推行以审判为中心的诉讼制度改革时,主要的关注点在于不认罪案件。在认罪认罚从宽制度改革中,纵使我们的关注点更在于审前程序,但是并不意味着审判程序就不重要了。即使庭审程序只有"五分钟",也应该是核心的、关键的"五分钟",而非可有可无的"五分钟"。

(二) 书面审理的可行性

在刑事速裁程序改革之前,学术界就有观点认为可以借鉴德国等国家的处罚令程序,对部分轻微刑事案件进行书面审理,即省略开庭程序以提高司法效率。① 刑事速裁程序改革后,此种建议似乎有增加之趋势。例如,有学者在分析刑事速裁程序后指出,鉴于相当数量的轻罪案件的庭审在实践中没有起到实际作用,完全是在"走过场",应当增设书面审理方式,并参考德国刑事处罚令程序,将其适用范围限制在拟判处一年以下有期徒刑且缓刑和管理、单处罚金的案件。书面审理主要依靠书面卷宗材料、检察机关量刑建议等进行审理;法官在必要时可以要求控辩双方到场说明问题,但这并不是正式的庭审。② 实务中有法官提出更加大胆的建议,认为基层人民法院一审审理的经过控辩协商的可能判处三年以下有期徒刑的案件,都可以进行书面审理,不过要召开庭前会议对控辩协商情况进行审查。③

提出书面审理的主要理由是,刑事速裁程序(庭审程序)有彻底形式化之倾向。所谓形式化,主要是指刑事速裁的庭审程序没有实质功能,在个案中不解决问题,或者说没有任何问题要由庭审程序来解决。首先,根

---

① 参见艾静《我国刑事简易程序的改革与完善》,法律出版社2013年版,第174页。
② 参见潘金贵、李冉毅《规则与实效:刑事速裁程序运行的初步检视》,《安徽大学学报》(哲学社会科学版) 2015年第6期,第109—110页。
③ 参见山东省高级人民法院刑三庭课题组《关于完善刑事诉讼中认罪认罚从宽制度的调研报告》,《山东审判》2016年第3期,第104页。

据改革的相关规则，刑事速裁庭审程序省略了法庭调查和法庭辩论，仅保留了开庭和被告人最后陈述程序。在庭审中，检察官可能只对起诉内容进行简单介绍，个别地方的检察官甚至一言不发，完全由法官"代劳"。其次，试点地区在改革时出现一种争先压缩庭审时间的现象。由于庭审程序被极度简化，庭审持续时间一般在10分钟之内，因此庭审不可能处理实质性的争议问题，更多地主要是在确认审前的"阶段性成果"。一些试点地区法院制定了格式化的"庭审规范"，从中我们可以看出审判员在庭审中主要是告知权利以及简单地向被告人讯问其是否对公诉机关指控的犯罪事实、罪名及提供的证据、提出的量刑建议无异议以及是否自愿签订具结书，而除最后陈述外，被告人的回答一般是简单的"明白""无异议""是"等。根据此"庭审规范"，刑事速裁程序确实不解决任何实质性问题，确实给人一种可有可无的感觉。

纵观理论界与实务界提出的书面审的建议，我们可以发现其中涉及的核心议题有两个：第一，为什么刑事速裁程序以及认罪认罚从宽案件所适用的其他庭审程序都会走向"形式化"？第二，国外的处罚令程序是否可以为我国所借鉴？

第一个问题是刑事速裁庭审程序形式化的原因。刑事速裁庭审程序形式化，和我国多年以来简化法庭审理程序的改革思路是一致的。本轮认罪认罚从宽制度改革之所以能使庭审程序彻底形式化是因为传统庭审程序所要解决的问题已经不复存在。传统庭审程序需要解决的问题，就是要审理检察机关提出的定罪申请、检察机关提出的量刑建议和程序性争议问题（通常由被告提出），特别是排除非法证据的申请。在认罪认罚案件中，由于被告人已经认罪，同意检察机关的定罪申请，同时亦通过协商与检察机关就量刑建议达成一致，因此不会对定罪申请与量刑建议提出异议。同时，既然被告人放弃了无罪辩护与量刑辩护，也不太可能提出程序性争议问题。[①] 对于传统法庭审理的三个对象，控辩双方都不存在争议，在法庭上，控辩双方亦不会提出卷宗中不存在的证据或者事实，因此法官开庭就没有意义了，可以直接通过阅卷来进行判决。

虽然实务界意识到认罪认罚制度改革"消灭了"传统庭审程序的审理对象，但没有意识到改革也带来了新的审理对象。即认罪认罚的自愿性、

---

① 参见陈瑞华《认罪认罚从宽制度的若干争议问题》，《中国法学》2017年第1期，第37页。

真实性和合法性。认罪认罚从宽制度中程序简化的根源在于被告人的认罪认罚。只有简化的程序自身能保证认罪认罚是自愿、真实且合法的，才能说明简化程序是正义的、程序查明的结果是真实的、依简化程序所作判决是公正的。而这种"保证"最终只能依靠法院中立、客观、全面的司法审查。

第二个问题涉及的是国外处罚令制度的可借鉴性问题。以德国为例，刑事处罚令程序（Strafbefehlsverfahren）是一种书面审理程序。这种程序的适用范围是轻罪案件，即犯罪行为的法定最低刑为一年以下（含一年）监禁刑的案件。其基本程序为：（1）检察官提出处罚令申请：检察官认为案件没有开庭审理必要时，可以启动处罚令程序，向法官提出申请适用并提出法律后果建议，但建议仅限于以下法律后果：罚金、禁止驾驶、没收违法所得；吊销驾照（两年以下）；一年以下自由刑缓期执行（被告人须有辩护律师）；免于刑罚。（2）法院做出处理：有管辖权的法院在收到检察官的申请后，需要审查案卷材料和检察官提交的申请。并根据以下三种情况做出处理：一是法官认为被告人没有足够的犯罪嫌疑，则应拒绝检察官的申请。二是法官认为有足够的犯罪嫌疑，但有不同于处罚令申请的法律评断，或者认为检察官的法律后果建议不合适，且检察院坚持自己的申请的，法院可以决定适用普通程序开庭审理，检察官的处罚令申请即变为起诉书。三是法官认为案件事实清楚、证据确实充分，并且检察官所建议的法律结果适当的，则可以签发处罚令。（3）被告人选择是否接受处罚令。处罚令生效与否完全取决于被告人的态度。在收到处罚令之后的两周内，被告人可以向法院提出异议，异议无须说明理由。被告人提出异议的，处罚令不生效，案件转入普通公诉案件审理程序。但如果异议仅限于罚金的日额数时，经被告人、辩护人和检察院的同意，法官可以不开庭而直接裁定。被告人在法定期限内没有提出异议的，处罚令生效，处罚令等同法院判决。

从德国处罚令程序的特点来看，其不能成为我国刑事速裁程序改革为"书面审"的理由。首先从适用范围来看，受"比例原则"所限，处罚令程序（书面审）的适用范围仅限于轻微犯罪。德国处罚令程序适用的案件范围非常有限，许多案件可能类似于我国治安管理处罚的案件。德国处罚令的法律后果均为非监禁刑，最高刑罚仅为一年有期徒刑缓刑，适用的主要刑罚是罚金。第一轮刑事速裁程序虽然适用范围也限定为可能判处一年有期徒刑以下的案件，但是适用的刑罚多为监禁刑；认罪认罚从宽制度改革将刑事速裁程序扩大至可能判处三年有期徒刑以下刑罚的案件，大大超出了德国刑罚令的适用范围，如果适用书面审，则有违公法上的"比例原则"。其次从权利保障的角度而言，刑罚令程序提供了比较充分的人权保障措施。除常规的权利保障外，德国《刑事诉讼法》规定，如果检察机关申请的法律后果为一年以下有期徒刑缓刑，则必须给被告人指定辩护人。而这是目前认罪认罚从宽制度改革还没有做到的。最后从处罚令程序生效条件来看，处罚令程序赋予被告人异议权。如果被告人不同意处罚令的，可以直接提出异议，处罚令即告失效，案件转为普通程序开庭审理，即处罚令程序是可以随时转变为开庭审理程序的。

综上，德国等国家处罚令程序给我们的借鉴意义不在于书面审，而是法律对于适用于轻微刑事案件的特别程序同样也要赋予全面的法治保障和人权保障，不能因为案件轻微、程序简便而忽视保障措施的构建。

(三) 庭审的主要特点

相较于不认罪案件普通程序或者认罪不认罚案件普通程序或简易程序相比，认罪认罚从宽案件庭审程序从形式上看似乎更加简化，但重要的从内容上看，法庭审理对象、法庭审理模式、法庭审理程序等都有了新的特征。

1. 法庭审理对象（任务）

《认罪认罚办法》规定："人民法院审理认罪认罚案件，应当告知被告人享有的诉讼权利和认罪认罚可能导致的法律后果，审查认罪认罚的自愿性和认罪认罚具结书内容的真实性、合法性。"《刑事诉讼法2018年修改决定》亦将此规定的内容写入了《刑事诉讼法》。这既是认罪认罚案件法庭审理任务的规定，也是一审程序的主要审理对象的规定。就审理任务而言，就是审查自愿性、真实性和合法性；就审理对象而言，就是"认罪认罚的自愿性和认罪认罚具结书内容的真实性、合法性"。

在自愿性审查上，法官首先需要确认被告人是否坚持认罪认罚，是否反悔；其次需要重点审查被告人认罪认罚的环境因素（特别是有没有受到刑讯逼供），以及被告人作出相关表示时的认识能力（包括有没有得到辩护律师或者值班律师的有效法律帮助）等。[①]

[①] 参见左卫民《认罪认罚何以从宽：误区与正解》，《法学研究》2017年第3期，第174页。

认罪认罚具结书内容的真实性、合法性，内容包括：（1）指控事实的真实性，即指控事实符合客观真相。（2）认罪认罚内容本身的真实性，即符合被告人真实意思表示和量刑协商的结果，没有弄虚作假。（3）律师"见证"的真实性。由于检察机关一般要律师"见证"认罪认罚过程，因此认罪认罚具结书一般有律师的签字，此签字的真实性也属于法庭审查的内容。（4）适用法律的准确性，包括指控罪名符合刑法规定，量刑建议符合法定刑的范围。

除此之外，从理论上而言，合法性审查还包括审查量刑协商过程的合法性。这是一个值得重视的问题。认罪认罚本身虽然是认罪协商（量刑协商）的结果，但是认罪认罚具结书并不会记载协商的过程，因此协商是在不透明的情况下进行的，进而又因为没有书面的记录而无法接受司法审查。此外，由于我国还没有正式承认"协商"的合法性，一方面所有协商都面临"违法"的评价；另一方面，即使协商被承认是合法的，但由于法律没有规定协商规则，对协商的违法性审查因此也无法进行（没有法律作为判断协商是否违法的依据）。

2. 法庭审理模式

在不认罪案件或者认罪不认罚案件的法庭审查中，实施的是"控辩对抗、法庭裁判"的法庭审理模式。而在认罪认罚案件中，由于被告人与检察机关在定罪量刑问题上已经达成合意，因此，不存在控辩对抗，法庭审理模式因此也转变为"控辩合作、法庭审查"[①]。也就是说，控辩双方不存在实质性的争议内容，双方以说服法官接受"认罪认罚具结书"的内容为共同目标。

需要注意的是，由于"量刑建议"可能是一个刑罚幅度，而非一个具体数值的刑罚，因此控辩双方可能存在分歧。即辩方可能主张在量刑建议幅度范围内判处最轻刑罚，而控方并不同意。对此分歧，仍然在某种程度上采用"控辩对抗、法庭裁判"的法庭审理模式。

3. 法庭审理程序

认罪认罚从宽制度改革针对认罪认罚从宽案件制定了新的法庭审理程序，即刑事速裁程序和简易程序。其中，速裁程序的特征是：由审判员独任审判，送达期限不受刑事诉讼法规定的限制，不进行法庭调查、法庭辩

---

① 参见左卫民《认罪认罚何以从宽：误区与正解》，《法学研究》2017年第3期，第174页。

论，当庭宣判，但在判决宣告前应当听取被告人的最后陈述。对于简易程序，本轮改革的倾向虽然是再进行简化，但由于刑事诉讼法规定的简易程序已经相当简单，已经没有在规则上再进行简化的必要性与可能性，《认罪认罚办法》只规定"简易程序审判，在判决宣告前应当听取被告人的最后陈述，一般应当当庭宣判"。与2012年《刑事诉讼法》的相关规定相比，只增加了"一般应当当庭审判"的规定，相当于减少了"退庭商议"和"择日宣判"的程序。

这里存在的问题是，当我们想对程序进行简化时，往往做的是"减法"，即减少若干程序以加快法庭庭审的运作。这种思路看似无可厚非，但其实犯了一个根本性的错误。认罪认罚案件刑事速裁程序和简易程序的设计，应当满足前述审理任务的需要，符合前述审理模式的要求，也就是要满足审判需要，特别是"以审判为中心"为目的，而不能纯粹地以简化程序为唯一导向。结合"以审判为中心"的要求以及认罪认罚案件的特点，认罪认罚案件的庭审程序需要包含以下三个环节或者机制：一是证明被告人认罪自愿真实合法的事实调查环节；二是认罪认罚如何影响从宽处理的辩论环节；三是发现指控错误或者违法后进行纠正的救济机制。①

4. 根据不同情况做出处理或者裁判

根据法庭审理的情况，法庭应当根据不同情况做出处理或者裁判，具体情况主要包括以下几种。

第一，法庭审理后认为认罪认罚自愿、真实、合法。对此法庭应当认定认罪认罚具结书的合法性，进而在具结书的基础上进行判决。在这个问题上，《认罪认罚办法》和现行《刑事诉讼法》的相关规定的表述是存在缺陷的。根据《认罪认罚办法》第20条和《刑事诉讼法》第201条的规定：对于认罪认罚案件，人民法院依法作出判决时，一般应当采纳人民检察院指控的罪名和量刑建议。暂且不论"一般应当"是一个不严谨的法律用语，该规定本身并没有科学地处理好法院判决与检察机关指控罪名和量刑建议的关系。上述条文等同于规定法院有"一般应当采纳控方意见"的义务，然而这是违背基本法治常识的。无论在什么案件中，法院都没有"一般应当采纳控方意见"的义务，否则法院的司法权就被架空，"以审判为中心"就沦为空话。符合法理与逻辑的规则应当是：法院审查后，如果

---

① 参见左卫民《认罪认罚何以从宽：误区与正解》，《法学研究》2017年第3期，第174页。

认为人民检察院指控的罪名和量刑建议合法，则法院应当予以接受。虽然从结果来看，在大部分案件中，法院都采纳了检察机关的意见，但这是法院行使司法权的结果，根本原因在于控方的意见符合法律的规定，而这绝对不是履行"一般应当采纳人民检察院指控的罪名和量刑建议"的义务的结果。

第二，法庭审理后认为认罪认罚自愿但是不真实，即指控的犯罪事实不符合事实真相，或者现有证据无法排除合理怀疑地证明指控的犯罪事实。对此法庭应当将案件转为普通程序审理，再依法进行相应处理。

第三，法庭审理后认为认罪认罚自愿，指控的犯罪事实真实，但是适用法律错误，发生了指控罪名和审判认定罪名不一致的情形。在这种情况下，法官应当给予控辩双方重新协商的机会。若出现检察机关不同意重新协商的情况，法官应当以简易程序的方式进行审理，并且被告人仍然可以获得因"认罪认罚"而可能获得的从宽处理待遇。

第四，法庭审理后认为认罪认罚自愿，但是量刑建议不当。在这种情况下，法官可以采取两种处理方式：一种是给控辩双方一次重新协商的机会，看能否达成新的合意。第二种是通过简易程序继续审理案件，先告知控辩双方法庭不会承认量刑协议，然后控辩双方就量刑问题展开调查与辩论。

第五，法庭审理后认为认罪自愿真实合法，认罚不自愿或者不合法的，可以在征得被告人同意的基础上继续以简易程序进行审理。案件不适用认罪认罚从宽制度，但是基于公平的考虑，被告人仍然可以获得因"认罪认罚"而可能获得的从宽待遇。

第六，法庭审理后认为认罪不自愿的，应当转为普通程序审理。案件不适用认罪认罚从宽制度，但是基于公平原则的考虑，被告人仍然可以获得因"认罪认罚"而可能获得的从宽处理待遇。

三 审级制度

（一）实务界一审终审的诉求

根据《刑事诉讼法》第227条规定，被告人不服一审判决的，就可以向上一级人民法院提出上诉，法律对于被告人的上诉理由没有规定任何限制。《刑事速裁办法》和《认罪认罚办法》同样没有限制被告人的上诉权，但实践中上诉率很低。《速裁程序试点工作总结》指出，全部速裁案件被告人的上诉率为 2.01%；《认罪认罚中期报告》指出，被告人上诉率为 3.6%。一些地方的上诉率更低，如从 2016 年 11 月启动认罪认罚从宽制度改革试点以来，截至 2017 年 12 月，广州、深圳两级检察机关共适用认罪认罚从宽制度提起公诉 17280 件 19222 人，法院对量刑建议采纳率为 94.46%，已判决案件中共有 99 人上诉，上诉率仅为 0.63%。① 在这些上诉案件中，大部分被告人上诉的原因往往不是"不服一审判决"，而是为了变更强制措施或者留在看守所服刑。

有法官统计了某市基层法院刑事速裁案件上诉的情况。自 2015 年 2 月至 2016 年 5 月 31 日，A 市 C 法院共审结刑事速裁案件 632 件，其中上诉案件 71 件，上诉率达 11.2%。而同期 C 法院共审结简易程序案件 2743 件，上诉案件 341 件，上诉率为 12.9%。与简易程序案件相比，速裁案件的服判息诉效果并不明显。通过访问承办法官及查阅案卷，论者发现该类案件被告人上诉的真实原因主要是为了变更强制措施或者留在看守所服刑。71 件上诉案件的具体情况如下：首先，由于危险驾驶案件不适用逮捕，犯罪嫌疑人、被告人可能一直处于被拘留状态，若拘留期限届满而判决未生效，那么被告人就会被取保候审，暂时获得释放。在 71 件上诉案件中，大概有 43 件案件属于危险驾驶案，被告人为了变更强制措施而提出上诉。其次，刑事速裁案件皆为判刑较轻的案件，对于审前已经被羁押的被告人而言，其"剩余刑期"通常较短。部分被告人通过提出上诉，延缓案件进入送监执行程序，以达到其留在看守所服刑的目的。上述 71 件上诉案件中，27 件案件的被告人基于该理由提出上诉，其剩余刑期均在 3 个月以内。最后，仅有 1 名贩卖毒品案的被告人，认为一审判决未认定其立功情节而提出上诉。此外，在延缓判决生效目的达到后，被告人通常会撤回上诉。上述 71 件上诉案件中，有 65 件在进入二审程序后，原审被告人又自行撤回上诉，比例高达 91.5%。与之相比，同期 C 法院简易案件的上诉撤回率为 20.3%，普通程序案件的仅为 8.7%。②

对此，实务界往往认为上述大部分上诉行为滥用上诉权、浪费司法资

---

① 参见章宁旦《广东检察认罪认罚案上诉率仅 0.63%》，《法制日报》2018 年 1 月 25 日第 3 版。
② 参见解帅、张小旭《刑事案件速裁程序审级制度建构——以"上诉利益"为理论起点》，载《深化司法改革与行政审判实践研究（上）——全国法院第 28 届学术讨论会获奖论文集》，第 735—736 页。

源,并导致速裁程序的效率价值无法体现,同时也是对审前认罪认罚或者量刑协议的违背,因此,刑事速裁案件应当实行一审终审;但对于适用简易程序和普通程序审理的认罪认罚从宽案件,一审终审的呼声较少。假如实现刑事速裁程序的一审终审,当然可以从某种程度上提高司法效率,但对此种效率的提高不能简单地予以认可,需要更加详细精密地分析才能得出结论。

(二) 理论界的不同回应

对于实务界一审终审的呼声,理论界有不同的回应,经常被讨论的问题有两个:其一,是否限制认罪认罚被告人的上诉权?其二,如果不禁止上诉,那么二审程序应当如何审理?

1. 是否限制被告人的上诉权?

一种观点认为,认罪认罚案件仍然需要坚持二审终审原则,不应当限制被告人的上诉权。持这种观点的学者认为,法院最高职责是实现司法公正,为了防止冤假错案件的发生,不能取消被告人的上诉权。[①] 由于上诉率低,维持二审终审制也不会给二审法院增加太多的负担;推行一审终审也不会在降低司法成本、提高司法效率方面发挥显著作用。相反,实行一审终审制将带来一系列消极影响。首先,在委托律师参与率低、值班律师作用有限的情况下,被告人认罪认罚的自愿性、明智性和合法性需要由法庭审查这一制度进行保障。这其中既包括一审的审查,也包括二审的审查。一审终审的话,将削弱了此种制度保障功能。其次,认罪认罚案件一审前程序以及审判程序中出现的违法情况,需要由二审法院进行纠正。若实行一审终审,这些违法情况难以纠正。就审前程序而言,认罪认罚从宽制度包含控辩双方量刑协商的成分,可能出现双方违法达成协议的情况,也可能出现被告人被迫接受检察机关量刑建议的情况。就审判程序而言,庭审流于形式,法官主要是依靠庭前阅卷审理,假如一审法官因为想快速结案而不仔细阅卷与审查的话,容易造成冤假错案。实行一审终审,无异于对这些违法行为的纵容。最后,改革实践表明,赋予被告人对认罪认罚进行反悔的权利,才能保障被告人能够拥有对审判程序和诉讼结果的自由选择权。既然可以赋予反悔的权利,同理也应该赋予通过上诉来表达

[①] 参见陈光中、马康《认罪认罚从宽制度若干重要问题探讨》,《法学》2016年第1期,第11页。

反悔意愿的权利。①

第二种观点认为，刑事速裁程序审理的案件应当一审终审。此种观点认为，一审终审制是简易程序和刑事速裁程序的核心区别，而且刑事速裁程序审理的案件的上诉率本来就不高，上诉的目的基本上是留在看守所服刑，因此未来应当在刑事速裁程序中确立一审终审的规则。② 也有学者指出，参照民事诉讼中的小额速裁程序，建立刑事速裁程序中的一审终审制，从而在程序终端体现出刑事速裁程序的效率属性和立法定位。③

第三种观点提出了有条件的刑事速裁程序一审终审制。此种观点首先指出，上诉审的三个功能——纠错功能、救济功能和平衡法律适用的功能，在刑事速裁程序审理的案件中都失去了意义。但为解决一审终审与权利救济之间可能的矛盾，需要建立两项配套制度：其一，法院要依法对被告人从轻、减轻处罚，且尽可能缓刑或者其他非监禁刑，同时也不能在量刑建议的范围之外量刑。其二，充分保障被告人的程序处分权和参与权，并建立一审判决后的异议制度：被告人不服一审判决的，可以对适用速裁程序提出异议，案件转为简易程序或普通程序审理，以获得再次救济的机会，这比二审程序的救济力度更大、更能维护司法公正。从这个角度而言，速裁程序设置一审终审的审级构造，能够使被告人的基本权利得到更好的保障。④

第四种观点认为认罪认罚从宽案件的被告人的上诉权都应当受到限制。具体有不同方案。一种方案认为，应当区分一审程序而作出不同的限制。对于适用刑事速裁程序审理的简单轻微刑事案件，允许上诉将严重影响制度的效率价值，因此应当实行"一审终审"，但需要保障被追诉人的申诉权。对于普通程序审理的，则允许被告人上诉，但要重新限定提出上诉的法定情形。⑤ 另一种方案指出，应当明确规定可以提出上诉的理由，不具备上诉理

---

① 参见陈瑞华《认罪认罚从宽制度的若干争议问题》，《中国法学》2017年第1期，第43页。
② 参见廖大刚、白云飞《刑事案件速裁程序试点运行现状实证分析——以T市八家试点法院为研究样本》，《法律适用》2015年第12期，第27页。
③ 参见艾静《刑事案件速裁程序的改革定位和实证探析——兼论与"认罪认罚从宽制度"的理性衔接》，《中国刑事法杂志》2016年第6期，第33页。
④ 参见汪建成《以效率为价值导向的刑事速裁程序论纲》，《政法论坛》2016年第1期，第122—123页。
⑤ 参见陈卫东《认罪认罚从宽制度研究》，《中国法学》2016年第2期，第62页。

由的，被告人不能上诉。具体的上诉理由可以包括：① （1）有证据表明被告人的认罪认罚不具有自愿性；（2）一审法院对被告人没有自愿认可的或控辩双方没有达成合意的内容进行认定；（3）案件不属于认罪协商程序适用范围；（4）量刑违反刑法规定的法定刑；（5）适用程序错误。

2. 二审程序怎样审理？

从目前的文献来看，似乎对此问题已经有了基本的共识，即在二审程序中也走"简化""从快"之路。

首先是审理对象的"简化"。在上诉程序中，如果被告人在认罪问题上没有反悔，则二审程序不适用全面审理原则，其审理对象主要是被告人认罪认罚的自愿性、合法性和量刑公正性等问题。二审法院对于一审法院认定的犯罪事实以及罪名，不需要进行审理。② 通过限定审理对象，可以实现二审程序的简化。

其次是审理方式的"简化"。有学者指出，如果二审程序按常规开庭审理，会损害司法权威和诉讼效率，也有违认罪认罚从宽制度的初衷，因此应当主要采取"书面审"的形式，即不开庭审理。具体而言，二审法官在开庭前通过阅卷审查认罪认罚的事实和证据基础，并根据不同情况做出处理：如果有证据显示一审认定的事实存在重大错误的，应当开庭审理；否则，可以直接驳回被告人的上诉。③

（三）上诉利益的异化与解决之道

从比较法的角度而言，其他国家或者地区对于认罪协商案件能否上诉，有不同的做法。

在德国，刑事诉讼法强调被告人在协商中不能放弃上诉权，相反法官有义务告知被告人有权自由决定是否提出上诉。其核心原因有二：一是德国刑事诉讼法追求"实质真实"，这一目的不因为认罪协商的存在而有所改变，上诉程序是保障发现事实真相的重要保障；二是德国法律认为，上诉权有助于保证被告人认罪协商自愿性，防止在认罪协商中受到非法压力

---

① 参见山东省高级人民法院刑三庭课题组《关于完善刑事诉讼中认罪认罚从宽制度的调研报告》，《山东审判》2016年第3期，第104页。

② 参见陈瑞华《"认罪认罚从宽"改革的理论反思——基于刑事速裁程序运行经验的考察》，《当代法学》2016年第4期，第12页。

③ 参见陈光中、马康《认罪认罚从宽制度若干重要问题探讨》，《法学》2016年第1期，第11页。

或者欺骗。此外，我国个别文献认为德国处罚令实行的是"一审终审"，这是一种误读。处罚令生效与否取决于被告人是否同意。如果被告人同意而不提出异议（类似于不上诉），处罚令即生效。这与第一审判决因为被告人不上诉而生效的道理一样，不存在所谓的一审终审。如果被告人不同意处罚令的内容，则法律后果是处罚令直接失效，案件转为普通程序开庭审理，更不可能存在一审终审的规则。

在美国的辩诉交易制度中，由于不强调实质真实，检察官在辩诉协议中往往要求加入被告人放弃上诉权的条款。只要这种放弃是由被告人自愿作出的，美国法院一般都会接受，因此被告人丧失了上诉权。但是，如果存在某些特定理由，大部分法院也会接受被告人的上诉。这些理由包括：初审法院在量刑时考虑了宪法所不允许的因素，如种族（歧视）；量刑违反了辩诉协议；被告人是在不知情的情况下放弃上诉权的；被告人没有获得有效的律师帮助等。[①] 此外，还存在比较特殊的理由，即检察官没有履行辩诉协议的，被告人仍然可以上诉。在 1971 年 Samtobello 诉纽约州案中，在被告人作出认罪答辩后，检察官同意不再对其赌博罪提起量刑建议。但在量刑听证阶段，另一检察官接手此案并在听证会上要求对被告人判处法定最高刑期。尽管主持量刑的法官坚称其判决基于被告人的刑事记录而非检察官的量刑建议，最终仍判处法定最高刑。被告人对此不服，案件辗转诉至最高法院。联邦最高法院认为，因检察官违反辩诉交易条款，被告人享有权利救济（right to relief）。州法院面临两种救济途径：一是要求履行辩诉协议，由不同法官对其再审，同时检察官不能提出量刑建议；二是允许被告人撤回认罪答辩。最后，被告人撤回之前作出的认罪答辩，并因此有权决定作无罪答辩或者与检察官达成新的辩诉协议。[②]

综上可以发现，美国法院对于辩诉交易案件的上诉权规则是：法律上被告人有上诉权[③]，但被告人可以选择放弃；被告人的弃权行为符合辩诉

[①] 参见［美］拉费弗、伊斯雷尔、金《刑事诉讼法》，卞建林、沙丽金等译，中国政法大学出版社 2003 年版，第 1416 页。

[②] 参见张鸿巍《美国检察制度研究》（第二版），人民出版社 2011 年版，第 194—195 页。

[③] 有学者认为美国辩诉交易案件原则上禁止上诉［参见王彪《刑事诉讼中认罪认罚从宽制度争议问题研究》，载《刑事法评论》（第 40 卷），北京大学出版社 2017 年版，第 212 页］，但这种表述是不准确的。上诉权是被告人的基本权利，法律禁止辩诉交易案件的上诉，只是认可被告人可以放弃上诉权。

交易规则的,法院不受理上诉申请,除非出现特定理由让法院相信有必要支持上诉。与德国的最大不同是,美国法院广泛地接受(事实上也支持)辩护协议中包括禁止上诉的条款,但德国法律则禁止这样做。

从德、美等国的法治经验来看,上诉权是被告人的一项基本权利,法律一般不加以限制。从刑事政策角度而言,认罪协商案件的上诉行为的确不受欢迎,但法律应对政策在美、德两国之间有所不同。在德国,上诉权不能成为协商的对象,认罪协商后的上诉权不受限制。一方面,因为在认罪协商立法前,实践中出现类似的要求被告人放弃上诉权的协商行为,但却被宪法法院所否定;另一方面,认罪协商立法后,协商发生在法官与被告人之间,协商放弃上诉权就意味着一审法官以协商之名解除对其自身的监督,这在法理上显然是行不通的。在美国,上诉权虽受法律保护,但是法律允许被告人提前放弃上诉权,司法实践也鼓励辩诉交易中加入放弃上诉权的条款,也可以说,法律认可被告人在一审判决前以"弃权"的行为行使其上诉权。这其中就存在着法律规定与司法政策之间的微妙关系。

综上,面对司法实务限制认罪认罚从宽案件被告人上诉权的呼声,我们需要讨论的问题不是"法律是否应当限制甚至原则上禁止上诉",而是讨论:"认罚"或者"量刑协商"中是否可以包括被告人放弃上诉权的内容?上诉权作为被告人的一项基本权利,法律不适宜对此直接作出限制甚至剥夺。既然是一项权利,被告人无疑是可以选择行使权利或者放弃权利。认罪认罚案件的上诉权问题在于,被告人能否在一审判决前就明确表示放弃上诉权,即在一审判决前,通常是在审前就以协议的形式表示放弃上诉权?对此问题,各国的做法不一样,似乎没有唯一的答案。对于我国而言,目前仍不能将"放弃上诉权"纳入可协商之范围。一方面,由于审前程序中,被告人的权利保障水平较低,特别是犯罪嫌疑人、被告人没有沉默权以及有效的律师帮助不到位,二审程序仍然发挥着权利保障的"第二道防线"的重要功能;另一方面,即使是被告人在一审判决后不上诉的案件中,二审程序的存在对于检察机关和一审法院而言都是无形却有效的监督力量。若缺少这种监督力量,公安检察机关强迫犯罪嫌疑人认罪以及滥用协商权的风险就难以控制。

我国之所以有要求实行一审终审的呼声,主要原因在于所谓的被告人滥用上诉权。即上诉人不是为了推翻一审判决而上诉,而是为了别的利益而选择上诉,即出现了上诉利益异化的现象。对此,本书认为这本身不是认罪认罚从宽制度的问题,亦无需要认罪认罚从宽制度来解决。例如,对于被告人希望变更强制措施的上诉利益而言,这是认为我国羁押率高所造成的。即使是不能适用逮捕的危险驾驶案件,公安检察人员都希望"违法"延长拘留时间来达到不放人的目的,这本身就是一种错误的做法。解决之道应该是一开始就对被告人进行取保候审,这样就不会发生为了变更强制措施而上诉的现象。又如,对于被告人希望留在看守所服刑的问题,这本来就不是一个问题。留所服刑本来就是法律为了国家机关工作上的便利而意外地给犯罪分子造成的"福利"。对此,我们如果承认这种"意外收获",就不能加以限制,应当允许被告人通过上诉来获得这种法律所允许的"福利";假如我们不能接受这种"意外收获",那么就应该修改法律,彻底废除留所服刑的做法。希望通过限制上诉权来剥夺这种"意外福利",显然是找错了问题的根源、断错了症、下错了药。当然,我们还有另一条出路:适当放宽留所服刑的条件,并将其作为检察机关协商的内容、作为"从宽处理"的一种方式。

四 有效法律帮助:理想与现实

"刑事诉讼的历史就是辩护权扩充的历史"[①],刑事案件速裁程序与认罪认罚从宽制度改革对于辩护权或者辩护制度而言具有比较积极的历史意义。首先,一种新型的辩护形态——认罪认罚辩护正在形成;其次,值班律师制度的推行,扩大了法律援助制度的服务范围,同时促进了"律师辩护全覆盖"理念的形成。

我国刑事诉讼"值班律师"的做法最早源于2006年司法部与联合国开发署共同在河南开展"法律援助值班律师制度"项目试点。试点期间,通过在公检法部门派驻值班律师的方式,在刑事诉讼各阶段为犯罪嫌疑人、被告人提供法律咨询服务。刑事案件速裁程序试点改革后,这种值班律师制度成为一项"正式"的制度。《刑事速裁办法》要求建立法律援助

---

① 参见[日]田口守一《刑事诉讼法》(第五版),张凌、于秀峰译,中国政法大学出版社2010年版,第107页。

值班律师制度①；《刑事案件速裁程序试点工作座谈会纪要（二）》进一步提出，要充分发挥法律援助值班律师作用，并要求办案机关主动告知犯罪嫌疑人、被告人有申请值班律师的权利②，不过仍然没有界定值班律师的功能。《速裁程序试点工作总结》指出两年速裁程序值班律师的试点取得了较大的成绩，但是，"速裁案件有援助值班律师参与的比例较低，且值班律师不属于刑事诉讼法规定的'辩护律师'，不承担出席辩护职责，一般仅提供法律帮助，参与量刑协调空间有限，是否有阅卷等权利实践中把握不一。值班律师补贴远低于法律援助律师，工作积极性和法律服务质量有待提高"。③ 尽管如此，刑事速裁改革在"辩护权扩充的历史"过程中的重要历史性地位不容否认，改革在某种意义上改变了刑事诉讼程序特别是审前程序控辩力量格局，同时也掀起了刑事诉讼全覆盖的序幕。

《认罪认罚办法》在刑事速裁程序试点改革的基础上对律师参与制度进行了完善：其一，该办法提出了"有效法律帮助"的要求④；其二，该办法对于值班律师建设提出新要求⑤；其三，将值班律师的主要职责界定为"提供法律咨询、程序选择、申请变更强制措施等法律帮助"；其四，与现行的法律援助进行了对接，符合指定辩护条件的，应当通知法律援助

---

① 《刑事速裁办法》要求"建立法律援助值班律师制度，法律援助机构在人民法院、看守所派驻法律援助值班律师。犯罪嫌疑人、被告人申请提供法律援助的，应当为其指派法律援助值班律师"。
② 《刑事案件速裁程序试点工作座谈会纪要（二）》指出，要"充分发挥法律援助值班律师作用。人民法院、人民检察院、公安机关应当及时告知犯罪嫌疑人、被告人有权获得法律帮助。在押的犯罪嫌疑人、被告人提出法律帮助要求的，看守所应当通知值班律师提供法律帮助，并为值班律师及时会见犯罪嫌疑人、被告人提供便利。法律援助机构要做好值班律师选任工作，依法指导监督值班律师开展工作。要加强法律援助值班律师经费保障工作，提高值班律师补贴标准"。
③ 参见胡云腾主编《认罪认罚从宽制度的理解与适用》，人民法院出版社2018年版，第415页。
④ 《认罪认罚办法》要求，"办理认罪认罚案件，应当保障犯罪嫌疑人、被告人获得有效法律帮助，确保其了解认罪认罚的性质和法律后果，自愿认罪认罚"。
⑤ 《认罪认罚办法》要求，"法律援助机构可以根据人民法院、看守所实际工作需要，通过设立法律援助工作站派驻值班律师、及时安排值班律师等形式提供法律帮助。人民法院、看守所应当为值班律师开展工作提供便利工作场所和必要办公设施，简化会见程序，保障值班律师依法履行职责"。

机构为被追诉人指派律师①。经过本轮认罪认罚从宽制度改革，试点单位基本完成了值班律师"法律援助工作站"的建设任务，值班律师在实践中的作用虽然参差不齐，但为刑事诉讼律师全覆盖打下了坚实基础。2017年8月，在认罪认罚从宽制度改革经过半年多时间之后，《关于开展法律援助值班律师工作的意见》（以下简称《值班律师工作意见》）完善了值班律师的规则，对值班律师建设提出新的要求，其中明确了值班律师五个主要职能②，并且明确指出，法律援助值班律师不提供出庭辩护服务。

2017年11月，最高人民法院和司法部还推行了刑事案件律师辩护全覆盖的试点，其中也指出值班律师法律帮助是全覆盖的一种形式。③ 由此，我们可以认为，伴随着认罪认罚从宽制度中的值班律师制度的发展，刑事案件的辩护权得到了较大的发展，同时也促进了"刑事案件律师辩护全覆盖"这一学术呼吁正式成为国家的政策。

然而，就认罪认罚从宽制度的值班律师而言，在理论上仍有许多问题需要我们解答。其中的核心问题是，针对认罪认罚辩护，如何理解、评价与实现《认罪认罚办法》提出的"有效律师帮助"？

（一）认罪认罚辩护的理论分析

传统的辩护强调被告人及其辩护律师与控方进行"对抗"，通过努力改变控方的诉求或者让法官接受己方不同于控方的诉求，从而保护被追诉人的合法权益。但在认罪认罚案件中，由于被追诉人自愿认罪认罚、其与控方在结果追求方面有高度的重合性，因此认罪认罚案件的辩护表现出与

---

① 《认罪认罚办法》指出，"人民法院、人民检察院、公安机关应当告知犯罪嫌疑人、被告人申请法律援助的权利。符合应当通知辩护条件的，依法通知法律援助机构指派律师为其提供辩护"。

② 《值班律师工作意见》由最高人民法院、最高人民检察院、公安部、国家安全部和司法部联合公布，该意见明确了值班律师的基本职责，即（一）解答法律咨询；（二）引导和帮助犯罪嫌疑人、刑事被告人及其近亲属申请法律援助，转交申请材料；（三）在认罪认罚从宽制度改革试点中，为自愿认罪认罚的犯罪嫌疑人、刑事被告人提供法律咨询、程序选择、申请变更强制措施等法律帮助，对检察机关定罪量刑建议提出意见，犯罪嫌疑人签署认罪认罚具结书应当有值班律师在场；（四）对刑讯逼供、非法取证情形代理申诉、控告；（五）承办法律援助机构交办的其他任务。

③ 根据《关于开展刑事案件律师辩护全覆盖试点工作的办法》，"适用普通程序审理的一审案件、二审案件、按照审判监督程序审理的案件，被告人没有委托辩护人的，人民法院应当通知法律援助机构指派律师为其提供辩护。适用简易程序、速裁程序审理的案件，被告人没有辩护人的，人民法院应当通知法律援助机构派驻的值班律师为其提供法律帮助"。

传统辩护很大的区别。如何对这种差别进行理论概括,学术界已经开始有了不少探索。

首先,认罪认罚案件也需要坚持有效辩护原则。有学者指出,随着认罪认罚从宽制度的改革,我国刑事案件可以分为认罪认罚案件和不认罪认罚案件,在两种案件中,"有效辩护"原则有不同的表现形式,从而形成"两种刑事诉讼程序的有效辩护"的"二元辩护观"。根据此种"二元辩护观","两种刑事诉讼程序"的"有效辩护"虽然有共同之处,均要求保障律师的会见权和阅卷权等,但在辩护理念、辩护内容、辩护重心和辩护方式等方面存在不同。具体差别如下表所示①。

	不认罪认罚案件	认罪认罚案件
辩护理念	强调辩护的"充分性"	辩护空间缩小,强调辩护的"实效性"
辩护内容	1)以定罪量刑问题为主线 2)程序性辩护 3)对权利进行救济	1)通过律师在关键环节(如第一次讯问)、关键阶段(如审查起诉阶段)的参与,保障犯罪嫌疑人、被告人认罪认罚的自愿性、真实性、明智性和合法性 2)律师不是认罪认罚的"见证人",需要避免律师参与流于形式
辩护重心	1)审判程序是辩护"主战场" 2)审前辩护是为审判程序的辩护做准备	1)辩护的重心从审判程序前移至审前程序 2)在审前程序为犯罪嫌疑人、被告人争取从宽处理:包括强制措施的适用、侦查终结时的处理、不起诉、量刑建议等方面
辩护方式	辩护相对"激烈",协助犯罪嫌疑人、被告人与控方展开平等对抗	辩护相对"温和",主要表现形式为提供法律咨询、量刑协商(针对检察机关的量刑建议提出意见)、提出程序选择意见等

其次,"认罪认罚辩护"正在成为一种新型的独特的辩护形态。这种辩护形态在辩护目的与辩护方式两个方面与传统的辩护形态存在重要区别。就辩护目的而言,认罪认罚辩护目的包括:第一,充分保障被追诉人

---

① 参见熊秋红《"两种刑事诉讼程序"中的有效辩护》,《法律适用》2018年第3期,第62页。

认罪认罚的自愿性;第二,及时发现认罪认罚诉讼程序动作过程中出现的损害被追诉人合法权益的问题;第三,积极争取最大限度的从宽处理。与辩护目的相适应,认罪认罚辩护的主要方式包括以下四种,其一,确保和帮助被追诉人全面理解认罪认罚的性质以及可能带来的法律后果。其二,会同侦查机关与检察机关进行沟通与协商。其三,全面行使固有的辩护权。这主要指律师的辩护权,包括在场权、会见权、阅卷权、调查权等。其四,在庭审中针对特定审判对象进行辩护。[1]

(二)有效法律帮助的理论解读

《认罪认罚办法》提出应当保障认罪认罚的犯罪嫌疑人、被告人能够获得有效的法律帮助。"有效法律帮助"与源于美国、为我国学术界所普遍支持的"有效辩护"理念非常接近。但是究竟在认罪认罚案件中,何为有效法律帮助,仍然是一个不清楚的疑难问题。

首先,需要回答的是"法律帮助"与"辩护"之间的异同。

其一,从提供主体来看,有效辩护中的"辩护",通常指的是来自律师的辩护;而"法律帮助"的提供者,可能是律师,也可能是公安司法机关。公安司法机关根据法律和改革办法的规定向犯罪嫌疑人、被告人告知认罪认罚的性质和法律后果,也是犯罪嫌疑人、被告人获得法律帮助的一个来源。当然,这只是次要的。法律帮助的主要来源还是律师。

其二,从内容来看,《认罪认罚办法》以及相关的规范性文件有意地区分"法律帮助"与"辩护",意味着至少从"主观解释"的角度而言,"法律帮助"不能等同于"辩护",因此"有效法律帮助"也不等同于"有效辩护"。

其三,从《认罪认罚办法》第5条第2、3、4款来看,法律帮助有法律援助之意。因为第5条只规定了法律援助值班律师与法律援助指定辩护律师的内容,并没有犯罪嫌疑人、被告人自行委托律师的内容。其中,法律援助指定辩护律师的辩护职责与普通辩护律师无异,由《刑事诉讼法》等法律规定。而认罪认罚从宽制度改革所新设的值班律师的法律帮助职责主要表现为:提供法律咨询、程序选择、申请变更强制措施等法律帮助,对检察机关定罪量刑建议提出意见,犯罪嫌疑人签署认罪认罚具结书在

---

[1] 参见孔令勇《认罪认罚辩护的理论反思》,《刑事法评论》(第40卷),北京大学出版社2017年版,第255页以下。

场。显然，这种功能定位与《刑事诉讼法》规定的辩护律师的功能定位还是有比较大的差距的。

鉴于"法律帮助"本身的局限性，所谓的"有效法律帮助"必然也是有限的，不可能等同于"有效辩护"。从《认罪认罚办法》第5条第1款①的条文表述来看，"确保其了解认罪认罚的性质和法律后果，自愿认罪认罚"似乎是对"有效法律帮助"的解释。倘若这种理解是符合改革原意的，那么我们其实可以发现，"有效法律帮助"虽然借鉴了"有效辩护"的表述，但只是给犯罪嫌疑人、被告人提供非常低程度的保障。至于这种保障水平的实际效果如何，还需要结合实践的情况进行综合判断。

(三) 值班律师的功能考察

我国刑事案件律师辩护率低是一个不争的事实。研究表明，基层法院审判的案件中有80%以上的被告人都是认罪的，但只有30%左右的被告人有律师为其辩护。② 经过认罪认罚从宽制度试点改革，值班律师在认罪认罚从宽案件中已经基本实现了"全覆盖"，"通过发展辩诉交易可以反过来提高刑事辩护率"③的学术观点得到了一定程度的证实。通过试点改革我们也可以发现，目前值班律师制度在提高犯罪嫌疑人、被告人权利保障水平、维护司法公正方面发挥了重要的作用。一方面，值班律师为犯罪嫌疑人、被告人提供一定的法律帮助，改变了以往一些被追诉者在整个诉讼程序中都见不到律师的局面，有助于维护被追诉者的合法权益。在实践中，有的犯罪嫌疑人、被告人对于"事实"的理解并不清晰，律师的介入可以有效地避免冤案。律师介入还可以向被追诉人解读政策，帮助被追诉人衡量利弊，更好地维护其权益。这与检察院、法院向被追诉人宣读政策是不一样的。另一方面，值班律师对公权力的行使构成了一定的监督，毕竟值班律师机制的存在会对办案人员形成一定程度的监督力，他们在办案时会更加小心谨慎，防止被某个阶段的值班律师发现办案中的违法行为。但如果与理想的"有效辩护"相比，目前值班律师在个案中的作用还相当有限。

---

① 《认罪认罚办法》第5条第1款规定，"办理认罪认罚案件，应当保障犯罪嫌疑人、被告人获得有效法律帮助，确保其了解认罪认罚的性质和法律后果，自愿认罪认罚"。
② 参见顾永忠《关于"认罪认罚从宽制度"的几个问题》，载卞建林、杨松主编《推进以审判为中心的诉讼制度改革》，中国人民公安大学出版社、群众出版社2017年版，第392—393页。
③ 参见王敏远《"辩诉交易"及其借鉴分析》，《政法论坛》2002年第6期，第36页。

在实践中，一些法官和检察官反映值班律师的帮助质量比较低，权利保障并不理想。主要存在的问题有：一是值班律师本身的辩护能力有限，许多值班律师都是年轻、缺乏经验的律师。二是值班律师辩护行为的实际作用有限，许多值班律师和检察官、犯罪嫌疑人只作简单交流，没有认真阅卷（可能是客观上没有时间，也可能是主观上不愿意花时间）、没有提出疑问。①

有学者通过实地考察发现，值班律师大多仅是简单咨询、在场见证，未经阅卷、会见等实质性参与，能否提供有效的法律帮助不得而知，被追诉人的权益难以充分保障。以下是论者在改革的某个试点地区（H 市 Y 区和 X 区）所亲身体验的值班律师法律帮助的情景②。

侦查阶段法律帮助案件：2017 年 7 月 27 日，Y 区法律援助中心接到公安机关电话，有 2 名犯罪嫌疑人是认罪认罚的，需要提供法律帮助。法律援助中心当日指派一名值班律师为 2 名犯罪嫌疑人提供法律帮助。7 月 28 日，值班律师早上 9：10 就到 Y 区看守所，同时办理需要会见的两个犯罪嫌疑人的手续，所以会见室已经有人在等待，到 9：35 正式会见。案件一：涉嫌盗窃。值班律师不能阅卷、公安机关提审时也不能在场，值班律师主要工作是会见，提供法律咨询、程序选择、申请变更强制措施等法律帮助。会见约 40 分钟：律师先介绍自己的身份，询问犯罪嫌疑人是否同意为其提供法律帮助，详细询问涉嫌的罪名和犯罪事实，介绍涉嫌盗窃罪的立案标准、构成要件、数额认定、量刑标准等，询问拘留、逮捕、提审时间，有无刑讯逼供，是否有前科，介绍认罪认罚从宽制度，询问是否自愿认罪和适用该制度，律师提出自己的意见。值班律师完成第一个案件的会见后，马上会见第二个案件，涉嫌故意伤害，会见 50 分钟，会见的内容与第一个案件相似。

审查起诉阶段法律援助案件：2017 年 7 月 26 日，X 区法律援助中心接到检察院电话，7 月 27 日，有 2 个案件犯罪嫌疑人是认罪认罚的，检察院进行提审，援助中心安排一名值班律师提供法律帮助。7 月 27 日 14：50 分，检察院两名法警到 X 区看守所，法律帮助的律师到场。X 区看守所

---

① 参见潘金贵、李冉毅《规则与实效：刑事速裁程序运行的初步检视》，《安徽大学学报》（哲学社会科学版）2015 年第 6 期，第 108 页。
② 董红民、麻伟静：《以审判为中心视野下刑事审前程序法律援助工作之完善》，《杭州法学》2017 年第 6 期，第 35 页。

对认罪认罚案件的提审和会见开通了 2 个远程视频讯问提审室,检察院提审和律师会见均无须等待。15:00,检察院远程视频提审开始,检察官在检察院远程讯问,犯罪嫌疑人在提审室回答问题,值班律师可以自由选择是否在场。案件一,涉嫌盗窃。犯罪嫌疑人对《起诉意见书》指控的 4 起盗窃案件的事实和盗窃金额均予以承认,检察院决定对该案犯罪嫌疑人采用认罪认罚从宽制度处理,提出对案件适用刑事速裁程序审理,拘役 5 个月,并处罚金。检察院提审时,值班律师在场,提审结束后,值班律师单独会见犯罪嫌疑人。值班律师介绍自己的身份,询问其是否愿意为其提供法律帮助,解释认罪认罚制度,关于认罪认罚后案件审查适用的程序、法律帮助的内容、解释其所涉嫌的盗窃罪名;询问《起诉意见书》所指控的犯罪事实,检察机关所指控犯罪的罪名和量刑建议,有没有异议,是否自愿认罪认罚;提醒犯罪嫌疑人,在《认罪认罚具结书》签署后,对处理结果有异议的,可以向检察机关提出申请,检察机关将重新作出量刑建议,经协商后,仍不同意检察机关的量刑意见,那么案件将不适用认罪认罚从宽制度,以一般公诉案件处理。单独会见后,犯罪嫌疑人还是同意适用认罪认罚从宽制度,在值班律师见证下签订《犯罪嫌疑人具结书》,值班律师也在具结书上签字,整个流程 60 分钟。案件二,涉嫌盗窃,终止适用认罪认罚制度。犯罪嫌疑人涉嫌盗窃,在侦查阶段不认罪,在审查起诉阶段认罪,检察官对其进行核实犯罪事实时,犯罪嫌疑人对其中两起盗窃的事实和数量均予以承认,但对涉嫌指控的另一起盗窃不承认,最后检察官决定对该案件终止适用认罪认罚从宽制度。

也有学者通过实地调研发现,目前认罪认罚从宽案件值班律师法律帮助的最大问题在于没有达到有效辩护的程度,具体表现为[①]:值班律师无阅卷权、值班律师角色"见证人"化、缺少不同诉讼阶段值班律师的衔接机制以及值班律师的履职保障不足等。

以上种种问题,概括起来就是:值班律师的参与程度低,作用小甚至有流于形式之危险,集中体现为以下四个"定位低"。

一是立法定位低。《刑事诉讼法 2018 年修改决定》将值班律师制度写入法律,但法律对于"值班律师"的功能定位比较低。首先,通过区

---

① 参见贾志强《论"认罪认罚案件"中的有效辩护——以诉讼合意为视角》,《政法论坛》2018 年第 2 期,第 172 页以下。

分值班律师的法律帮助与辩护律师的辩护，使法律帮助的定位或者功能低于辩护。其次，通过区分法律援助值班律师与法律援助指定辩护律师，使法律援助值班律师的地位低于法律援助指定辩护律师。再次，根据现行《刑事诉讼法》的规定，值班律师的职能是"为犯罪嫌疑人、被告人提供法律咨询、程序选择建议、申请变更强制措施、对案件处理提出意见等法律帮助"。关于值班律师能否阅卷、出庭辩护等重大问题，法律没有明确规定。

二是办案人员定位低。这主要是指公安司法机关人员的主观认识上，普遍对于值班律师功能定位比较低。一方面，公安司法机关人员往往认为值班律师的"过度"参与，会影响诉讼进程，不符合认罪认罚从宽制度对效率的要求；另一方面，实务界不少人认为值班律师应当是程序释明者和程序的见证者，通过形式监督保障公安讯问、检察提审、法院庭审时不存在违法情况，甚至主张取消值班律师的法律咨询、申请变更强制措施和量刑协商的职责。① 在刑事案件速裁程序试点改革和认罪认罚从宽制度试点改革的过程中，值班律师在个案中的实际作用很大程度取决于公安司法机关和司法行政机关的态度。例如，关于值班律师能否阅卷，各地就有不同做法。一些地方通过"电子卷宗"的方式减少阅卷时间，但一些地方仍然认为值班律师不能（不需要）阅卷。

三是保障标准定位低。这是目前普遍存在的问题，即各地投入值班律师制度建设的资源普遍偏低，经费保障的不足决定了律师参与程度与发挥作用的局限性。在一些地方，派驻的援助律师往往是年轻缺乏经验的律师②，甚至是对刑事法律不熟悉的律师，导致值班律师法律帮助质量大打折扣。

四是值班律师自我定位低。对于值班律师而言，由于权责利不明、待遇低，或者受到一定程度的歧视待遇，其对"值班"的定位也比较低，对法律援助积极性亦不高。一些律师表示，他们不是案件的辩护人，只能起

---

① 参见孙军、樊华中《认罪认罚从宽制度中值班律师的职责定位》，载胡卫列等主编《认罪认罚从宽制度的理论与实践——第十三届国家高级检察官论坛论文集》，中国检察出版社2017年版，第581页。
② 参见刘春芳、黄源泉《论刑事速裁程序中法律援助值班律师制度之运行困境与出路》，《深化司法改革与行政审判实践研究（上）——全国法院第28届学术讨论会获奖论文集》，第745页。

到见证作用；法律援助只有义务和责任，没有阅卷又要承担责任，权责利不相称；值班律师的工作大多流于形式，对检察机关量刑建议很少提出不同意见，与具有辩护人身份的律师的表现差别较大；值班律师大多期待从提供法律帮助中代理案件，获取利益，但现实中很难实现。

(四) 出路

透过上文提及的"四个定位低"，我们其实可以发现，目前值班律师乃至认罪认罚辩护的核心问题在于：司法资源的配置以追究犯罪为中心，对于被追诉人的权利保障特别是值班律师的保障，还存在"说起来重要，做起来次要，忙起来不要"的现象。如上文所述，"辩护律师的全覆盖、全程参与"是认罪认罚从宽制度改革的内在要求。结合我国的现实情况，解决值班律师问题的出路在于逐渐地提高法律援助在认罪认罚从宽制度中的定位。具体而言需要做到：

首先，提高法律援助指定辩护的覆盖面，相应地降低值班律师的参与度。无论我们怎么定位值班律师，其作用肯定要低于法律援助指定律师辩护。认罪认罚从宽制度的发展要与刑事诉讼的历史规律一致，不能满足于这种低水平的律师保障，应当不断地探索扩大指定律师辩护的试点实践。上海市在试点改革期间的做法就值得我们去推广，即："对法律规定应当通知辩护以及犯罪嫌疑人、被告人可能判处三年有期徒刑以上刑罚的案件，应当通知法律援助机构为犯罪嫌疑人、被告人指定辩护人。"

其次，提高值班律师的法律定位，实现值班律师的辩护人化。针对值班律师见证人化的现象，学术界许多学者提出值班律师辩护人化的建议。[①]为此，应当确立这种观念：只要得到犯罪嫌疑人、被告人的同意，无论是值班律师，还是法律援助指派律师，都属于辩护人。值班律师作为辩护人的局限性在于，其仅在某一诉讼阶段"值班"，工作时间也相对固定和短暂。但在其值班期间，值班律师可以以辩护人的身份履行法律所规定的辩护人的职责。

最后，要提高值班律师在司法资源配置中的定位，在市场化与公益化

---

① 参见陈瑞华《认罪认罚从宽制度的若干争议问题》，《中国法学》2017年第1期，第44页；姚莉《认罪认罚程序中值班律师的角色与功能》，《法商研究》2017年第6期，第42页；汪海燕《三重悖离：认罪认罚从宽程序中值班律师制度的困境》，《法学杂志》2019年第12期，第20页。

之间取得适当平衡。律师是市场化的行业，但法律援助具有一定的公益性质，不可能完全按照市场价格来支付律师服务费用。对此，需要在市场化与公益化之间取得合理平衡，至少要保证投入的资源能够足以维持合格的法律援助服务。

参考文献

一 中文著作

《〈中共中央关于全面推进依法治国若干重大问题的决定〉辅导读本》,人民出版社2014年版。
艾静:《我国刑事简易程序的改革与完善》,法律出版社2013年版。
陈光中主编:《刑事诉讼法》(第六版),北京大学出版社、高等教育出版社2016年版。
陈瑞华:《量刑程序中的理论问题》,北京大学出版社2011年版。
陈瑞华:《论法学研究方法》,法律出版社2017年版。
陈瑞华:《刑事辩护的艺术》,北京大学出版社2018年版。
陈瑞华:《刑事诉讼的前沿问题》(第五版),中国人民大学出版社2016年版。
陈瑞华:《刑事诉讼中的问题与主义》,中国人民大学出版社2011年版。
胡铭:《审判中心与刑事诉讼》,中国法制出版社2017年版。
胡卫列等主编:《认罪认罚从宽制度的理论与实践——第十三届国家高级检察官论坛论文集》,中国检察出版社2017年版。
胡云腾主编:《认罪认罚从宽制度的理解与适用》,人民法院出版社2018年版。
郎胜主编:《中华人民共和国刑事诉讼法释义》,法律出版社2012年版。
李玉华:《刑事证明标准研究》,中国人民公安大学出版社2008年版。
汪贻飞:《量刑程序研究》,北京大学出版社2016年版。
王敏远等:《刑事诉讼法修改后的司法解释研究》,中国法制出版社2016年版。
王敏远主编:《刑事诉讼法学》,知识产权出版社2013年版。

魏晓娜：《背叛程序正义——协商性刑事司法研究》，法律出版社 2014 年版。

徐美君：《司法制度比较——以英、美、德三国为主要考察对象》，中国人民公安大学出版社 2010 年版。

杨春洗主编：《刑事政策论》，北京大学出版社 1994 年版。

易延友：《中国刑诉与中国社会》，北京大学出版社 2010 年版。

张鸿巍：《美国检察制度研究》（第二版），人民出版社 2011 年版。

张明楷：《刑法学》（第五版），法律出版社 2016 年版。

张明楷：《责任刑与预防刑》，北京大学出版社 2015 年版。

张文显：《法治中国的理论建构》，法律出版社 2016 年版。

张文显主编：《法理学》（第五版），高等教育出版社 2018 年版。

宗玉琨译注：《德国刑事诉讼法典》，知识产权出版社 2013 年版。

［德］托马斯·魏根特：《德国刑事诉讼程序》，岳礼玲、温小洁译，中国政法大学出版社 2004 年版。

［德］耶塞克、魏根特：《德国刑法教科书》，徐久生译，中国法制出版社 2009 年版。

［德］柯尔纳：《德国刑事追诉与制裁——成年刑法与少年刑法之现状分析与改革构想》，许泽天、薛智仁译，元照出版社 2008 年版。

［美］拉费弗、伊斯雷尔、金：《刑事诉讼法》，卞建林、沙丽金等译，中国政法大学出版社 2003 年版。

［美］乔治·费希尔：《辩诉交易的胜利——美国辩诉交易史》，郭志媛译，中国政法大学出版社 2012 年版。

［英］斯普莱克：《英国刑事诉讼程序》（第九版），徐美君、杨立涛译，中国人民大学出版社 2009 年版。

二 中文论文

艾静：《刑事案件速裁程序的改革定位和实证探析——兼论与"认罪认罚从宽制度"的理性衔接》，《中国刑事法杂志》2016 年第 6 期。

北京市高级人民法院刑一庭：《刑事案件认罪认罚从宽制度综述》，《人民法治》2017 年第 1 期。

陈光中、马康：《认罪认罚从宽制度若干重要问题探讨》，《法学》2016 年第 1 期。

陈光中：《认罪认罚从宽制度实施问题研究》，《法律适用》2016 年第 11 期。

陈国庆：《试论构建中国式的认罪协商制度》，《环球法律评论》2006 年第 5 期。

陈瑞华：《"认罪认罚从宽"改革的理论反思——基于刑事速裁程序运行经验的考察》，《当代法学》2016 年第 4 期。

陈瑞华：《论被告人的自主性辩护权》，《法学家》2013 年第 6 期。

陈瑞华：《论量刑程序的独立性》，《中国法学》2009 年第 1 期。

陈瑞华：《论量刑信息的调查》，《法学家》2010 年第 2 期。

陈瑞华：《认罪认罚从宽制度的若干争议问题》，《中国法学》2017 年第 1 期。

陈卫东：《认罪认罚从宽制度试点中的几个问题》，《国家检察官学院学报》2017 年第 1 期。

陈卫东：《认罪认罚从宽制度研究》，《中国法学》2016 年第 2 期。

丁国锋等：《刑事速裁一审终审呼声渐高》，《法制日报》2015 年 11 月 2 日。

董红民、麻伟静：《以审判为中心视野下刑事审前程序法律援助工作之完善》，《杭州法学》2017 年第 6 期。

顾永忠、肖沛权：《"完善认罪认罚从宽制度"的亲历观察与思考、建议——基于福清市等地刑事速裁程序中认罪认罚从宽制度的调研》，《法治研究》2017 年第 1 期。

顾永忠：《关于"认罪认罚从宽制度"的几个问题》，载卞建林、杨松主编《推进以审判为中心的诉讼制度改革》，中国人民公安大学出版社、群众出版社 2017 年版。

胡铭、宋善铭：《认罪认罚从宽制度中检察官的作用》，《人民检察》2017 年第 14 期。

胡铭：《认罪协商程序：模式、问题与底线》，《法学》2017 年第 1 期。

黄河：《德国刑事诉讼中协商制度浅析》，《环球法律评论》2010 年第 1 期。

黄洁：《北京朝阳检察推认罪协商机制》，《法制日报》2016 年 2 月 14 日。

黄京平：《认罪认罚从宽制度的若干实体法问题》，《中国法学》2017 年第

5 期。

黄文艺：《中国司法改革基本理路解析》，《法制与社会发展》2017 年第 2 期。

贾志强：《论"认罪认罚案件"中的有效辩护——以诉讼合意为视角》，《政法论坛》2018 年第 2 期。

解帅、张小旭：《刑事案件速裁程序审级制度建构——以"上诉利益"为理论基点》，《深化司法改革与行政审判实践研究（上）——全国法院第 28 届学术讨论会获奖论文集》。

孔令勇：《认罪认罚辩护的理论反思》，《刑事法评论》（第 40 卷），北京大学出版社 2017 年版。

李本森：《刑事速裁程序试点的本地化差异》，《中外法学》2017 年第 2 期。

李本森：《刑事速裁程序试点实效检验》，《法学研究》2017 年第 5 期。

李昌盛：《德国刑事协商制度研究》，《现代法学》2011 年第 6 期。

李阳：《攻坚之年看司改风向标——聚焦中央政法工作会议》，《人民法院报》2016 年 1 月 23 日第 2 版。

李勇：《证明标准的差异化问题研究——从认罪认罚从宽制度说起》，《法治现代化研究》2017 年第 3 期。

廖大刚、白云飞：《刑事案件速裁程序试点运行现状实证分析——以 T 市八家试点法院为研究样本》，《法律适用》2015 年第 12 期。

林钰雄：《协商程序与审判及证据原则》（下），《月旦法学教室》2004 年第 26 期。

刘泊宁：《论刑事诉讼阶段之跨越式发展——刑事速裁程序构建的另一种思考》，《法学》2017 年第 9 期。

刘春芳、黄源泉：《论刑事速裁程序中法律援助值班律师制度之运行困境与出路》，《深化司法改革与行政审判实践研究（上）——全国法院第 28 届学术讨论会获奖论文集》。

刘方权：《迈向中国式控辩协商——刑事速裁程序的未来走向》，载卞建林、杨松主编：《推进以审判为中心的诉讼制度改革》，中国人民公安大学出版社、群众出版社 2017 年版。

刘方权：《刑事速裁程序试点效果实证研究》，《国家检察官学院学报》2018 年第 2 期。

龙宗智、潘君贵:《我国实行辩诉交易的依据和限度》,《四川大学学报》(哲学社会科学版) 2003 年第 1 期。

龙宗智:《正义是有代价的——论我国刑事司法中的辩诉交易兼论一种新的诉讼观》,《政法论坛》2002 年第 6 期。

卢建平:《刑事政策视野中的认罪认罚从宽》,《中外法学》2017 年第 4 期。

潘金贵、李冉毅:《规则与实效:刑事速裁程序运行的初步检视》,《安徽大学学报》(哲学社会科学版) 2015 年第 6 期。

彭浩:《授权地方改革试点决定的性质与功能探析》,《法制与社会发展》2018 年第 1 期。

强梅梅:《司法领域授权改革试点工作情况的初步分析——以 2015 年年底以前司法改革试点情况为基础》,《人大法律评论》2016 年第 3 期。

山东省高级人民法院刑三庭课题组:《关于完善刑事诉讼中认罪认罚从宽制度的调研报告》,《山东审判》2016 年第 3 期。

孙谦:《关于检察机关开展"刑事案件认罪认罚从宽制度"试点工作的几个问题》,《刑事司法指南》(总第 68 集),法律出版社 2017 年版。

孙远:《论认罪认罚案件的证明标准》,《法律适用》2016 年第 11 期。

孙长永:《认罪认罚案件的证明标准》,《法学研究》2018 年第 1 期。

孙长永:《珍视正当程序,拒绝辩诉交易》,《政法论坛》2002 年第 6 期。

汪海燕、付奇艺:《认罪认罚从宽制度的理论研究》,《人民检察》2016 年第 15 期。

汪海燕:《三重悖离:认罪认罚从宽程序中值班律师制度的困境》,《法学杂志》2019 年第 12 期。

汪建成:《辩诉交易的理论基础》,《政法论坛》(中国政法大学学报) 2002 年第 6 期。

汪建成:《以效率为价值导向的刑事速裁程序论纲》,《政法论坛》2016 年第 1 期。

王彪:《刑事诉讼中认罪认罚从宽制度争议问题研究》,《刑事法评论》(第 40 卷),北京大学出版社 2017 年版。

王敏远:《"辩诉交易"及其借鉴分析》,《政法论坛》2002 年第 6 期。

王敏远:《认罪认罚从宽制度疑难问题研究》,《中国法学》2017 年第 1 期。

王兆忠：《认罪认罚从宽制度改革的逻辑展开与实践发展》，载周玉主编《武汉司法体制改革实践与研究》（2017年第3辑），武汉出版社2017年版。

魏晓娜：《完善认罪认罚从宽制度：中国语境下的关键词展开》，《法学研究》2016年第4期。

习近平：《在布鲁日欧洲学院的演讲》（2014年4月1日），《人民日报》2014年4月2日。

习近平：《在省部级主要领导干部学习贯彻党的十八届四中全会精神全面推进依法治国专题研讨班上的讲话》，《习近平关于全面依法治国论述摘编》，中央文献出版社2015年版。

习近平：《在中央政法工作会议上的讲话》，载《习近平关于全面依法治国论述摘编》，中央文献出版社2015年版。

谢登科：《论刑事简易程序中的证明标准》，《当代法学》2015年第3期。

熊秋红：《"两种刑事诉讼程序"中的有效辩护》，《法律适用》2018年第3期。

熊秋红：《认罪认罚从宽的理论审视与制度完善》，《法学》2016年第10期。

徐美君：《德国辩诉交易的实践与启示》，《法学家》2009年第2期。

杨先德：《英国辩诉交易最高减让三分之一量刑》，《检察日报》2016年11月1日。

姚莉：《认罪认罚程序中值班律师的角色与功能》，《法商研究》2017年第6期。

叶青、吴思远：《认罪认罚从宽制度的逻辑展开》，《国家检察官学院学报》2017年第1期。

张宝山：《授权决定：引领改革，形成立法新常态》，《中国人大》2016年第3期。

张建伟：《辩诉交易的历史溯源及现实分析》，《国家检察官学院学报》2008年第5期。

张建伟：《认罪认罚从宽处理：内涵解读与技术分析》，《法律适用》2016年第11期。

张建伟：《审判中心主义的实质内涵与实现途径》，《中外法学》2015年第4期。

张勇、程庆颐、董照南、张爱晓：《推进刑案速裁　促进繁简分流——天津高院关于刑事案件速裁程序试点工作的调研报告》，《人民法院报》2015年9月24日第8版。

章宁旦：《广东检察认罪认罚案上诉率仅0.63%》，《法制日报》2018年1月25日第3版。

赵恒：《论从宽处理的三种模式》，《现代法学》2017年第5期。

赵恒：《认罪及其自愿性审查：内涵辨析、规范评价及制度保障》，《华东政法大学学报》2017年第4期。

郑敏、陈玉官、方俊：《刑事速裁程序量刑协商制度若干问题研究——基于福建省福清市人民法院试点观察》，《法律适用》2016年第4期。

郑曦：《英国被告人认罪制度研究》，《比较法研究》2016年第4期。

周嘉禾、吴高庆：《认罪认罚从宽制度中律师的主要职能和作用》，《公安学刊》2016年第6期。

周新：《论从宽处理的基本原则及其类型》，《政治与法律》2017年第3期。

周新：《论从宽的幅度》，《法学杂志》2018年第1期。

朱孝清：《论量刑建议》，《中国法学》2010年第3期。

朱孝清：《认罪认罚从宽制度的几个问题》，《法治研究》2016年第5期。

最高人民法院刑一庭课题组：《关于刑事案件速裁程序试点若干问题的思考》，《法律适用》2016期第4期。

左卫民：《认罪认罚何以从宽：误区与正解》，《法学研究》2017年第3期。

［德］许乃曼：《论刑事诉讼的北美模式》，茹艳红译，《国家检察官学院学报》2008年第5期。

［德］约阿希姆·赫尔曼：《协商性司法——德国刑事程序中的辩诉交易?》，程雷译，《中国刑事法杂志》2004年第2期。

三　外文著作

Susanne Kobor, Bargaining in the Criminal Justice Systems of the United States and Germany, Peter Lang GmbH, 2008.

四 外文论文

Detlef "Deal", Der strafprozessuale Vergleich, 2 Strafvertediger, (1982).

John H. Langbein, "Land without Plea Bargaining: How the Germans Do It", Michigan Law Review (1979).

Maike Frommann, "Regulating Plea – Bargaining in Germany – Can the Italian Approach Serve as a Model to Guarantee the Independence of German Judges?", No. 1 Comparative Law, 204 (2009).

Thomas Swenson, "The German 'Plea Bargaining' Debate", 7 Pace Int'l L. Rev. (1995).

Thomas Weigend & Jenia Iontcheva Turner, "The Constitutionality of Negotiated Judgments in Germany", 15 No. 1 German Law Journal, (2014).

Thomas Weigend & Jenia Iontcheva Turner, "The Constitutionality of Negotiated Judgments in Germany", 15 No. 1 German Law Journal, (2014).

Thomas Weigend, "The Decay of the Inquisitorial Ideal: Plea Bargaining Invades German Criminal Procedure", in John Jackson et al. eds., Crime, Procedure and evidence in a Comparative and International Context, 2008.

索 引

（按音序排列）

B

辩诉交易 3, 41, 47, 61, 77, 100, 103, 109 – 111, 113 – 122, 131, 137 – 140, 142, 167, 182, 211, 212, 218

不起诉 12 – 15, 20, 29, 32, 35, 78, 79, 87, 120, 121, 131, 149 – 161, 165, 166, 176, 183, 186, 188, 216

撤销案件 13, 15, 28, 31, 35, 152, 153, 155 – 157, 183

C

程序分流 13, 14, 47, 186

D

定罪建议 90, 92 – 94, 100, 101

F

法律帮助 24, 32, 33, 40, 49, 58, 59, 61, 145, 146, 190, 203, 213 – 215, 217 – 222

H

悔罪 11, 12, 48, 56, 66, 68, 87, 88, 95, 96, 119, 122, 148, 151, 157, 161, 166, 168, 171, 173, 177

J

技术性上诉 53, 164

K

宽严相济 8, 10, 21, 25, 30, 147, 148, 179

L

量刑幅度 15, 36, 61 – 64, 101, 107, 149, 167

量刑规则 11 – 13, 34, 61, 68, 79, 91, 98, 153, 165, 167 – 169,

172，174

量刑建议 15－17，19，27，28，32，35，36，41－43，48，59，61－69，71－73，77，84－90，92，93，95，97，100－110，112，113，115－117，119，136，137，140，141，144，146，167，169，170，175，176，195，200，201，204－209，211，215－217，220，222

量刑协商 18，41，47－49，52，59－61，77，78，82，101，102，113，119，136，137，141，145，172，181，185，186，197，204，208，212，216，221

Q

权利本位 143，144，147

全流程简化 41，42，49，50，69，70，72，81，180，183

R

认罪答辩 110－116，118，119，142，211

认罪协商 3，5，9，78，89，100－102，109，115，119－142，181，182，184，186－188，204，210，212

S

司法效率 4，14，40，42－44，49，51，53，80－82，117，132，147，179－183，187，188，192，200，208

速裁 2－5，8，9，15，17－21，23，24，26，28，31，32，36－55，57，59，65，69－77，79，80，83，85，88，93，102，107，136，137，139，145，169，177，179，180，182－186，188，189，191－193，195，196，198－210，213－215，219－221

X

协商模式 106－109

刑事和解 12，15，52，53，67，98，99，150，152，153，174，178

Y

以审判为中心 3，14，20，81，88，113，114，182，198－200，205，218

义务本位 143，144

有效辩护 49，109，144－146，216－218，220

有效法律帮助 32，33，190，203，213，214，217，218

Z

值班律师 17，31－33，35，40－42，44，48，49，58－61，71，72，77，81，101，109，136，143，145，146，198，203，208，213－215，217－222

职权模式 105－109

后　记

本书是在我的博士后出站报告基础上修改而成的作品。

2015年8月，因为一次偶然的机会，我进入中国社会科学院法学研究所博士后流动站和中国应用法学研究所博士后工作站从事博士后研究。能够顺利入站从事博士后研究，首先要感谢张文显老师作为上级领导允许我从事博士后研究工作。作为当代中国最著名的法学家之一，他对学术的热情深深地感染着身边的人，让我等后辈虽然缺乏学术天赋，却也想试着勇攀学术高峰。在研究报告写作最紧张的冲刺阶段，文显老师时常关心我的写作进度，也减少了我的一些工作任务，令我既十分惊喜，又十分惶恐。

在博士后期间，我主要的研究课题是党的十八届四中全会决定所规定的"完善刑事诉讼中的认罪认罚从宽制度"。从传统学科划分来看，这属于"刑事诉讼法学"的问题，而由于本人在硕士和博士阶段学习的专业都是刑法学，所以一开始很担心不能完成博士后的研究任务，也不清楚如何开展认罪认罚从宽制度的研究。

研究的顺利开展以及博士后出站报告的顺利完成，首先要感谢两位博士后合作导师——胡云腾教授与王敏远教授的精心指导。两位教授对刑事诉讼理论与实践均有精深的研究，就认罪认罚从宽制度发表过许多论文或者著作，也时常解答我研究和报告写作过程上遇到的疑惑。报告撰写时期正值认罪认罚从宽制度试点改革，相关资料的获取存在一定的困难，但在许多学术前辈、学友的帮助下，我还是拿到了许多一手的资料，与一些办案人员也有了比较深入的交流探讨，从而对改革试点有了相对客观、接地气的理解与认识。这里需要感谢的人有很多，包括：胡铭、杨磊、付磊、黄鹏、马寅翔、李翼宏、龙兴盛、陈思、徐宏德、兴成鹏、李云华等。当然，本书的学术观点均是本人的一些个人见解，若存在谬误之处，全因本人学术水平有限，与上述师长好友无关。

后　记

博士后出站报告撰写的内容，基本上都是针对认罪认罚从宽制度试点改革的。在出站报告答辩完成后不久，全国人大常委会通过了《关于修改〈中华人民共和国刑事诉讼法〉的决定》，这就意味着出站报告的某些内容已经不符合现行《刑事诉讼法》的规定，因此需要进行较大幅度的修改。但由于时间与精力有限，而且认罪认罚从宽制度仍在不断完善当中，因此本书只对博士后出站报告进行局部的修改。

能顺利入站和出站，还要感谢流动站和工作站的老师，特别是为我提供许多帮助的孙秀升、缪树蕾和李明等老师。本书能够顺利出版并入选《中国社会科学博士后文库》，得益于张文显教授和胡云腾教授的推荐，也得益于中国社会科学出版社许琳老师的精心编辑，中国社会科学院大学研究生陈默也参与了最后的校对工作，在此一并致谢！

刘灿华
2020 年 12 月

第九批《中国社会科学博士后文库》专家推荐表 1

《中国社会科学博士后文库》由中国社会科学院与全国博士后管理委员会共同设立，旨在集中推出选题立意高、成果质量高、真正反映当前我国哲学社会科学领域博士后研究最高学术水准的创新成果，充分发挥哲学社会科学优秀博士后科研成果和优秀博士后人才的引领示范作用，让《文库》著作真正成为时代的符号、学术的示范。

推荐专家姓名	张文显	电话	
专业技术职务	教授	研究专长	法理学、司法文明
工作单位	浙江大学	行政职务	
推荐成果名称	认罪认罚从宽制度改革研究		
成果作者姓名	刘灿华		

（对书稿的学术创新、理论价值、现实意义、政治理论倾向及是否具有出版价值等方面做出全面评价，并指出其不足之处）

《认罪认罚从宽制度改革研究》从规范、实践、理论等维度对认罪认罚制度及其改革实践进行了系统分析，在此基础上提出了进一步完善认罪认罚从宽制度的对策建议，因此书稿在研究方法与研究结论上均有创新。从理论价值来看，本书稿提出了若干新的理论命题，例如，从法理角度对认罪认罚从宽的概念进行理论构建，根据实践的发展情况概括出量刑建议的"两种模式"等等。从现实意义来看，本书稿对认罪认罚的改革试点进行了理论总结，概括出改革的创新之处以及仍然存在的不足之处，并提出了有针对性的对策建议。

本书稿坚持以习近平新时代中国特色社会主义思想为指导，关注司法改革前沿问题，没有政治问题，具有出版价值，推荐其入选"中国社会科学博士后文库"。

签字：张文显

2019年12月24日

说明：该推荐表须由具有正高级专业技术职务的同行专家填写，并由推荐人亲自签字，一旦推荐，须承担个人信誉责任。如推荐书稿入选《文库》，推荐专家姓名及推荐意见将印入著作。

第九批《中国社会科学博士后文库》专家推荐表 2

《中国社会科学博士后文库》由中国社会科学院与全国博士后管理委员会共同设立，旨在集中推出选题立意高、成果质量高、真正反映当前我国哲学社会科学领域博士后研究最高学术水准的创新成果，充分发挥哲学社会科学优秀博士后科研成果和优秀博士后人才的引领示范作用，让《文库》著作真正成为时代的符号、学术的示范。

推荐专家姓名	胡云腾	电话	
专业技术职务	教授	研究专长	刑事法
工作单位	最高人民法院	行政职务	审委会专职委员
推荐成果名称	认罪认罚从宽制度改革研究		
成果作者姓名	刘灿华		

（对书稿的学术创新、理论价值、现实意义、政治理论倾向以及是否具有出版价值等方面做出全面评价，并指出其不足之处）

《认罪认罚从宽制度改革研究》围绕认罪认罚从宽制度改革的规范与实践、重点任务、基础理论以及存在的问题等进行比较全面的研究。书稿以问题为导向，在概括司法改革取得的重要成果的同时，指出仍然存在的制度问题与理论问题，并在此基础上提出了若干对策建议，具有很强的现实意义。书稿坚持刑事一体化的研究思路与实证研究方法，对改革涉及的实体法与程序法问题均进行分析研讨，对地方的试点实践进行了理论考察，并提出了一些新的理论命题，具有较高的理论价值。书稿坚持正确的政治方向，没有违反四项基本原则与宪法基本原则的论述。目前关于认罪认罚从宽制度的专著比较少，书稿具有较大的出版价值，推荐其入选"中国社会科学博士后文库"。

签字：胡云腾

2019 年 12 月 2 日

说明：该推荐表须由具有正高级专业技术职务的同行专家填写，并由推荐人亲自签字，一旦推荐，须承担个人信誉责任。如推荐书稿入选《文库》，推荐专家姓名及推荐意见将印入著作。